Les révoltés d'Occident

Du même auteur

L'Armée russe. La puissance en haillons, Éditions n° 1, 1994.

La Reconquête russe, Grasset, 2008.

Qui est vraiment Donald Trump ?, Les Équateurs, 2016.

Laure Mandeville

Les révoltés d'Occident

De Trump à Zemmour, que se passe-t-il vraiment ?

Éditions de L'Observatoire

ISBN : 979-10-329-2492-1
Dépôt légal : 2022, avril

170 *bis*, boulevard du Montparnasse, 75014 Paris

« [...] je voyais deux classes, l'une petite et l'autre nombreuse, se séparant peu à peu l'une de l'autre [...], marchant isolément et en sens contraires [...]. »

Alexis de Tocqueville

« Folle prudence des politiques et des sages qui discutent, mesurent et ajournent les sacrifices susceptibles de prévenir le désastre, jusqu'à l'heure où, le désastre s'étant produit, le sacrifice doit être décuplé et reste encore inutile. »

René Grousset

Introduction

Retour à la nation

Ils sont là « pour la France ». Ils sont médecins, architectes, ingénieurs, carrossiers, étudiants, infirmières, agents commerciaux, comptables, ouvriers, enseignants, et ils disent qu'ils s'inquiètent pour le pays qu'ils voient se défaire. Ils se disent pleins d'espoir et d'admiration pour leur champion Éric Zemmour, « le Z », parce qu'il est « sincère », « n'a peur de rien » et « parle si bien » de la nation française, de son histoire, de son héritage et des défis qui cernent le pays. Ils portent des tee-shirts « Génération Z », brandissent des drapeaux français et entonnent avec ferveur « La Marseillaise ». Les plus âgés confient qu'ils attendaient un tel homme depuis très longtemps. Les plus jeunes disent, eux, que c'est la première fois que leur cœur bat si vite pour la politique.

Alors, quand il arrive ce dimanche 5 décembre dans le hall 6 bourré à craquer du parc des expositions de Paris-Nord Villepinte, au fin fond du 93, où plusieurs intervenants ont déjà chauffé la salle, près de 15 000 personnes se lèvent pour acclamer Éric Zemmour, à l'occasion du lancement de sa campagne présidentielle et de son mouvement Reconquête !. Clameurs, flots d'innombrables drapeaux tricolores qui flottent au-dessus d'une marée humaine, sifflements et cris enthousiastes. Dans l'immense hangar baigné de grands jets lumineux bleutés qui confèrent à la scène une ambiance un peu irréelle et un air de grand-messe électorale américaine, un encéphalogramme dont on entend battre le pouls apparaît en lumière bleu, blanc, rouge sur l'écran géant qui domine l'estrade. Il bat à grands coups sourds, comme le pouls de la France qui attend...

Mais qu'attend-il exactement, ce vieux pays que tous les sondages placent à droite, révélant en revanche un effondrement de tous les partis de gauche à l'exception de La France insoumise ? Est-il prêt à renverser la table de la politique, dont le président Emmanuel Macron a peiné à changer les contours, malgré ses promesses de rupture ? La France, que tout le monde louait pour avoir été en 2017 l'« exception raisonnable » d'un monde qui virait alors au populisme, est-elle prête aujourd'hui, à sa manière, à un tremblement de terre « à la Trump » avec cinq ans de décalage, malgré tous les tumultes que la tempête trumpienne a suscités en Amérique ? Ou, traumatisée par la Covid-19, les violences de groupes extrémistes qui ont pris en otage la révolte des Gilets jaunes et les attentats terroristes islamistes qui se succèdent, reculera-t-elle effrayée par la perspective d'une « guerre civile », qu'à droite comme à gauche on annonce à voix basse depuis des années ?

En observant l'entrée triomphale de mon ancien confrère du *Figaro*, Éric Zemmour, presque porté par la foule qui l'acclame, en scrutant les milliers de visages qui pendant une heure et demie vont savourer et applaudir, électrisés, chaque mot de son discours d'entrée en campagne, je réalise à quel point ce qui se passe est inédit, ahurissant, dans l'histoire politique française récente – donc digne de l'attention la plus extrême. Des questions se précipitent dans ma tête comme, j'en suis sûre, dans celle de tous ceux qui assistent à l'événement, en observateurs ou en citoyens. Que sommes-nous vraiment en train de vivre, à Villepinte, avec la percée fulgurante de « Z » en politique ? Est-ce un engouement qui passera comme une comète ? ou une révolution politique populaire qui va, comme en Amérique avec Trump, contourner le système pour organiser ce qu'Éric Zemmour appelle « la reconquête » ? Assistons-nous à la réémergence de « la bête immonde » du nationalisme, comme l'affirment chaque jour sur les ondes et les écrans une grande partie de la communauté des journalistes et universitaires ? ou plutôt à un sursaut du pays dont il faut se réjouir parce qu'Éric Zemmour va, quel que soit le destin de son aventure, faire sauter les digues du « politiquement correct » et obliger le pays et la classe politique à regarder en face le défi de l'immigration incontrôlée et de l'islamisation croissante des territoires perdus de la République ? Peut-être les deux à la fois ?

Surtout, par quel concours de circonstances extraordinaire un écrivain polémiste, certes de talent, mais qui avait pour mission de décrypter le réel en solitaire, à l'aide de sa plume trempée et de son éloquence télévisuelle, a-t-il pu se retrouver projeté soudain dans la grande aventure de la présidentielle française et se métamorphoser en politique sous nos yeux, alors qu'il y a cinq mois à peine il n'avait ni structure, ni mouvement, ni programme, et que l'essentiel de la classe journalistique et politique se gaussait de l'idée de sa candidature, affirmant qu'il n'avait pas l'étoffe et qu'il n'avait de toute façon en tête que le désir de vendre des livres ? Éric Zemmour pourrait-il faire une échappée pour jouer l'« homme providentiel », ce rôle dont la France, toujours un peu bonapartiste, rêve secrètement depuis des années pour « remettre de l'ordre » ? Dans tous les cas, pourquoi un mouvement populaire d'ampleur nationale est-il en train de se former à grande vitesse autour de lui ?

Bien sûr, le passé de cet observateur iconoclaste, qui affirme que le pays « est en danger de mort », son cheminement personnel, sa réflexion approfondie sur le destin historique et politique de la France, ses liens étroits avec un monde politique qu'il connaît par cœur, sa popularité croissante dans une partie de l'opinion française qui a fait de lui une sorte de maître à penser et son positionnement de Cassandre intellectuel ne trouvant pas, comme en son temps l'historien français Jacques Bainville[1], d'homme d'État capable d'incarner ses idées ont joué un rôle clé dans sa spectaculaire reconversion. Nous y reviendrons. Mais la thèse centrale de ce livre est que sa percée fulgurante dans une campagne présidentielle que tout le monde croyait jouée d'avance n'est pas fortuite. C'est une vague qui vient de bien plus loin et qui dépasse largement les frontières de la France. Une vague populaire occidentale qui s'est nourrie des échecs et paralysies de ses élites politiques, et ne cesse de propulser au premier plan des hommes extérieurs à leurs rangs, pour porter ses revendications et ses anxiétés profondes... Le « phénomène Zemmour », car c'est bien d'un phénomène qu'il s'agit, exprime la rupture de ban d'une partie du peuple français avec des élites jugées impuissantes à formuler, donc à résoudre, le redoutable défi de l'immigration

1. Éric Zemmour, « Jacques Bainville, un Cassandre si actuel », *Le Figaro*, 22 avril 2021.

incontrôlée, de la place de l'islam dans nos démocraties et, plus largement, de la « globalisation ». Des sujets que Zemmour et ceux qui le soutiennent jugent existentiels. L'écrivain journaliste porte aussi la rébellion d'une partie du pays contre certaines valeurs « progressistes » sociétales qui ont entrepris de déconstruire tout notre socle républicain, jusqu'à l'institution de la famille traditionnelle. Des pans entiers de la société française ne veulent par exemple à aucun prix de l'abolition du genre ni de la négation du féminin et du masculin, au nom de la liberté d'être « ce que l'on veut ». Ils ne veulent pas d'un monde sans limites.

En mettant la France et sa crise civilisationnelle au cœur de son projet, en posant la question centrale de sa survie, de son « droit à la continuité historique », pour reprendre la formule d'Alain Finkielkraut, Éric Zemmour répond à l'anxiété et au désir de changement de la société française, bien au-delà du « ghetto » – d'ailleurs de plus en plus large – dans lequel le système avait réussi à contenir le Rassemblement national de Marine Le Pen. « Nous voulons l'aider à sauver la France tout simplement », me lance Nathan, 20 ans, sur le ton de l'évidence, alors que je l'interroge sur les raisons de son engagement dans Génération Z. Pour lui, cette formule n'est pas grandiloquente. Il explique que l'État a perdu « le contrôle ». Évoque l'immigration qu'il faut arrêter si l'on veut intégrer ceux qui sont déjà là. Mais, « surtout », « la question de l'insécurité » à laquelle il dit être confronté au quotidien dans la banlieue d'Orsay où il vit et fait ses études. « Vouloir rétablir l'autorité, ce n'est pas fasciste, ça », me lâche-t-il.

L'impact de ce thème du sauvetage de la nation et de « la perte de contrôle » apparaissait déjà très clairement à l'occasion de la tournée préélectorale, « À la croisée des chemins », lancée par le polémiste avec ses lecteurs, à l'occasion de la sortie de son livre *La France n'a pas dit son dernier mot* (2021). Dans la longue file qui s'étirait sur des centaines de mètres, à l'entrée du Palais des congrès de Bordeaux, où il devait prononcer un discours, le 12 novembre, on croisait une France très mélangée socialement et de tous âges. « Éric Zemmour nous redonne espoir ; c'est la personne qui nous représente le plus car il veut renverser le système », expliquait Allan Villadary, 23 ans, originaire de Bergerac et employé dans une centrale nucléaire. « C'est notre dernière chance, il n'y en aura pas d'autre si on loupe le coche ; j'ai grand espoir qu'il aille jusqu'au bout et qu'il chamboule toute cette pagaille », me confirma Jean-Luc, son père, 53 ans, qui expliqua être venu à un meeting pour la première fois de sa vie. Il évoqua l'immigration et l'insécurité comme thèmes principaux de préoccupation. « Même à Bergerac, on ne peut plus se promener tranquille. Alors fini la rigolade, cela fait cinquante ans que ça dure ; je pense à l'avenir de mes enfants », ajouta-t-il. Yoann, l'ami d'Allan, 22 ans, nota que Zemmour était « le seul à dire la vérité ». À l'intérieur, où les jeunes de Génération Z formaient une haie d'honneur pour accueillir les arrivants, trois amis n'hésitaient pas à dire qu'ils partageaient le côté sombre du diagnostic d'Éric Zemmour sur la trajectoire du pays, si rien n'était tenté pour arrêter l'immigration incontrôlée. « Nos parents disent qu'ils se souviennent de l'endroit où ils étaient le 11 Septembre mais, dans ma génération, nous nous souvenons de l'endroit où nous étions le 6 janvier, au moment de l'attentat de *Charlie Hebdo*, pendant les attaques du Bataclan et au moment de la décapitation de Samuel Paty », a dit

Roman Dupouy, un cadre commercial trentenaire, révélant une jeunesse en état de traumatisme collectif. Ces jeunes de Génération Z racontaient aussi leur « fierté » d'être français d'une manière à la fois joyeuse et sobre – en comparaison notamment avec le patriotisme très extraverti des Américains. Leur sentiment ne ressemblait en rien à la « passion rance » ou « triste » qu'évoque un certain discours médiatique et politique dès que l'on traite de nation ou de patrie. Ils parlaient de l'amour du pays comme de quelque chose de « naturel ». « Y a-t-il passion plus belle que celle de la France ? » leur a demandé Éric Zemmour, quelques heures plus tard à Bordeaux. Et eux de nous confier à quel point cela les touchait. « Les gens le voient par l'angle de ses petites phrases coupantes, mais il a un profond amour de la France », a insisté Achraf Baddi, un jeune Français d'origine kabyle, notant qu'il ne s'était « jamais senti dans un milieu aussi peu raciste que le "mouvement Z" ». « Notre couleur de peau ne peut être un drapeau, notre seule couleur, c'est le bleu, blanc, rouge », a-t-il dit. Edouardo Vaz, apprenti boulanger d'origine portugaise qui expliqua se définir comme royaliste, m'affirma être venu à Zemmour parce qu'il « met des mots sur ce que nous ressentons et pensons tous ». « La manière dont il parle de la France, c'est une douce musique ; j'aime qu'il défende nos traditions, notre art de vivre », expliqua le jeune homme, tout sourire, un béret basque vissé sur la tête. Il ajouta que Zemmour « pouvait gagner », pariant que beaucoup d'abstentionnistes se déplaceraient pour lui. « Il y a beaucoup d'ouvriers parmi eux et ils l'écoutent », insista-t-il, démentant l'idée que Zemmour ne ferait pas d'adhésions dans les milieux populaires.

Déjà-vu

Pour moi qui ai couvert toute l'ascension de Donald Trump et avais, à contre-courant de l'avis majoritaire, pressenti sa victoire en sortant de la myopie washingtonienne pour aller à la rencontre de l'Amérique profonde, l'impression de déjà-vu est assez vertigineuse. Non pas que le milliardaire new-yorkais devenu président et l'écrivain journaliste Éric Zemmour puissent être aisément comparés, ni que la trajectoire de l'un annonce avec certitude le succès électoral du second. En réalité, un gouffre sépare ces deux personnalités : leur matrice culturelle et politique, leurs parcours aussi ; sans parler de la tradition politique de la France et de l'Amérique, si différentes. Mais les racines de ces deux phénomènes politiques – et la « petite musique » qui monte des profondeurs des deux pays – sont en revanche très similaires. Dans les longues files d'attente qui s'étiraient dans les plaines de l'Iowa ou les montagnes de Pennsylvanie, pour accéder aux meetings monstres du candidat républicain, en 2016, les Américains des classes moyennes et populaires invoquaient presque mot pour mot les mêmes raisons que les jeunes de Génération Z pour expliquer leur venue aux meetings de Donald Trump, leur enthousiasme et leur patience infinie malgré les heures d'attente, parfois par des températures polaires. Dans ces grands-messes qui avaient un faux air de concert de rock, on sentait bien le désir du peuple de se dresser contre des élites jugées totalement déconnectées. Comme Zemmour maintenant, le milliardaire de New York mettait des mots sur leurs colères, leur refus de l'immigration illégale, leur désarroi face à l'appauvrissement, la désindustrialisation et l'insécurité, leur sentiment d'un délitement chaotique et incontrôlable, leur inquiétude face à l'islam radical. Il en appelait à leur patriotisme fervent que, déjà, Reagan avait réveillé, après une présidence Carter qui avait incarné le doute et le vacillement de l'Amérique. Trump osait dire « tout haut ce qu'eux vivaient au quotidien », selon la formule du politologue français Jérôme Fourquet dans sa récente enquête sur le phénomène Zemmour. « Il dit les choses comme elles sont, il pense comme nous, il est nous », m'avait alors confié Brian, ouvrier rencontré après un meeting tenu à Long Island. Dire les choses, c'était redonner ses lettres de noblesse à l'idée de nation, confirmer que le cadre national restait le bon pour protéger la société de la tourmente géopolitique, migratoire, économique et culturelle. Revendiquer la nécessité de protéger la frontière par un « mur », dans une période de vertige de la globalisation. Le mur était, bien sûr, surtout une métaphore symbolique. Mais elle remplissait sa fonction : répondre aux tenants de l'idéologie postnationale et globaliste qui dominait dans les milieux « comme il faut », selon lesquels les frontières et les nations sont dépassées et mauvaises. « Un pays sans frontières n'est pas un pays », leur rappelait l'homme d'affaires américain aux formules choc.

Ce qui rassemblait ces Américains des classes moyennes et populaires autour de Trump était qu'il fasse ce diagnostic à rebours de toute l'élite du pays – avec un culot incroyable. Ils admiraient son indomptabilité, sa capacité à se lancer dans l'arène, sans peur des censeurs qui l'accusaient de racisme. « Il est si rafraîchissant », me confiait une vieille dame venue l'écouter à Des Moines, Iowa. « Aujourd'hui, on ne peut plus rien dire ! » se plaignait-elle, bien décidée à le soutenir.

Même si ses saillies excessives, parfois mensongères, leur écorchaient les oreilles – la manière dont il avait fait allusion aux règles d'une journaliste qui l'attaquait durement, par exemple –, ils le soutenaient à cause de sa sincérité. En lui, ils avaient trouvé l'allié dont ils avaient besoin pour exprimer leur colère contre les gouvernants et les « sachants », et rejeter leur idéologie déconnectée du bon sens, leurs toilettes neutres, leur entre-soi condescendant. Avec Zemmour, dans un registre plus intellectuel et plus littéraire, alors que Trump faisait plutôt un show de bateleur de foire, c'est la même qualité d'indomptabilité et d'audace qui est plébiscitée par ceux qui le soutiennent. « Nous allons nettoyer le marais de Washington », disait Trump en 2016. Dénonçant une élite qui a « eu tout faux », Éric Zemmour a parlé, lui, dans sa déclaration de candidature de « chasser les mauvais bergers » qui ont emmené le pays vers « le gouffre ».

Disqualification *a priori*

Le sentiment de déjà-vu que je n'ai cessé d'éprouver depuis le début de la précampagne de Zemmour n'est pas seulement dû à la connexion, finalement assez mystérieuse, qui s'est scellée entre l'écrivain journaliste et la partie des Français qui, pendant les signatures de livres, l'« implorent », raconte-t-il, « de les sauver ». Il provient aussi du contraste entre ce qui se passe sur cette nouvelle planète Zemmour et la muraille de critiques et de peur que cette candidature inattendue et les thèmes qu'elle porte ont immédiatement suscitée dans les élites politiques et médiatiques françaises. Tout en lui ouvrant les ondes très largement dans le désir de faire du « buzz » dès les premières semaines de sa précampagne, exactement comme cela avait été le cas avec Donald Trump, invité sans relâche tout en étant agoni de critiques, beaucoup de commentateurs se sont immédiatement dressés comme des pythies pour prédire le retour des années 1930, égrenant pêle-mêle et sans nuances anathèmes et épithètes disqualifiants contre Éric Zemmour pour évacuer tout débat. On l'invite, mais on l'invective : « raciste », « fasciste », « antisémite », « sexiste », « autoritariste »... Tel est le diagnostic qui avait été asséné à Trump. Et il est, à la virgule près, utilisé maintenant contre Zemmour de manière tout aussi caricaturale et sommaire – comme s'il s'agissait finalement d'un combat du Bien contre le Mal, et non d'un exercice de journalisme. Comme s'il était impossible de trouver la bonne distance. Alors est-ce encore possible ? ou sommes-nous entrés, comme le disent les philosophes politiques américains Joshua M. Mitchell et Joseph Bottum, dans l'ère de la politique comme religion – une réalité qui est devenue incontestable en Amérique, où les partis s'affrontent avec un fanatisme quasi religieux ? C'est ce que semble en tout cas penser Éric Zemmour à propos de la gauche, quand il déclare à *Valeurs actuelles* qu'« elle ne fait plus de politique mais de la morale » et qu'« elle excommunie au lieu de débattre[1] ».

Schizophrénie

Je me souviens que j'avais éprouvé un sentiment de totale schizophrénie, en suivant d'une part les débats

1. Éric Zemmour, dans *Valeurs actuelles*, le 22 décembre 2021.

sur le phénomène Trump à la télévision américaine, puis en sillonnant les routes de l'Ohio et de la Pennsylvanie, où son public l'accueillait en triomphe. Sur CNN, tous les commentateurs répétaient que ses électeurs étaient des racistes, recroquevillés sur leurs « privilèges blancs » et leur « nativisme ». Mais il s'avéra sur le terrain qu'une large part d'entre eux étaient des démocrates déçus d'Obama, qui avaient voté pour lui et se retournaient maintenant contre son parti, dénonçant le virage à gauche du « parti de l'âne ». Ils n'étaient pas racistes ! Les médias matraquaient aussi l'idée que Trump était haï des femmes et qu'elles voteraient pour Hillary comme un seul homme (*sic* !) mais, à Middletown, Ohio, je découvris que les caissières du magasin Walmart – un lieu parfait pour rencontrer les classes populaires et moyennes – étaient pour lui, malgré ses mauvaises manières. Bien sûr, elles n'étaient pas fans de sa grossièreté, de « sa grande gueule », comme elles disaient. Mais elles passaient dessus allègrement, au nom des « vérités plus fondamentales » qu'il défendait, sur le commerce ou l'immigration. « Venez au pub ce soir rencontrer nos maris ; ils sont comme lui », rigolaient-elles. Je réalisai qu'en affirmant que le champion de la base républicaine avait la peste, les médias américains se dispensaient de se pencher sur le pays qui avait rallié Trump, ses revendications, son malaise dans la globalisation, son désir de mettre fin à l'immigration massive, son incompréhension face à la guerre lancée par les adeptes de la théorie du genre contre le « mâle blanc hétérosexuel ».

En rentrant de Villepinte et en branchant la radio, le soir du lancement du mouvement d'Éric Zemmour, j'eus le sentiment de revivre un peu ce même hiatus entre la description faite sur France Inter de l'événement et la réalité du meeting auquel je venais de participer. À écouter les ondes, ce soir-là, on avait l'impression que la soirée s'était résumée à de terribles violences contre des militants de SOS Racisme venus manifester leur désaccord. Ces violences, orchestrées par un groupuscule d'extrême droite identifié sous le nom de « zouaves » et largement inconnu des observateurs politiques, étaient bien sûr inquiétantes et devaient être notées et rapportées, même si la plupart des gens, comme moi, ne s'étaient aperçus de rien sur le moment (elles avaient duré dix à vingt minutes). Mais ce qui manquait de manière choquante dans la couverture, c'était « le reste », l'essentiel ; c'est-à-dire l'analyse du surgissement de ce candidat hors normes, dans une campagne que tout le monde avait cru jouée d'avance : pas d'interview au micro sur les raisons de la présence des 15 000 personnes, rien ou si peu sur leur engagement et l'accueil triomphal qu'elles avaient réservé à leur champion. Il y avait pourtant beaucoup à dire, à creuser sur ce phénomène, comme je pus le constater en tendant mon micro à ses fans pour les faire parler. Aucun d'eux ne ressemblait de près à un raciste ou à un fasciste... N'étions-nous pas en train de réitérer l'erreur de la presse américaine dans sa qualification du phénomène Trump ?

Plus tard dans la soirée, les chaînes BFM TV et LCI rendirent un verdict plus équilibré dans leur décryptage du meeting, reconnaissant, tels les journalistes Ruth Elkrief et François Lenglet notamment, une métamorphose « réussie » du personnage en candidat et une entrée en campagne assez spectaculaire, vu la jeunesse de son mouvement. Ce ton plus distancié et presque élogieux sur ce qu'Éric Zemmour avait réalisé était inattendu, par rapport à la couverture essentiellement agressive de sa campagne, et je me suis dit que les observateurs français allaient changer d'attitude avec l'officialisation de sa candidature et la prise de conscience de l'importance du phénomène, mettre en veilleuse leur détestation épidermique et leur méfiance, pour aider à mieux comprendre le personnage et son mouvement. Paul Le Meur, un jeune Français favorable à Zemmour, rencontré lors de la conférence de Bordeaux, qui semblait particulièrement dégoûté par la pression médiatique exercée contre le candidat, m'écrivit pour le noter et s'en réjouir. Mais, dès le lendemain, le pilonnage reprenait sur « le candidat d'extrême droite », même si nombre de journalistes et de journaux font bien sûr leur travail avec un grand professionnalisme, à travers tout le spectre des médias. Il fallait attaquer l'homme pour disqualifier d'emblée sa position.

Le résultat sera-t-il le même qu'en Amérique ? Cet acharnement médiatique scellera-t-il un pacte sacré entre Éric Zemmour et les gens qui le soutiennent, faisant grossir les rangs de la révolte qu'il entend chevaucher ? Et avec quelles conséquences ?

J'ai conscience, en prenant la plume, de m'attaquer à un sujet périlleux et hautement émotionnel sur lequel, si l'on dévie de l'imprécation systématique réservée aux « méchants populistes », on s'expose aussi, par ricochet, à la suspicion. Le recul manque aussi pour une analyse à froid, puisqu'il s'agit de penser le présent « tout en marchant ». Mais j'ai décidé néanmoins de tenter l'exercice.

Crise occidentale

C'est mon expérience journalistique de la tempête Trump qui m'en a convaincue. Ayant observé les conséquences catastrophiques que la guerre de religion déclenchée par le phénomène trumpien a générées sur la scène américaine – la division toujours plus grande du pays, l'incapacité au dialogue, le coup de sang du 6 janvier et la forme d'impasse politique et démocratique éminemment dangereuse dans laquelle se retrouvent aujourd'hui les États-Unis –, il m'est apparu qu'il fallait sortir de l'excommunication sommaire, en ces temps incertains où un brouillard moral, politique et intellectuel enveloppe nos démocraties, plongeant les citoyens dans le désarroi. Dans un monde de plus en plus illisible et chaotique, tous bataillent à trouver un sens à la crise politique que nous vivons. Certains mettent en avant le risque d'une apocalypse climatique, comme les Verts. D'autres, qui convergent vers le camp Mélenchon, s'inquiètent de la mainmise de la finance sur la politique. J'ai voulu, comme je l'avais fait pour Trump pendant sa campagne, réfléchir pour ma part au sens de ce que nous vivons depuis quelques semaines avec le phénomène Zemmour, loin des empoignades et de la disqualification *a priori*. Mesurer à ma manière de quelle révolte la candidature de l'écrivain journaliste est exactement le nom, en élargissant l'approche. Parce que Zemmour m'apparaît comme l'événement central de cette campagne 2022. Un phénomène en passe de révolutionner le paysage politique de la droite française.

Pour moi, si cette révolte française a d'irréductibles spécificités liées à notre histoire, à notre géographie, à notre modèle politique et à notre place particulière dans le concert des nations, elle est aussi, comme je l'ai déjà écrit plus haut, le dernier épisode en date d'une crise bien plus large, qui traverse l'ensemble de l'Occident, et dont j'ai été le témoin privilégié, grâce au travail de reporter que mon journal, *Le Figaro*, m'a permis de réaliser sur ce que l'on appelle, maladroitement, les « populismes ». Un mot fourre-tout peu compréhensible, auquel je préfère celui de « révolte populaire ».

J'avais déjà eu la chance, en 1989, de couvrir l'extraordinaire événement que fut l'effondrement du communisme, en Europe de l'Est et en URSS. Un moment de bascule bien différent de celui que nous vivons aujourd'hui. Tout paraissait alors sourire à l'Occident, et notamment à la France, un pays dont je constatais, avec fierté et parfois beaucoup d'émotion, à quel point il faisait rêver partout où je me rendais à travers une Europe orientale qui se débarrassait des oripeaux soviétiques[1]. L'heure était euphorique, l'air vibrait d'espoir. Les peuples se levaient et réclamaient leur liberté, l'avenir paraissait radieux et occidental. À Prague, à Budapest, à Varsovie, puis à Vilnius, à Moscou ou à Tbilissi, les peuples s'enroulaient dans leurs drapeaux historiques, chantaient des hymnes patriotiques et parfois bravaient même sans peur les canons des chars (comme à Vilnius ou à Moscou). Je vivais en direct un changement de monde.

Mais, alors que nous célébrions ces belles retrouvailles et l'avènement de la démocratie dans « l'Occident

1. Lors d'un reportage en Lituanie, une femme professeure de français éclatera en sanglots en me rencontrant. Je suis la première Française qu'elle rencontre de toute sa vie, consacrée tout entière à l'étude de notre langue et de notre culture.

kidnappé » cher à Milan Kundera, l'Amérique et l'Europe occidentale se mirent à faire de drôles de choix. Il n'est pas anodin, sans doute, qu'Éric Zemmour date l'un des tournants majeurs de la politique française et de ses ennuis civilisationnels à l'affaire du foulard de Creil – ce moment, toujours en 1989, où une poignée de lycéennes musulmanes plonge le pays dans la stupéfaction, parce qu'elles insistent pour porter le voile à l'école. Tandis que le communisme tombait à l'est de l'Europe, le défi de l'islamisme pointait à l'Ouest.

Sur le coup, ces premières lézardes passèrent largement inaperçues ou ne furent pas vraiment prises au sérieux. C'était le vertige du succès et de la victoire qui dominait à travers l'Occident, après la disparition de l'empire totalitaire communiste. En 1991, avec l'effondrement de l'URSS, l'Amérique était devenue l'unique superpuissance mondiale et savourait son moment unipolaire. Enivrés de cette victoire, les États-Unis crurent, avec le politologue américain Francis Fukuyama, que le modèle démocratique allait l'emporter partout, y compris au Moyen-Orient, grâce à l'ouverture des marchés. Les nations d'Occident qui, à l'est de l'Europe, venaient paradoxalement tout juste d'être remises à l'honneur, après des décennies d'internationalisme de façade, devinrent démodées ; notamment en Europe, où tout le monde ne parlait plus que de globalisation heureuse, « gagnant-gagnant ». Avec Maastricht, puis Schengen, l'Europe des nations du général de Gaulle disparut. Les frontières s'ouvrirent largement à l'immigration, tandis que s'amorçait la délocalisation massive de toutes les industries vers la Chine, que l'on pensait pouvoir démocratiser en la modernisant. Quelle erreur ! Au fur et à mesure que la Chine se transformait en rival, l'Amérique et l'Europe se désindustrialisèrent et les transferts de technologie s'opérèrent sans discernement vers l'empire du Milieu. Une classe moyenne chinoise émergea ; la classe moyenne occidentale, elle, se ratatina. Le rêve américain, qui rebondit pourtant avec l'essor de la tech, se révéla miné de l'intérieur par le fossé béant qui se créait entre le monde d'en haut et celui d'en bas. Mais les élites qui, selon la formule saisissante du journaliste britannique David Goodhart, étaient désormais « de partout » et non « de quelque part[1] », contrairement au pays profond qu'elles avaient délaissé, ignorèrent le problème. Comme l'explique l'analyste américain Andrew A. Michta, doyen du collège d'études internationales et de sécurité du Centre George C. Marshall, « elles se détachèrent de la nation [...], oubliant le patriotisme [...], se tournant vers le marché comme vers une ultime formule magique » ; abandonnant les classes moyennes et populaires, et l'idée de préférence nationale, pour défendre les immigrés – ces « nouveaux damnés de la terre[2] ».

Deux coups de semonce allaient venir troubler cette belle partition. Le 11 septembre 2001, tout d'abord. En ramenant l'Occident au tragique, l'attaque des tours jumelles du World Trade Center par une douzaine de terroristes islamistes qui avaient détourné des avions de ligne armés de cutters nous rappela, en frappant Manhattan et l'Amérique au cœur, que nous n'étions pas entrés dans la posthistoire. Lénine était mort mais Ben Laden l'avait remplacé. Puis, quinze ans plus tard, surgit le phénomène Trump, qui allait lui aussi

1. Voir David Goodhart, *Les Deux Clans. La nouvelle fracture mondiale*, Les Arènes, 2019.
2. Entretien avec l'auteur, « Nos élites doivent réapprendre le patriotisme », *Le Figaro*, 2 juillet 2020.

pulvériser l'idée de la globalisation heureuse et remettre à l'honneur l'intérêt national américain. « L'Amérique d'abord », lança-t-il, parlant de l'intervention militaire américaine en Irak comme d'« un désastre », alors que le camp républicain avait soigneusement évité ce diagnostic depuis l'invasion catastrophique décidée par George W. Bush au pays de Saddam Hussein.

Quand ces tremblements de terre se produisirent, j'étais à nouveau aux premières loges, pour observer les ondes de choc. Quelques mois à peine après le 11 Septembre, le journal m'avait envoyée couvrir le séisme politique traversant les Pays-Bas, après l'assassinat du politicien néerlandais Pim Fortuyn, homosexuel libertaire de gauche devenu conservateur, qui avait saisi le défi colossal que posait l'islam à l'Europe, en pleine crispation islamiste. J'assistais, fascinée, à la remise en cause massive du modèle multiculturel néerlandais, qui révélait ses vulnérabilités béantes et la présence en son sein d'un islam radical minant les fondements mêmes de la tolérance totale, dont les Hollandais avaient fait trop naïvement leur credo – un sujet que j'allais couvrir aussi en Grande-Bretagne, après les attentats islamistes de 2005. Il m'amena à commencer de réfléchir, par ricochet, au modèle républicain français, supposément plus résilient (c'était en tout cas alors l'avis des Hollandais qui cherchaient désespérément un modèle de rechange) même si la France ne faisait pas partie de mon champ d'investigation journalistique, puisque j'appartenais au service international du *Figaro*. La vulnérabilité de l'Amérique, des Pays-Bas ou de la Grande-Bretagne était évidemment aussi, plus encore peut-être, la nôtre.

Huit ans plus tard, je partais pour Washington où j'allais découvrir, après avoir couvert avec enthousiasme les débuts de la présidence de Barack Obama, la révolte des *Tea Parties*, puis la montée de Trump et sa retentissante victoire, dont les échos n'ont cessé depuis de retentir à travers toute l'Europe. J'en fis un livre. Mais mon « voyage dans la révolte occidentale » ne faisait que commencer. À mon retour des États-Unis, persuadée que ce mouvement était la manifestation d'une crise profonde, loin d'être terminée, je lançais les « Conversations Tocqueville » : une grande conférence avec la Fondation Tocqueville et *Le Figaro* pour étudier les révoltes populaires contre la globalisation et l'immigration qui grondaient partout en Europe, retournant aux Pays-Bas, puis visitant l'ex-Allemagne de l'Est et l'Autriche notamment. Au printemps 2017, en pleine campagne électorale, *Le Figaro* me demanda de prendre la route à travers les provinces de France, pour sonder les colères du « pays périphérique » que le géographe français Christophe Guilluy avait clairement décryptées[1], et qui semblaient faire écho au phénomène Trump. J'entamai mon périple, à Pierrefitte, en Seine-Saint-Denis, tout près de l'endroit où avait grandi Éric Zemmour – échappée qui me permit d'effleurer les affres des « territoires perdus de la République » avant d'explorer l'Orne, la Sarthe et le pays de Retz pour tenter de sonder les entrailles du pays. Partout, en province, je constatais l'« humeur trumpienne » du peuple.

Mais, en 2017, la colère fut détournée. Emmanuel Macron, enfant chéri du système, surfa avec un talent et un aplomb remarquables sur une révolte qui n'était clairement pas la sienne, en promettant de mettre à bas les partis et les clivages traditionnels. Il fut aidé par la piteuse performance de Marine Le Pen,

1. Christophe Guilluy, *La France périphérique*, Flammarion, 2014.

lors du débat d'entre-deux-tours. Sur le coup, tous les observateurs s'empressèrent d'en conclure que la France vivait et incarnait un moment « antipopuliste ». Aux États-Unis, où la haine de Donald Trump occultait tout le reste, Emmanuel Macron devint la coqueluche des médias, le « surdoué » qui stopperait la vague nationaliste. Je n'y croyais pas, persuadée que ce n'était que partie remise ; une intuition que la révolte des Gilets jaunes sur les ronds-points, ce mélange de colère sociale et d'anxiété culturelle de la France périphérique, vint confirmer, même si elle nous prit tous de court par son ampleur et son *modus operandi*. Je repris le chemin des « révoltes », allant de la Belgique à l'Italie et à l'Espagne, en passant par la Pologne et la Hongrie, pour tenter de comprendre un peu mieux les dynamiques de rejet de la globalisation et du retour en force des idées conservatrices qui travaillaient l'Occident en profondeur. Partout, je constatais les thèmes qui émergeaient : la question de la globalisation, de l'immigration, de l'échec du modèle multiculturel, de l'avenir de la nation et, bien sûr, de la nature de l'Europe qu'il fallait construire. Mais, partout, les élites politiques en place persistaient dans le déni des problèmes soulevés par « les populistes », rabaissant leurs inquiétudes sur la panne du multiculturalisme au niveau de « peurs infondées et de passions tristes », et renchérissant sur les succès de la diversité. Loin de modérer leurs ardeurs postnationales, elles se mirent à embrasser l'idéologie de la « justice sociale intersectionnelle », ou « wokisme », qui traversait l'Atlantique, au nom de la lutte contre toutes les discriminations de race et de genre, suscitant en retour une réaction conservatrice notable – notamment à l'est de l'Europe, où le renouveau de la démocratie ne se concevait pas sans le concept de nation, et où l'Église avait parfois, comme en Pologne, joué un rôle majeur dans la résistance au communisme. Des dynamiques qui confortèrent Éric Zemmour dans sa vision d'un Occident en chute libre. Elles finirent par le conduire à se lancer dans la présidentielle et à créer Reconquête !, véritable chaînon français de la rébellion à la fois nationaliste et conservatrice qui traverse l'Occident.

Organisé comme une sorte de voyage dans la révolte occidentale, ce livre s'ouvre sur l'épicentre américain du phénomène, avec un récit de l'ouragan trumpien et des leçons qu'il importe d'en tirer, alors que l'Amérique s'enfonce dans une crise démocratique dangereuse. J'évoque ensuite certaines des « matriochkas » hollandaise, belge, autrichienne, hongroise et polonaise de cette rébellion transoccidentale des peuples qui réclament à leurs gouvernants un changement de paradigme fondamental. Un développement est consacré à la fascination qu'exerce Vladimir Poutine sur le candidat Zemmour et les autres « insurgés d'Occident » et, de manière plus large, à la tenaille géopolitique – entre islamistes et grands fauves russes et chinois – dans laquelle se retrouve coincé un Occident vulnérabilisé par sa profonde crise intérieure et ses divisions abyssales. C'est à la lumière de ces ébranlements que j'ai tenté ma plongée en temps réel dans l'observation du phénomène Zemmour, en tentant notamment un aller-retour comparatif avec l'expérience Trump. J'essaie d'y analyser les ressorts de l'espoir qu'il suscite comme la détestation et les inquiétudes qu'il déclenche ; de mesurer leur pertinence. Une analyse qui m'amène à souligner à quel point le phénomène Zemmour ressemble, comme Trump, à une vague contre laquelle les élites tentent d'ériger une digue étanche.

Comme je l'avais fait dans mon livre sur Trump, j'ai refusé la diabolisation d'Éric Zemmour, qui prévaut trop souvent, pour analyser les ressorts du candidat, ses intentions et surtout le phénomène qu'il incarne, les replacer dans un cadre plus large.

Si nous sommes en total désaccord sur plusieurs points fondamentaux de sa politique étrangère – notamment la dangerosité du régime de Vladimir Poutine et la signification de la guerre qu'il mène en Ukraine, sujet dont il sous-estime les implications –, je pense aussi que la situation migratoire et la question de l'islam – l'avenir de la France en tant que civilisation – sont des points essentiels qu'il a eu raison de mettre sur la table de la discussion politique. L'idée d'appeler les nouveaux arrivants à se comporter « à Rome comme les Romains » est de bon sens, même si son expression parfois très excessive et inutilement caricaturale a blessé et inquiète nombre de Français, notamment issus de l'immigration africaine et d'Afrique du Nord, qui seraient cependant d'accord avec lui sur le fond du sujet ; et avec lesquels je partage pour ma part une réelle connivence intuitive et des liens d'amitié. Attention à ne pas creuser des fossés inutiles dans lesquels les islamistes pourraient s'engouffrer, comme l'explique l'intellectuelle Malika Sorel dans son dernier essai, *Les Dindons de la farce* (2022), particulièrement remarquable, où elle raconte les lâchetés et ressorts qui mènent à l'islamisation, la communautarisation et l'atomisation de la France. Comme elle, je sais par mes parents, Français d'Algérie, que certains drames, une fois enclenchés, sont irrémédiables. Mon père m'a raconté sa rencontre avec Albert Camus, alors qu'étudiant délégué des provinces de France, il avait sollicité son conseil pour tendre la main aux étudiants musulmans de France, alors que la tragédie algérienne se nouait. Il avait retenu de cet entretien le diagnostic désespéré du grand écrivain sur une guerre d'Algérie qui avait atteint un point de non-retour.

Autant de raisons d'écrire ce livre et d'essayer d'y suggérer, au fil du récit, quelques leçons qu'il m'est apparu indispensable de tirer de la période actuelle, quelle que soit l'issue de la présidentielle, si nous voulons sortir de la crise profonde où nous sommes embourbés. Comment sortir de l'impasse où nous précipitera immanquablement la trajectoire actuelle d'une immigration incontrôlée et d'une « archipélisation » culturelle et politique de la France ? Comment préserver notre civilisation française et développer le patriotisme de nos enfants, leur fierté et leur sens de l'appartenance à la nation française sans tomber dans les affres d'un nationalisme extrémiste potentiellement destructeur ? Quel fil peut nous aider à vivre ensemble, Français enracinés et nouveaux venus ? Quelle définition de la France et de l'Europe ? Comment sortir de la crise et de la faiblesse occidentales, pour empêcher aussi que le train de la dictature russe qui fonce sur l'Ukraine à grande vitesse ne nous rattrape ? Comment réarmer notre pays et notre Europe, psychologiquement et physiquement, pour faire face aux périls évidents qui nous menacent de toutes parts ? Le sujet dépasse de loin Donald Trump et Éric Zemmour, et ce dernier, j'y reviendrai, se retrouve pris de court par une menace russe qu'il n'a jamais voulu voir. Mais son mérite n'en demeure pas moins d'avoir libéré la parole sur certaines questions fondamentales, au lieu de les maintenir enfouies.

Sommes-nous prêts à accepter de les poser ? Quelles sont les autres questions à poser qu'il occulte en raison, je le répète, d'un incompréhensible tropisme pro-poutinien, confondant l'intérêt de la Russie avec l'intérêt de Poutine ? Comme le rappelait le philosophe Alexis de Tocqueville, dont la famille avait connu la Révolution et la Terreur, l'essence de la démocratie est l'art de converser entre personnes qui ne sont pas d'accord. En Amérique, cet art qui l'avait tant fasciné lors de son fameux voyage outre-Atlantique s'est étiolé et envenimé jusqu'à la cacophonie, débouchant sur une véritable guerre de tranchées intellectuelle et politique. La situation est devenue si inquiétante que le mot de « guerre civile » s'est banalisé dans les analyses et que les Américains ne semblent même pas capables de se mettre d'accord pour définir des règles électorales – un différend qui touche à l'essence même du processus démocratique. Dans cette situation de division extrême, beaucoup à Washington, notamment à droite, semblent même incapables de voir la réalité géopolitique de l'agression russe autrement que sous le prisme de leurs batailles intestines avec la gauche.

Les Français parviennent encore tant bien que mal à se parler, même si des murs de défiance inquiétants s'élèvent de plus en plus entre les citoyens. Nous devons faire en sorte que cela continue, afin que puisse émerger du pays un compromis durable. Cet ouvrage vise humblement à alimenter cette conversation nécessaire.

Chapitre 1

Le diable Trump et les anges démocrates

Quand le peuple rompt avec les élites

J'étais sur la route depuis une semaine quand j'ai poussé la porte du café des Rennes, sur un chemin de campagne plongé dans l'obscurité de la banlieue de Middletown, en Ohio, au cœur du Midwest. Dans la vaste salle d'un ancien club de l'entreprise sidérurgique Armco, décorée de chandeliers et de têtes de cerfs, toute l'assistance tourna la tête comme un seul homme en me voyant apparaître. La stupéfiante campagne électorale de la présidentielle américaine de 2016 touchait à sa fin et j'étais partie sonder l'humeur du pays, et notamment celle de l'Amérique de Trump, présageant que ce dernier pouvait créer la surprise et l'emporter sur Hillary Clinton. Bref, je cherchais des trumpistes… « Une journaliste française qui a traversé l'Atlantique pour venir nous voir ? Entrez ! On va tout vous dire de Donald Trump ! Ici, on est 90 % à le soutenir », s'écria Leslie, professeure d'espagnol aux manières extraverties et au large sourire, tandis qu'autour d'elle, les autres clients attablés à un gigantesque bar en bois clair opinaient en riant. En quelques phrases, la petite assemblée – un mélange de cols bleus et de cols blancs – allait résumer sans détour les ressorts de la révolte trumpienne que les politologues washingtoniens avaient tant de mal à appréhender : la rupture avec les élites, politiques et médiatiques ; la critique en règle de la globalisation et de l'immigration sans contrôle ; le rejet du politiquement correct et d'une culpabilité occidentale, dont les trumpistes refusaient de porter le fardeau. « C'est une révolution tranquille. En tout cas, pour l'instant. On vote Trump parce qu'on est dégoûtés de notre gouvernement. Républicains comme démocrates, ils font des millions sur notre dos, en passant des accords commerciaux avec les pays étrangers, qui débouchent sur la délocalisation de nos industries », expliqua Mike Wilson, un charpentier quinquagénaire. Middletown, la ville où j'étais arrivée pour couvrir la révolte trumpienne, avait jadis été un fleuron de l'industrie sidérurgique américaine. Mais ce secteur avait été dévasté par la délocalisation des usines, dans les années 1980 et 1990, comme l'avait décrit un best-seller[1] écrit par J. D. Vance – un enfant du pays – paru au mois de juin 2016 et que j'avais emporté avec moi. La ville n'était plus que l'ombre d'elle-même, pleine de dépôts-ventes où les gens venaient placer leurs meubles et objets, pour se faire un peu d'argent. « On en a marre aussi de l'immigration illégale. Les immigrés légaux sont bienvenus, mais on veut des frontières. Les Bush et les Clinton, c'est du pareil au même ! » poursuivit Wilson. Ce discours anti-establishment me rappela

1. J. D. Vance, *Hillbilly Elegy*, Harper Collins, 2016. Cet ouvrage a été la source d'inspiration d'une série de reportages dont celui du café des Rennes, réalisés à l'approche de l'élection présidentielle de novembre 2016.

les diatribes du Front national contre « l'UMPS » en France.

« C'est simple, renchérit Ed Wielgus, un ancien cadre de l'industrie papetière, 63 ans, pour enfoncer le clou. On est dégoûtés de Washington et de l'establishment [...]. Toute notre vie, nous avons eu des politiciens de carrière et regardez où on en est. Notre pays est en déclin, déclara encore ce petit homme rond et moustachu. Il faut arrêter ça : les jobs qui partent, les impôts trop élevés, l'armée affaiblie, la corruption de Washington, l'État islamique et les frontières ouvertes. J'espère que Trump va relancer et protéger l'économie. Je m'inquiète pour nos jeunes. J'ai 17 petits-enfants », ajouta-t-il.

Je lui fis remarquer qu'il ne collait pas avec l'image de l'électeur typique de Trump – qui, selon les analystes, appartenait plutôt à la classe ouvrière et n'avait pas d'éducation supérieure. Ed Wielgus se mit à rire : « Vous devriez venir au QG de Trump, à Middletown. Il y a de tout chez les soutiens du Donald. Et surtout des anciens démocrates ! Des professeurs, des ouvriers syndiqués... Il y a aussi beaucoup de gens comme moi, qui ne s'étaient jamais engagés en politique. Le peuple se réveille ! » répliqua-t-il. Il déclara que Trump avait une grande chance de gagner et ses compagnons de bar semblaient y croire, eux aussi. Je fus frappée par leur virulence à l'encontre de la presse, rejetée d'un bloc et accusée de « mentir ». « Je suis scandalisé par le biais des médias. Avant ils faisaient semblant d'être neutres. Maintenant, ils nous disent ce que nous devons penser », grommela Ed Wielgus. « Les journalistes veulent nous fourrer dans le gosier tous leurs discours sur le genre et les toilettes neutres, mais ça ne passe pas ! » ajouta sa compagne Teresa Brewer. Elle dit qu'elle espérait que la presse soit différente en France...

On sentait la petite assistance exaspérée par le politiquement correct et les accusations de racisme anti-Noirs adressées aux partisans de Trump. Leur grande inquiétude à tous – et nous n'étions qu'en 2016, pas en 2020 – était que les élections soient « truquées ». Ils étaient persuadés que les élites feraient tout pour barrer la route à leur champion. Mike, du coup, disait redouter une « explosion » populaire, en cas de doute sur le résultat. Bill Russell, un ancien militaire « pro-gun » travaillant dans le secteur automobile, qui avait voté Obama en 2008, craignait lui aussi des violences en cas de défaite de Trump. Cinq ans plus tard, une foule ivre de colère, persuadée que Trump avait été spolié de sa victoire, prendrait d'assaut le Congrès... Mais on n'en était pas encore là.

Et Trump apparut sur son escalator

Le 16 juin 2015, un an et demi avant ma visite au bar des Rennes, le promoteur immobilier Donald Trump, un milliardaire qui avait fait fortune à New York, puis prospéré en créant une émission de téléréalité ultrapopulaire, était apparu sur le fameux escalator de la tour Trump, en costume bleu et cravate rouge, en compagnie de Melania, sa femme, pour annoncer sa candidature à la présidentielle et promettre de « rendre sa grandeur à l'Amérique ». Qui alors aurait pu imaginer que des millions de Bill Russell, d'Ed Wielgus et de Mike Wilson allaient répondre à son appel à travers le pays, et l'aider à vaincre la formidable machine politique du Parti démocrate et des Clinton ? Certainement pas les élites politiques et médiatiques américaines.

À l'époque, elles parlaient toutes du duel Hillary Clinton-Jeb Bush qui se profilait, et multipliaient les papiers sur les deux plus puissantes dynasties familiales et politiques du pays. Mais le peuple, lui, prêta l'oreille en entendant le promoteur milliardaire lui promettre de renforcer les frontières, en construisant « un mur » entre les États-Unis et le Mexique. L'image très symbolique – qui représentait un pied de nez retentissant à l'idéologie humaniste qui prévalait alors sur les bienfaits d'un monde totalement ouvert (« Construisez des ponts, pas des murs ») – fit mouche. Loin de voir un sujet de disqualification de sa candidature dans ses saillies sans complexes sur les cohortes de Mexicains « pilleurs et violeurs » qui s'infiltraient selon lui dans le flot des immigrés illégaux, nombre d'Américains semblaient savourer son discours décomplexé et sa capacité à tenir la distance sous le feu roulant des critiques de l'establishment. Ce jour-là sur son escalator, tandis que la musique « Rockin' in the Free World » de Neil Young pulsait dans les haut-parleurs, Trump mit dans le mille en s'attaquant aux termes des traités de libre-échange qui affaiblissaient selon lui le pays, y voyant la raison majeure de la désindustrialisation de l'Amérique. En proclamant qu'« un pays qui n'a plus de frontières n'est plus un pays », et en prenant à bras-le-corps la question du commerce « stupide », bref en décidant de se poser en homme fort capable de protéger le pays contre les vents violents de la globalisation, le candidat new-yorkais allait se voir propulsé d'entrée de jeu en tête de la primaire républicaine.

Projeté au sommet des sondages, Trump n'en redescendrait plus, éliminant progressivement ses 16 adversaires, dont plusieurs gouverneurs et sénateurs chevronnés, à coups de tweets assassins et d'insultes souvent triviales, pour finalement se retrouver seul en piste, au cours d'une campagne très économe en moyens et personnel. Il utilisa essentiellement son intuition, son génie de la communication et son compte Twitter pour dominer toute la campagne. À partir d'août 2016, il allait aussi être aidé par l'équipe du stratège américain Steve Bannon, qui mit en place une campagne internet très savamment ciblée sur des électorats niches, pour les rallier à Trump, ou décourager les électeurs – notamment afro-américains – d'Hillary de voter pour elle, sur les réseaux sociaux.

En face, l'establishment afficha un mélange de condescendance et d'incrédulité face à Trump, se concentrant sur la critique de sa brutalité et sa grossièreté, dans l'espoir de convaincre l'électeur qu'il était indigne de la fonction présidentielle. Le nabab de l'immobilier new-yorkais, qui faisait la une des magazines people, avec ses goûts ostentatoires, ses trois mariages et ses frasques ? « Impossible ! » s'esclaffèrent les analystes et les politiques. Pour eux, ce milliardaire à l'ego surdimensionné, qui avait construit des tours à travers l'Amérique et le monde, y inscrivant son nom en grosses lettres, ne pouvait être, par définition, un candidat sérieux ! L'impression générale était que les élites républicaines comme démocrates sous-estimaient le phénomène. Ils voyaient Trump comme une plaisanterie ou, au pire, comme une mauvaise fièvre qui passerait. Je commençais toutefois à me dire que la persistance de son taux de popularité apportait un démenti troublant à cette thèse.

En décembre 2015, Michael S. Steele, ancien président du Comité national républicain, fut l'un des premiers politiques que je rencontrais à me confier ouvertement qu'il prenait la candidature Trump très au sérieux dans une interview exclusive[1]. « Le phénomène Trump est l'expression d'une frustration de la base du Parti conservateur qui s'est accumulée depuis longtemps. Celle-ci s'est sentie trahie par une direction républicaine dont elle a le sentiment qu'elle l'a ignorée depuis des années et qu'elle ne fait pas face aux problèmes fondamentaux du pays. Trump a fait resurgir cette conversation que réclame la base. Cette dernière s'enflamme en l'écoutant et n'est pas du tout choquée par ses déclarations controversées sur l'immigration ou l'islam. Je ne sais pas si ce mouvement sera durable, mais le phénomène est sans précédent dans l'histoire politique moderne de notre pays », expliqua Steele. Il évoqua alors une élite « en pleine confusion ». « Ils ne comprennent pas ce qui leur arrive. Ils avaient l'habitude d'un processus ordonné de sélection... et voilà que ce gars qui n'a pas la moindre allégeance au parti surgit. C'est un *outsider* totalement indépendant, qui dit ce qu'il veut et est en train de changer totalement la nature de la conversation politique dans le pays. Les autres candidats, qui sont littéralement asphyxiés par sa domination dans les sondages et les médias, ne savent pas non plus comment exister. Ils sont presque inaudibles. Mon pari est que cette campagne pourrait nous surprendre tous, poursuivit Steele. Trump a un instinct phénoménal de ce que les gens veulent entendre. Il sait se connecter avec eux. Ils disent : “Ce milliardaire est comme nous. Il pense comme nous.” Et ça, c'est de l'or politique. Son côté “showbiz”, sa capacité à jouer avec les médias, ses petites phrases excitantes, qui font exploser le politiquement correct, tout cela compte. Les

1. Entretien avec l'auteur, « Steele, Trump a un instinct phénoménal de ce que les gens veulent entendre », *Le Figaro*, 15 décembre 2015.

classes populaires adorent... Trump peut tout à fait rafler la nomination du Parti républicain », conclut-il.

Je ressortis de cette conversation ébranlée. Une révolte contre les élites était-elle en train de mûrir dans les rangs du Parti conservateur ? Il était frappant de constater que, sur le flanc gauche du spectre politique démocrate, un autre mouvement populaire massif – celui du vieux sénateur socialiste Bernie Sanders – avait surgi pour contester le leadership d'Hillary Clinton, quintessence de l'establishment washingtonien, et faire entendre la voix des classes populaires. Il allait être progressivement étouffé par la direction du parti, mais le pays était décidément traversé par une révolte de la base. Dans les semaines qui suivirent, je commençais à interviewer des responsables régionaux du Parti républicain qui, tous, me dirent que Trump avait une chance. Cette hypothèse restait invisible dans les journaux.

Il fallut attendre le mois d'avril, après les défaites en rase campagne de l'ancien gouverneur Jeb Bush et des sénateurs Marco Rubio et Ted Cruz, aux primaires de Floride et de Caroline du Sud, pour que la direction du parti prenne lentement conscience de la nécessité d'aller à la négociation et d'apprivoiser « l'intrus » qui s'était emparé de leur parti. On a oublié cette période de flottement total. Les observateurs n'ont de cesse, aujourd'hui, de dénoncer l'obéissance des cadres du Parti républicain envers Trump. Mais ce ralliement n'intervint qu'au terme du pugilat épique d'une primaire qui allait laisser des traces. Quand il fut enfin terminé, il fallut encore des semaines et de longues manœuvres pour que la campagne Trump et les figures clés de l'establishment républicain se rencontrent dans une ambiance tendue, pour fumer le « calumet de la paix » et rassembler les forces pour la grande bataille de l'élection générale contre Hillary Clinton.

Au cours de l'été 2016, alors que le coup politique magistral que venait d'orchestrer Trump culminait lors de la convention républicaine de Cleveland, nulle réflexion sur le phénomène qu'il représentait ne semblait émerger des rangs démocrates, ni même de la presse généraliste libérale. On en restait à la rafale de critiques massives contre « sa rhétorique incendiaire » et sa personnalité « dangereuse ». Après avoir été considéré comme un clown sans intérêt, il était sans cesse accusé de racisme, de sexisme, et même d'être fou.

L'historien américain Robert O. Paxton écrivit voir en lui une variante d'Hitler. La promptitude avec laquelle chacune des saillies rhétoriques qu'il proférait était immédiatement répercutée et matraquée sur toutes les ondes, devint le pain quotidien de cette drôle de campagne. Le pays vivait au rythme des déclarations de Trump, sans que personne semble prêter intérêt et attention aux meetings, peu fournis, d'Hillary. L'ogre médiatique tournait à plein, utilisant l'irruption de ce phénomène pour faire de l'audience, tout en essayant de le discréditer. Mais, curieusement, ni les critiques ni les multiples dérapages de Trump ne semblaient entamer le soutien dont il bénéficiait. Cela m'intriguait. Dans mes périples à travers le pays, j'en parlais aux supporters du milliardaire que je croisais. Leur réponse était invariable : oui, Trump sortait des énormités, des approximations, des insultes, peut-être même des mensonges ; mais, pour eux, ces derniers étaient largement compensés parce qu'il avait le courage d'exprimer à haute voix des « vérités fondamentales » que personne d'autre, en politique, ne voulait relayer – sur l'importance de la nation et des frontières, sur l'abandon dans lequel s'était retrouvé l'ouvrier américain, sur la nécessité de se dresser contre le politiquement correct et de mettre fin aux interventions militaires sans fin. « Bien sûr qu'on préférerait parfois qu'il ferme sa grande gueule ! Mais il dit aussi les choses comme elles sont », répondaient-ils. Quand, début septembre, une cassette vidéo datant de 2005 et montrant Trump en train de tenir des propos scabreux sur les parties sexuelles d'une femme sortit à quelques jours de son deuxième débat, tous les médias, ou presque, annoncèrent, réjouis, que le milliardaire avait perdu la présidentielle. « Il est fini », me confia un ami reporter danois, avec lequel je pariai néanmoins 200 dollars sur sa victoire, car je n'étais pas convaincue. Un déluge de critiques sur son sexisme et sa détestation des femmes déferla sur la campagne. Mais Trump, le pécheur assumé, dont les défauts s'étalaient dans les journaux depuis trente ans, pouvait-il en pâtir ?

Quelques semaines plus tard, dans l'Ohio, je tenais ma réponse. Au Walmart de Middletown, comme je l'ai déjà évoqué, je constatais le ralliement décomplexé des dames de rayon au milliardaire new-yorkais, malgré le scandale de la cassette sexuelle que les démocrates avaient sortie quelques jours plus tôt dans le but de l'abattre définitivement. « On en a vu d'autres et on n'a de toute manière jamais pensé qu'on votait pour un saint ! » me lancèrent-elles en s'esclaffant, affirmant soutenir Donald Trump et jugeant ridicule l'idée propagée par les féministes de la gauche américaine selon laquelle il serait un candidat « anti-femmes ». « Nous ne sommes pas de petites choses fragiles qui doivent être protégées des hommes ; quand ils en font trop, on les renvoie dans leurs buts », insistèrent-elles agacées, estimant que Donald Trump ne se distinguait pas vraiment de leurs collègues de travail. Le contraste entre Washington, qui l'avait décrété mort, et ces réponses était fascinant. Je comprenais que j'étais sur une autre planète, où les avis washingtoniens importent peu, ou plus du tout. C'était comme une forme de sécession mentale qui s'amorçait... Et ce n'était que le début...

Dans la « Maison Trump » aux couleurs bleu, blanc, rouge du drapeau américain que Leslie Bauman Rossi, une cheffe d'entreprise, avait installée en bordure d'une route, au milieu de la campagne de Pennsylvanie, le discours était le même[1] : « Toutes ces femmes qui ont lu *Cinquante Nuances de Grey* et qui se disent choquées par les propos scabreux de Trump, c'est de l'hypocrisie », lança-t-elle, tout en me faisant fièrement visiter son local de campagne, rempli de badges, de tee-shirts et autres produits dérivés trumpiens. Sorte de Calamity Jane énergique au physique de Scarlett O'Hara, elle m'expliqua que tout le foin qui était fait des mauvaises manières de Trump, à la télévision, était totalement ignoré dans les provinces profondes, où l'on vivait une « autre vie » avec « d'autres problèmes ». Elle parla de l'épidémie d'héroïne qui frappe le Midwest, avant d'appeler à fermer la frontière avec le Mexique par où passe la drogue. « Vous n'imaginez pas tous les bus et voitures remplis de fans qui passent nous voir », dit Leslie, notant que sa pelouse est devenue une agora où les gens débattent. « Il y a une déconnexion totale entre ce que les sondeurs prévoient et ce que nous voyons ici », confirma Terry Ligonier, un ami gay de Leslie qui soutenait Trump et se dit persuadé qu'il allait gagner. Il raconta que les gens convergeaient par

1. Laure Mandeville, « Et soudain apparaît la Maison Trump », *Le Figaro*, 5 novembre 2016.

milliers à la Maison Trump, « qui était pourtant dans un trou perdu, et que tout cela n'était pas normal ». « Ce n'est pas comme d'habitude, je vous assure, dit-il. C'est un mouvement, une révolution ! » Un sentiment diffus que l'on entend s'exprimer un peu de la même manière spontanée, dans le sillage d'Éric Zemmour, à travers la France, cinq ans plus tard...

Quand la sidération s'abat sur l'Amérique

Il est environ 18 heures, ce 8 novembre 2016, et, sur le plateau de la chaîne BFM TV, installé sur un splendide *rooftop* new-yorkais, le présentateur français Jean-Baptiste Boursier demande aux commentateurs qu'il a réunis à quelques heures du résultat de l'élection présidentielle américaine quel type de « premier *gentleman* » sera Bill Clinton, une fois sa femme élue présidente des États-Unis. J'arrive tout juste de ma plongée dans le pays profond de la Pennsylvanie et de l'Ohio, où j'ai passé une dizaine de jours à sonder les cœurs du petit peuple, et je n'ai pas senti la moindre trace d'engouement pour Hillary Clinton – quintessence de l'establishment – même chez ceux qui disent s'apprêter à voter pour elle. « Il n'y a pratiquement que des panneaux Trump sur les pelouses », m'a fait remarquer le démocrate Thione Niang, ancien pilier de l'équipe de campagne d'Obama d'origine sénégalaise qui a fait une traversée du pays en voiture et s'est dit « très inquiet » pour Hillary, lors d'une étape à Cincinnati.

Sur le plateau de BFM TV, j'essaie donc de faire remarquer que la question du rôle de Bill Clinton paraît très prématurée, vu qu'Hillary n'est pas encore élue ! Mon intervention passe mal. Comme si j'étais hors sujet... Pour les trois Américains démocrates présents sur le plateau, le compte à rebours en chiffres lumineux qui clignote au sommet de l'Empire State Building, juste derrière nous, ne peut mener qu'à un seul résultat possible : la victoire d'Hillary. « Laure, Trump ne peut pas gagner, c'est mathématiquement impossible, les Américains ne sont pas fous à ce point ! S'il gagne, je vous assure que je change de métier », me déclare de son côté, ce jour-là au téléphone, Larry Sabato, célèbre politologue de l'université de Virginie[1].

Trois heures plus tard, avec le basculement de la Floride côté républicain, la sidération s'abat sur l'Amérique et sur le plateau de BFM TV, quand il devient clair que Donald Trump sera le prochain président des États-Unis. Une onde de choc violente qui, cinq ans plus tard, dure encore. Le camp démocrate est anéanti, l'establishment sans voix, les analystes interloqués. Sur les chaînes américaines libérales, les journalistes peinent à contenir leur consternation et leur désarroi. À gauche, certains sanglotent littéralement en apprenant la nouvelle et, jusqu'à Paris, les spécialistes de politique américaine sont « en deuil ». « J'ai pleuré », confiera quelques jours plus tard l'universitaire française Annick Cizel, reflétant un état d'esprit également très partagé côté français.

Si la stupéfaction est si grande, c'est que Trump a gagné contre toute l'élite du pays, démocrate comme républicaine. Il a triomphé grâce à l'appui décisif de « l'autre Amérique », et notamment cette Amérique ouvrière sans éducation supérieure dont l'avis est systématiquement ignoré et moqué sur les chaînes libérales de télévision et dans les médias *mainstream*. Presque tous

1. Interview avec l'auteur, 8 novembre 2016.

les « sachants » les plus en vue – journalistes, experts, universitaires, artistes, hommes d'affaires, généraux de haut rang, diplomates et cadres politiques des partis – ont essayé de stopper la stupéfiante marche du tempétueux milliardaire vers la Maison-Blanche, multipliant les prises de position et les listes de soutien en faveur d'Hillary, peignant Trump tour à tour en clown et en Hitler. Tous, jusqu'au président Obama lui-même et sa femme, Michelle, qui ont passé des semaines à marteler sur tous les tons qu'il était « impossible d'élire » un personnage aussi « dangereux » ! Près de 90 % des journaux nationaux et locaux ont pris position pour Hillary.

Mais le peuple n'écoute plus ses élites. Le 8 novembre 2016 est bien l'histoire de la répudiation magistrale de toute une classe politique. L'irruption vertigineuse du volcanique Donald au sommet du pouvoir traduit une éruption de colère populaire contre Washington et ses pratiques. L'élection remportée à la seule force du redoutable instinct du milliardaire, de son compte Twitter et d'une poignée de conseillers, marque aussi une disqualification massive des spécialistes de science électorale, des instituts de sondage et des journalistes qui, dans l'ensemble, n'ont rien vu venir. « Quel désaveu pour l'élite ! À lui seul, Trump a changé toute la mathématique électorale du pays, volant aux démocrates leurs bastions ouvriers du Midwest et du Nord-Est, et fournissant au Parti républicain une feuille de route qui va révolutionner la politique pour des années ! » me confie au lendemain de l'élection la consultante afro-américaine Dana White, qui a été conseillère de politique étrangère et de John McCain et m'a accompagnée dans mon périple à travers le Midwest – elle sera nommée porte-parole du Pentagone. « Si l'on regarde les moyens qui ont été mis au service d'Hillary Clinton, huit fois plus d'argent que Trump et huit fois plus de personnel de campagne, des conseillers en tous genres payés pour tout prédire et tout baliser, elle aurait dû gagner haut la main ! » poursuit-elle, jugeant que l'élite a totalement sous-estimé la détestation qu'elle suscite depuis « très longtemps ». « Ce qu'il a accompli sera étudié dans les départements de science politique et les facs de journalisme pendant des décennies », déclare pour sa part l'ancien speaker de la Chambre des représentants Newt Gingrich, qui s'est rallié à lui.

Stupéfié par ce coup de semonce, le *New York Times* décide de présenter ses excuses à ses lecteurs, pour ne pas avoir été capable de saisir le mouvement historique qui a traversé le pays. « Nous devons faire un meilleur travail en allant sur le terrain... en parlant à d'autres types de gens que ceux que nous interrogeons – surtout quand on est une organisation basée à New York – et nous souvenir que New York n'est pas la vraie vie », lance le rédacteur en chef Dean Baquet à ses troupes. « Alors que le *Times* engage une période de réflexion sur lui-même, j'espère que ses rédacteurs en chef méditeront sur la moitié de l'Amérique que le journal couvre trop rarement, écrit, pour sa part, l'éditrice Liz Spayd. La couverture de la campagne dans les États rouges [républicains] qui a été la plus bruyamment mise en exergue a été basée sur les meetings de Trump et a souvent amplifié les voix des plus haineux. Une vidéo particulièrement éloquente, produite sur la base d'extraits de campagne, en a saisi la laideur vitriolesque comme personne d'autre. C'est important pour la couverture. Mais cela a noyé les récits plus profonds et exempts de démonstrations idéologiques qui auraient permis aux lecteurs du *Times* de pénétrer plus en profondeur dans les vies et les valeurs des gens qui viennent tout juste d'élire le futur président », ajoute-t-elle dans une analyse sévère à l'adresse de son journal.

L'excommunication de Trump : sus à l'imposteur

Cette volonté salutaire d'ausculter les causes de la victoire trumpienne allait vite s'étioler et passer au second plan, au *New York Times* comme au Parti démocrate et dans l'ensemble du camp anti-Trump. Dans les heures, les jours et les semaines qui suivirent, l'idée qui s'imposa rapidement chez ses adversaires et dans la presse devint celle de « la résistance » à un président dont le style décomplexé, les tweets souvent approximatifs ou incendiaires et les idées dénoncées comme « anti-femmes » ou « racistes » devaient absolument être combattus. Il ne s'agissait pas d'un combat politique normal, qui supposerait de faire une pause jusqu'à la prochaine joute électorale, comme cela se passe d'ordinaire en démocratie. Commença une bataille au caractère presque religieux, tradition puritaine oblige. « Il n'est pas notre président », déclamèrent, dès le lendemain de l'élection, des bataillons de jeunes activistes de gauche qui brandissaient des pancartes parlant du « mal orange », en allusion aux cheveux teints de Trump. Pour ceux qui le combattaient, Trump n'était pas seulement un adversaire mais, on l'a déjà dit, le diable incarné ; un danger absolu qui avait fondu sur l'Amérique. Pendant les semaines qui séparaient la date de l'élection du vote du collège électoral, dont les membres, élus par les États, sont chargés d'élire le président, la presse et toute une série d'experts en science électorale, totalement sonnés par le résultat, tel le professeur Laurence Tribe de l'université de Harvard, allèrent même jusqu'à entretenir l'idée que les membres du collège électoral pourraient se retourner contre Trump et finalement donner la victoire... à Hillary ! Une hypothèse farfelue, qui traduisait selon moi l'incapacité des analystes à accepter sa victoire. Une fois Trump installé dans le Bureau ovale, cette approche allait ensuite glisser vers une remise en cause permanente du comportement, des actions et, plus fondamentalement, de la légitimité du nouveau président et de son élection.

Mais, loin d'abattre Trump, la pression des élites l'assit dans sa posture de trublion du peuple. Le discours d'investiture qu'il prononça pour dénoncer le « carnage américain » de la désindustrialisation et de la globalisation fut une véritable déclaration de guerre à l'establishment washingtonien.

Le milliardaire new-yorkais accusa les élites de Washington d'avoir sacrifié la classe ouvrière américaine à leurs intérêts financiers et commerciaux. « Cela change ici même, maintenant. Ceci est votre journée, votre célébration. [...] On se souviendra de ce jour comme de celui où le peuple a pris les rênes des États-Unis d'Amérique », lança-t-il au pays...

Dès lors, plus ses ennemis se ligueraient pour acculer et affaiblir Trump, avec l'appui actif d'une presse qui le détestait, plus il se débattrait et renchérirait dans son positionnement ; accomplissant, une à une, ses promesses de campagne sur le commerce, l'immigration et la politique étrangère. Et plus les élites protesteraient, se moqueraient et crieraient à la catastrophe, plus Trump tweeterait, égratignerait, voire écorcherait, n'hésitant pas à pratiquer la politique de la terre brûlée dans ses relations avec ses adversaires ; rejouant encore et encore le rôle du rebelle encerclé, pour mieux mobiliser ses troupes ; assumant ses défauts, dérapages, ratages et mensonges, et même son admiration pour Poutine, comme un étendard de la révolte.

C'était, bien sûr, une position destructrice. En jetant à la poubelle les formalités et les codes de la politique, Trump affaiblissait le consensus déjà fragile qui tenait ensemble le système et le pays. Il y avait de bonnes raisons d'être inquiet de l'imprévisibilité du personnage, de son ego démesuré et parfois mesquin, de ses réactions souvent épidermiques, de son incapacité chronique à organiser une stratégie de long terme. Trop de tweets du président, trop d'attaques *ad hominem* contre « les journalistes ennemis du peuple », qui « mentent tout le temps ». Trop de chaos dans une équipe que Trump s'avérait incapable de stabiliser et d'organiser à long terme – ce dont plusieurs de ses collaborateurs rendront compte avec cruauté dans des livres de mémoires publiés après leurs démissions successives[1]. « Sa manière de gouverner était impulsive ; je rêverais de voir un président qui serait un génie de l'art de gouverner, pas seulement de celui de gagner », note à ce sujet l'intellectuel américain Walter Russell Mead[2], qui avait été l'un des observateurs les plus équilibrés et les moins hystériques de la présidence Trump. Mais, point trop souvent occulté et pourtant essentiel, le brasier politique permanent qui caractérisait l'ère Trump

1. Voir notamment les livres de John Bolton, *The room where it happened : A White House Memoir*, Simon & Schuster, 2020, et de Fiona Hill, *There is nothing for you here : Finding Opportunity in the Twenty-First Century*, Mariner, 2021.

2. Walter Russell Mead, entretien avec l'auteur, novembre 2021.

n'était pas seulement dû au bouillonnant président. Il était clairement alimenté aussi par ses adversaires, prêts à transformer en incendie médiatique quotidien tous ses faits et gestes, tous ses mots de trop – et Dieu sait qu'il y en eut – dans l'espoir de le discréditer définitivement et de l'expulser du pouvoir avant l'heure. Cela devint maladif. « C'est exagéré », commentait l'analyste James Kirchick[1]. « Prêter une grande attention aux propos du président a peu de sens », analysait-il, invitant à regarder plutôt ses actes que ses paroles, car « ils révèlent souvent une plus grande fermeté et des approches plus classiques que son style », comme le montre la manière dont il a géré la Russie avec beaucoup de fermeté après l'affaire de l'empoisonnement de Skripal. « Chez Trump, les mots n'ont généralement qu'une fonction tactique, et ce qui est dit le matin peut être remis en cause le soir, et vice versa. En bon commercial, il utilise le langage comme moyen de marchandage et peut donc changer de discours si nécessaire », avertissait-il.

Mais le rejet était tel que toutes ses initiatives étaient accueillies par des critiques féroces et un concert de protestations. Sa volonté de renégocier la globalisation et sa remise en cause, dès les premiers mois, des termes des traités de libre-échange avec le Mexique et le Canada ? Un crime de « lèse-commerce », entendit-on pendant des semaines, avant que le tollé ne s'apaise. Ses attaques contre la Chine ? « Dangereuses et déstabilisantes », argumentaient aussi les journaux sans vouloir reconnaître que, si Trump s'y prenait sans doute mal en s'attaquant aux tarifs douaniers, sa volonté de couper

1. Entretien avec l'auteur, octobre 2018.

court à la montée en puissance technologique de Pékin, que les Américains avaient encouragée par des transferts massifs de technologie, était fondamentalement pertinente (et sera d'ailleurs reprise par son successeur). Ses menaces contre le dirigeant nord-coréen ? Signe d'un problème psychique, qui nous amène au bord de la guerre nucléaire, répétèrent à qui mieux mieux les journalistes et experts à l'été 2017, refusant de voir que Trump se livrait à la théorie du « fou » pour impressionner son adversaire. On vit même un chef militaire annoncer qu'il ne lui obéirait pas s'il cherchait inconsidérément à déclencher le feu atomique, comme si cette hypothèse était de mise... Sa main tendue à Kim Jong-un ? Ridiculement naïve, entonna la même presse. Quand Trump déménagea l'ambassade des États-Unis de Tel Aviv vers Jérusalem – un point que tous les présidents précédents avaient mis dans leur programme sans jamais oser passer à l'acte –, les prédictions alarmistes fusèrent à nouveau, sur l'embrasement à venir de la région, alors qu'il ne se passa rien. On eut le sentiment pendant toute sa présidence qu'aucun sujet ne pouvait être discuté au fond, à partir du moment où Trump en était l'initiateur. En lieu et place du débat qu'aurait mérité sa politique franchement disruptive, ce fut en réalité un ping-pong hystérique qui s'enclencha, entre lui et ses adversaires ; lesquels n'avaient en tête que « l'apocalypse » nommée Trump. Pendant les élections de mi-mandat 2018, ses adversaires, abondamment relayés par la presse, l'accusèrent par exemple d'avoir construit sur la frontière avec le Mexique des cages dignes « des camps nazis », où son administration retenait des mineurs migrants – une affaire rapportée dans un brouillard d'approximations assez malhonnêtes, visant à présenter le président en Hitler. Certes, l'administration avait très mal géré ce casse-tête, alors que la frontière était prise d'assaut par des milliers de migrants en pleine campagne. Mais lesdites « cages » avaient été construites par l'administration Obama, en 2014, comme lieux de contrôle provisoires des illégaux. De plus, la séparation des familles opérée par l'administration Trump n'était que l'application d'une loi antérieure qui interdisait de renvoyer les enfants en même temps que leurs parents à la frontière. Jusque-là, les autorités avaient du coup préféré ne pas appliquer la loi sur le renvoi des illégaux plutôt que de séparer les familles pour des raisons humanitaires. Voulant faire preuve de fermeté, l'administration Trump se retrouva prise au piège de son zèle bureaucratique, menant à des drames bien réels de séparations familiales. Mais les circonstances en étaient totalement escamotées par les médias américains, dédiés à leur démonstration de l'inhumanité du président républicain. Ils omettaient aussi de dire que des dizaines de milliers de familles continuaient d'expédier leurs enfants seuls à travers la frontière ; une attitude qui poussait en retour le président, un contre-attaquant peu enclin au compromis ou à l'apaisement, à la surenchère systématique, souvent excessive et de mauvaise foi. Comme il l'avait déjà fait pendant toute sa campagne, incapable de s'élever au-dessus de la mêlée politique, ce qui était pourtant son rôle de président, Trump continuait ainsi de tracer son propre récit de sa présidence, qualifiant de « *fake news* » les comptes rendus des médias et les contournant à coups de tweets incessants pour alimenter l'imaginaire de son électorat en « vraies nouvelles ». Peu à peu, la réalité laissait place à une bataille partisane chaotique et bruyante, une compétition pour la vérité. « On assiste à une guerre entre l'administration Trump et les médias dominants, d'une virulence que je n'avais jamais vue auparavant », écrivit à l'automne 2018 l'ancien présentateur vedette de CNN Piers Morgan – un Britannique[1].

Dans les mois qui suivirent l'élection présidentielle, je retournais régulièrement sur le terrain et ce qui me frappa le plus fut la conviction des élites politiques et médiatiques que Donald Trump allait s'effondrer « d'ici peu »... J'avais, pour ma part, l'impression de ne plus pouvoir clairement discerner le vrai du faux, à la lecture des journaux, tant les biais étaient désormais évidents. À chaque passage, c'était le même pronostic : « Il ne tiendra pas jusqu'à la fin de l'année », me confiaient maints observateurs très sérieux ; une obsession contagieuse. Car, en Europe, et notamment en France, émission après émission, les grandes télévisions françaises scrutaient les moindres faits et gestes de l'explosif président américain, annonçant à chacun de ses dérapages oratoires son départ imminent ou sa mort politique. Dans l'ensemble, ce positionnement diabolisant masquait la substance réelle de la révolte trumpienne et dédouanait les élites politiques démocrates. Ces dernières ne prenaient jamais le temps d'ausculter les raisons de leur propre défaite, préférant voir dans la victoire du président aux cheveux orange un accident ou un complot. Le fruit d'une manipulation russe surtout.

1. Selon le centre d'étude des médias de l'université de Harvard, la couverture de la présidence Trump a été à 90 % négative dans les médias.

L'introuvable complot russe

Sur ses liens avec la Russie, Donald Trump avait indéniablement alimenté les soupçons par son comportement erratique. Pendant la campagne, alors que les premières informations émergeaient sur le piratage du Parti démocrate par des hackers moscovites liés aux services russes – une attaque très sérieuse contre les institutions américaines –, il avait multiplié les déclarations provocatrices, mettant en doute les informations des services de renseignement. Pire, il avait appelé publiquement les Russes, dans une plaisanterie de mauvais goût, à révéler le contenu des milliers d'e-mails du serveur personnel d'Hillary Clinton, sur lesquels ils pourraient avoir mis la main. Le milliardaire avait aussi passé sa campagne à tonner contre l'Otan et à tresser des lauriers à Vladimir Poutine, évoquant même l'idée d'une sortie de l'Alliance atlantique, si les partenaires européens devaient s'obstiner à ne pas payer leur part du fardeau budgétaire de l'Alliance. Il s'était dit prêt à travailler avec le maître du Kremlin, un « homme fort » pour lequel il n'avait pas caché son admiration. Puis, quand il avait appris de ses services l'ampleur de l'opération de désinformation menée par Moscou sur les réseaux sociaux pour influencer l'opinion, il avait tout fait pour l'éluder, sinon la sous-estimer. Trump, avec cette fanfaronnade géopolitique hasardeuse et troublante, avait offert à ses adversaires un formidable angle d'attaque, dans lequel ils s'engouffrèrent avec gourmandise, pour brosser le portrait d'un président irresponsable et « manipulé » ; bref, en faire la « marionnette de Poutine ».

Il y aurait un livre en soi à écrire sur la manière dont la collusion russe a occupé la une des journaux américains pendant près de trois ans. Toutes les semaines, la mise en examen ou la convocation de tel ou tel acteur potentiel de l'affaire par le procureur Mueller concentraient l'attention médiatique. De *breaking news* en *breaking news*, la presse égrenait sans discontinuer la chronique des « révélations » de l'enquête du procureur spécial Robert Mueller, nommé dans la foulée du limogeage du chef du FBI par Trump, pour marteler l'idée que Donald Trump avait sans doute pactisé avec le chef du Kremlin pour l'emporter sur Hillary Clinton – une accusation d'une extrême gravité, qui, si elle avait été confirmée, aurait évidemment débouché sur une procédure de destitution. « Est-ce la fin de Trump ? » ne cessaient-ils de demander à chaque nouvelle convocation de témoin, présentant Mueller comme un chevalier blanc de la Justice qui allait abattre le monstre. Au départ, les interrogations étaient légitimes. Le *New York Times* mit d'ailleurs sur pied une véritable armada de reporters pour enquêter sur le sujet. Mais, trois ans après le début de l'enquête, la publication du rapport Mueller et sa prestation, d'ailleurs très décevante, devant le Congrès virent l'écroulement de cet édifice de supputations. La montagne accouchait d'une souris. Au terme d'une enquête longue et méthodique, Mueller n'a « pas établi que des membres de la campagne Trump ont conspiré ou se sont coordonnés avec le gouvernement russe dans ses activités visant à interférer » sur la campagne de 2016, annonça son rapport. Ces interférences étaient de deux ordres : désinformation sur les réseaux sociaux, via une agence privée liée au président Poutine, et piratage informatique de serveurs démocrates par le renseignement militaire russe. Dans les deux cas, le procureur spécial conclut à l'absence de « conspiration » du côté américain, ou même de « coordination, tacite ou expresse », de la part de l'équipe Trump, « en dépit de multiples offres » russes.

Mais les démocrates ne désarmèrent pas pour autant, estimant que « le rapport soulevait autant de questions qu'il n'apportait de réponses ». Six commissions parlementaires allaient continuer d'enquêter sur le président, sa campagne de 2016, son comité d'investiture, son groupe immobilier et sa fondation caritative. Avec le même but persistant : l'expulser du pouvoir.

Dans la presse, embarrassée, il n'y eut pas non plus de *mea culpa*. Certains affirmèrent que la collusion « restait possible », même si elle n'avait pas été prouvée, comme l'avait noté le procureur Mueller dans une formule énigmatique. D'autres invoquèrent les liens sulfureux que personne ne niait et que Trump avait toujours entretenus avec des intérêts privés russes[1], puis revinrent sur les accusations de Jonathan Steele, cet ancien agent du MI6, qui avait constitué un dossier à charge contre Trump, à la demande du Parti démocrate, avant que ce dossier ne soit discrédité par l'enquête du conseil spécial américain John Durham, nommé par le ministre de la Justice de l'administration Trump, William Barr, pour investiguer sur les enquêtes menées par le FBI pendant la campagne du milliardaire[2]. Le mystère persista et, pour certains, persiste

1. Les liens financiers de Donald Trump avec la Russie sont indéniables. Ils débutent au début des années 1990 quand des groupes russes privés, installés à New York et censés être liés à des réseaux mafieux, investissent dans ses projets immobiliers. Cette nébuleuse a toujours été présente à l'arrière-plan de ses affaires, suscitant de nombreuses conjectures sur d'éventuelles connexions, par ce biais, avec des milieux plus politiques.

2. Le conseil spécial John Durham n'a toujours pas fini cette enquête. Il affirme désormais que la société technologique privée de Rodney

encore. Mais l'observateur bulgare Ivan Krastev souligna l'essentiel : les démocrates avaient perdu de vue que la révolution trumpienne avait pris naissance en Amérique, pas en Russie. Le problème était interne, pas étranger.

L'effondrement de la thèse de la collusion russe allait laisser des traces. L'idée qu'un État profond voulait sa perte allait dès lors hanter Trump et reviendrait comme un boomerang lors de l'élection présidentielle de novembre 2020, quand il refuserait d'en accepter le résultat, invoquant des fraudes. Dans l'électorat trumpiste, cet acharnement contre leur champion fut perçu comme une injustice et scella, si c'était encore nécessaire, une union sacrée désormais presque irrationnelle autour de lui. « Les gens simples comprirent à quel point les élites les haïssaient en voyant la manière dont elles traitaient le président qu'ils avaient élu ! » dit le professeur de théorie politique Joshua M. Mitchell, en revenant sur la période. La procédure de destitution dont il fit l'objet quelques mois plus tard,

---

Joffe, chargée d'explorer les flots de *data* récoltées sur les communications de Trump pendant sa campagne puis à la présidence, a collaboré avec la campagne d'Hillary Clinton pour nourrir son attaque contre la « collusion russe ». Alors que le reste de la presse américaine juge cette accusation infondée ou sous-estime le sujet, l'affaire a fait l'objet d'un éditorial du *Wall Street Journal* le 15 février 2022. « Qui au gouvernement lui a fourni le contrat qui lui a donné accès aux enregistrements de la Maison-Blanche ? Pourquoi a-t-il coopéré avec les membres de la campagne Clinton ? Pourquoi a-t-il pris le même avocat que la campagne Clinton ? Nous ne nous excusons pas de penser que tout cela est une information que nos lecteurs voudraient lire. Mais le mystère est que le reste de la presse veut que tout le monde l'ignore », note le journal conservateur. Il est difficile à ce stade d'y voir vraiment clair tant la polarisation est grande sur la scène américaine.

après un appel téléphonique au président de l'Ukraine – lors duquel il demandait implicitement des informations sur les activités du fils du candidat présidentiel Biden, en échange du déblocage d'une aide militaire à l'Ukraine –, ne fit que conforter l'idée, chez ses partisans, que le camp démocrate ne voulait pas d'une bataille politique à la loyale. Les démocrates s'emparèrent immédiatement de l'affaire, pour dénoncer un abus de pouvoir qui méritait une procédure de destitution[1]. Mais, si Trump avait effectivement outrepassé ses pouvoirs et abusé de sa fonction de chef de l'État pour affaiblir son adversaire politique, le fait que l'opposition décide de recourir à l'option nucléaire de l'*impeachment*, à peine close, sans suite, l'affaire de la « collusion russe », fut dénoncé comme une manœuvre politique grossière par le camp républicain, qui bloqua la procédure au Sénat – alors aux mains de la majorité conservatrice. Forcé de s'incliner, le camp démocrate cria à la dictature, dépeignant Trump comme un despote prêt à s'asseoir sur les institutions et les lois du pays. « Quand ce sera fini, on se souviendra de ses mensonges constants, de ses invectives, de l'abaissement de notre nation », s'indignait le sénateur républicain Bob Corker. « On assiste à une dégradation de la vie démocratique incroyable. La vérité n'existe plus, la civilité n'existe plus, la dignité de l'État n'existe plus, la décence n'existe plus. On découvre que la démocratie repose sur des conventions

1. Pour un point de vue critique sur le comportement de Trump à l'égard de l'Ukraine, voir la version qu'en donne dans son livre l'ancienne conseillère Russie du président républicain Fiona Hill, qui fit date en démissionnant de son poste et en témoignant contre lui pendant la procédure d'*impeachment*, in *There is nothing for you here*, *op. cit.*

et que, lorsqu'elles sont piétinées, tout l'édifice est menacé », confia au journaliste Philippe Gélie, alors en poste à Washington pour *Le Figaro*, un diplomate. Ce jugement apparaissait néanmoins excessif au professeur d'histoire Walter Russell Mead, même si ce démocrate conservateur s'inquiétait des mauvaises manières présidentielles et de son pilonnage de tous les codes politiques. « On ne peut pas dire que le président, au bout du compte, a attenté à l'équilibre des pouvoirs, objectait-il aux critiques des libéraux. N'oublions pas que, malgré les prévisions catastrophistes de ses prédécesseurs en début de mandat, il a globalement respecté les tribunaux, en nommant par exemple à la Cour suprême des personnalités de haut vol, conservatrices certes mais ultracompétentes et qui ont montré qu'elles étaient capables de s'élever au-dessus de leurs convictions politiques personnelles pour dire le droit », expliquait-il[1].

Mais cette résistance des institutions n'empêchait pas le délitement. Dans un pays de plus en plus balkanisé, où chaque camp se fournissait en informations auprès des chaînes et réseaux sociaux qui lui étaient favorables, le corps social se crispait et se divisait plus encore. Irrémédiablement, deux camps retranchés aux frontières infranchissables s'étaient formés. J'en fis le thème d'un podcast, à l'automne 2018, en Pennsylvanie : « La nouvelle guerre civile américaine ».

1. Walter Russell Mead, entretiens avec l'auteur, janvier 2019, août 2020 et décembre 2021.

L'Amérique déchirée

Ce reportage[1] sur les fractures du pays me mena vers Lynette Villano, 72 ans, militante républicaine du comté de Luzerne, au nord-est de la Pennsylvanie – un ancien État démocrate qui avait viré à droite et contribué à donner la victoire à Donald Trump. Elle était l'exemple vivant que cette fracture américaine traversait même les familles.

Depuis le 8 novembre 2016, cette républicaine de toujours était au septième ciel : son héros, Donald Trump, avait été élu président. Mais Lynette nous expliqua porter en elle une blessure familiale douloureuse. L'événement lui avait coûté sa relation avec son petit-fils. Les messages textos qu'ils avaient échangés le soir de l'élection ont été publiés dans un livre du journaliste américain Ben Bradlee, *The Forgotten* (2018), consacré au district électoral où elle milite. « J'imagine que tu sais que je suis très heureuse aujourd'hui. Donald Trump est à ta génération ce que Ronald Reagan a été à la nôtre. Je suis si chanceuse d'avoir été partie prenante à ces deux aventures », texta-t-elle, enthousiaste, à son petit-fils Connor Mulvey, alors que la stupéfiante nouvelle tombait sur le pays. « Donald Trump est un imbécile qui a surfé sur le racisme et l'ignorance de l'Amérique. Tu as raison, il est comme Ronald Reagan. Il va laisser ce pays en ruines et complètement ignorer les problèmes des minorités. Mes amis musulmans ont peur, mes amis hispaniques ont peur. Mes amies femmes ont peur. J'ai peur. Félicitations, tu as

1. Laure Mandeville, « Trump divise jusqu'au cœur des familles », *Le Figaro*, 5 novembre 2018.

abîmé l'Amérique », répondit ce dernier, furieux, à sa grand-mère. « J'ai sauvé l'Amérique et j'en suis fière. À propos, j'ai aussi des amis LGBT, latinos et femmes qui soutiennent Donald Trump. Nous, les déplorables non éduqués, sommes beaucoup plus intelligents que vous ne pensez et on ne va plus continuer à tout avaler », répliqua-t-elle du tac au tac. « Tu n'as pas sauvé l'Amérique, tu l'as maudite », dit le texto qui lui revint. « Jusqu'au jour de ma mort, je défendrai ma décision d'aider à faire élire Donald Trump. C'est une honte que l'université ne t'ait pas appris la courtoisie et la tolérance pour les idées des autres. Je t'aime et je suis fière de toi, même si je ne suis d'accord avec aucune de tes opinions », répondit alors Lynette. Mais l'ultime réponse du petit-fils était sans appel : « J'ai vraiment honte. Tu es allée trop loin. Ton parti est devenu le parti du Ku Klux Klan et des néonazis », rétorqua Connor. Et, depuis, plus rien. Plus de contacts, plus de fêtes de Noël communes. Les cadeaux que la grand-mère avait expédiés lui furent retournés. Connor et sa mère n'invitèrent même pas la grand-mère à la cérémonie de diplôme du jeune étudiant, malgré le fait qu'elle était garante d'un prêt qu'il avait contracté.

Ce que je retenais de cette querelle familiale était qu'elle allait bien au-delà d'un simple désaccord politique. Lynette avait été excommuniée par sa famille, de la même façon que l'élite libérale avait excommunié Trump. Le vocabulaire employé par son petit-fils empruntait d'ailleurs au registre religieux, confirmant notre postulat d'une nouvelle « guerre de religion » américaine. Alors que Lynette pensait avoir « sauvé » le pays en élisant un nouveau Reagan, son petit-fils Connor affirmait qu'elle avait « damné » l'Amérique – un terme incroyablement fort ! Comme me le suggéra l'universitaire américain Joseph Bottum lors d'une interview, cette virulence était le signe que « la religion avait quitté les églises, pour gagner le champ politique[1] ». « Beaucoup de mes amis vivent des histoires semblables. Un couple a divorcé à cause de désaccords sur Trump. Certains amis ne se voient plus, m'expliqua, peinée mais résignée, Lynette Villano, au café Rodano's de Wilkes-Barre, en pleine campagne pour les législatives de mi-mandat. C'est la première fois que je peux imaginer comment la guerre civile a commencé en Amérique », soupira-t-elle.

Mais, malgré la « sentence » familiale, Lynette ne se rendit pas aux injonctions moralisatrices de l'autre camp ; comportement rebelle qui était comme une métaphore de l'Amérique trumpienne. Le soir où nous nous retrouvâmes, cette militante républicaine, employée auprès de l'autorité sanitaire régionale, arborait sur sa robe une broche voyante en brillants au nom du président. Deux ans plus tard, quand je la rappelais à son domicile à quelques semaines de l'élection du 3 novembre 2020, elle affirmait ne pas avoir changé d'un pouce, racontant fièrement son déplacement à la Maison-Blanche, pour la nomination de Trump comme candidat en juin 2020, sa participation à ses meetings en Pennsylvanie et même « le baiser » qu'il lui avait donné sur la joue avant la Covid-19 ! Lynette disait constater que l'engouement que suscitait son héros « ne faiblissait pas » dans le comté de Luzerne, malgré l'épidémie de Covid-19 et les difficultés économiques engendrées par la pandémie. « C'est peut-être un phénomène local, je ne peux juger de l'ensemble du pays ni même de l'État de Pennsylvanie ; il faut rester prudents

1. Joseph Bottum, entretien avec l'auteur, 25 septembre 2020.

mais, chez nous, les transferts de démocrates vers le Parti républicain continuent », confia-t-elle. Elle dit que cette défection des anciens démocrates n'était pas étonnante, vu que « leur parti s'est radicalisé ». « Ils disent qu'ils ne reconnaissent pas les valeurs du parti de JFK. Les positions sur l'avortement, que le parti veut rendre possible quasiment jusqu'à la fin de la grossesse, son appel à payer la Sécurité sociale des immigrés illégaux, tout cela est fou ! » dit Lynette.

La républicaine expliqua être « exaspérée » par les accusations de racisme, qui frappaient les fans de Trump. « On n'a pas le droit d'avoir une opinion, se plaignit-elle. On est tout de suite des nazis, des déplorables non éduqués. C'est franchement la raison pour laquelle Donald Trump a été élu. Les gens en ont marre d'être méprisés et forcés de reconnaître leur "privilège blanc", car ils n'ont pas vraiment le sentiment d'avoir de privilèges ! » expliqua-t-elle, lâchant là l'une des raisons profondes du rejet des élites en pays trumpien. Pour elle, les médias avaient une responsabilité majeure dans le climat de haine qui régnait. « Ils ne cessent d'attaquer, quoi qu'il fasse. Nous appelons ça le syndrome de dérangement trumpien, dit Lynette. N'a-t-il vraiment rien fait de bon ? Les démocrates essaient de lui faire porter le chapeau de la Covid-19 et des morts. Pourquoi ne reconnaît-on pas ce qu'il a fait de positif sur les masques, la fermeture des frontières, la production rapide de ventilateurs et les vaccins ? Oui, il lui arrive de parler trop ! Mais pourquoi les télévisions parlent-elles à peine de ses succès au Moyen-Orient, où il vient de faire la paix entre Israël, les Émirats arabes unis et Bahreïn ? N'est-ce pas un succès réel ? » s'agaçait Lynette.

Quand je lui disais que Trump avait une lourde responsabilité dans la spirale vertigineuse d'attaques, vu ses tweets souvent provocateurs, Lynette répliquait qu'il ne faisait « que se défendre » et qu'elle aimait ses tweets car ils lui permettaient de contourner le mur médiatique. « Nous, les partisans de Trump, ne prenons pas ses paroles de manière littérale. Il faut regarder ses actes. Mais la presse, elle, s'attache à chaque mot. Elle ne comprend pas son humour ! »

Lynette Villano affirmait que les partisans de Trump n'écoutaient plus les accusations qui fusaient car elles se dégonflaient souvent, « comme la collusion russe ». « On n'arrive plus à suivre, et on n'a aucun moyen de démêler ce qui est vrai ou faux, alors on ferme la télé. » Cette septuagénaire était aussi complètement vent debout contre les excès des « justiciers sociaux » qui proliféraient dans les universités américaines, s'inquiétant de l'émergence d'une génération *woke* – celle de son petit-fils justement –, qui ne « blague plus sur rien ». « Les enfants ne peuvent même plus porter un costume d'Halloween et se peindre le visage en noir sans être soupçonnés de racisme. C'est comme ce mouvement MeToo. Au départ, c'était compréhensible, mais ça va trop loin. On a tous des maris, des fils ; voudrions-nous les voir accusés de viol sans preuves ? »

La bataille de Lynette et Connor n'était qu'un exemple de la division des deux Amériques. À Allentown, une autre ville de Pennsylvanie, quelques jours après notre rencontre, des enseignantes démocrates voulurent me dire leur profonde hostilité au président Trump et leur soutien au combat de « la justice sociale et du mouvement MeToo[1] » : « Je veux m'excuser auprès du monde entier et faire savoir que nous sommes

1. Laure Mandeville, « Les démocrates rêvent d'une vague bleue », *Le Figaro*, 1er novembre 2018.

une majorité à ne pas le soutenir, Donald Trump, déclara, très remontée, Lori McFarland, une femme affirmée aux cheveux blond pâle, enveloppée dans un gros manteau de fourrure blanche, venue participer à un meeting de soutien de la démocrate Susan Wild, candidate à la Chambre des représentants. Notre président est en train de détruire notre pays. Il saccage l'environnement, l'éducation publique... On repart en arrière sur les droits des femmes, vers les années 1950 et 1960 », expliqua-t-elle très remontée. Lori confia qu'elle s'inquiétait de la nomination du juge conservateur Brett Kavanaugh à la Cour suprême, persuadée qu'elle pourrait déboucher sur une remise en cause de la légalisation de l'avortement (ce qui n'allait, bien sûr, pas se produire). Notre interlocutrice démocrate était persuadée que Donald Trump avait été élu en réaction à la présidence de Barack Obama car « l'Amérique restait raciste et misogyne ». « Je ne trouve rien de positif [chez le président, qui] est complètement incompétent, ne lit pas et passe son temps à regarder de fausses nouvelles sur Fox News », ajouta-t-elle. « Il est horrible, je le déteste ; quel exemple est-ce pour les jeunes générations, ce président qui est prêt à tout pour gagner ? » renchérit Audrey Mathison, qui siégeait au Conseil des syndicats de professeurs d'Allentown. Des points de vue qui étaient évidemment en contraste vertigineux avec l'enthousiasme inconditionnel de Lynette, mais dont la passion absolutiste d'ordinaire attribuée à l'autre camp était surprenante. « Je ne comprends pas pourquoi la CIA ne l'assassine pas », lâcha carrément une autre personne dans l'assistance. Et comme je m'étonnais de cette pensée violente, elle répondit : « On n'est plus en démocratie, c'est la guerre. » Une réaction que Jason O'Malley, porte-parole d'un autre candidat démocrate, George Scott, dans un district tout proche, jugea déplacée : « Aujourd'hui, chacun diabolise l'autre. C'est en train de déchirer en lambeaux notre démocratie », commenta-t-il. Derrière ces cas particuliers, tout un pays grondait, coupé en deux et séparé par un océan de défiance. Il y avait désormais deux volcans sur la scène américaine. Le volcan de la rébellion trumpienne et le volcan identitariste de la « justice sociale » qui préoccupait Lynette Villano et tant de républicains. Ils se nourrissaient l'un l'autre. L'Amérique se radicalisait.

« On se croirait entre chiites et sunnites », me déclara très inquiet l'ancien gouverneur de Pennsylvanie Tom Ridge[1], pendant mon reportage, comme je l'interrogeais sur cette fracture béante. « Aujourd'hui, les politiciens ne pensent qu'à gagner, pas à gouverner, insistait cet ancien militaire décoré pendant la guerre du Vietnam avant d'être élu six fois à la Chambre, puis deux fois gouverneur. Ma génération née juste après 1945 avait le sentiment de servir des causes plus larges que les individus. J'ai été très compétitif. Mais renoncer au compromis, c'est renoncer à gouverner », ajouta-t-il, dénonçant la responsabilité de Trump « en tant que président » censé rassembler le pays au lieu de le diviser. Les conservateurs répondaient que c'était la radicalisation d'une gauche transformée en meute qui forçait le président à contre-attaquer en permanence. « Ils ne se sont toujours pas remis de sa victoire », confia un lobbyiste républicain, notant que la presse libérale ne lui avait « jamais accordé le bénéfice du doute ». Jeffrey Gedmin, le rédacteur en chef d'*American Purpose*, constatait une « indéniable détérioration de la culture politique avec Trump, et au-delà de

1. Entretien avec l'auteur, 17 octobre 2018.

Trump », se disant effaré que « les deux Amériques ne puissent même plus se mettre d'accord pour être en désaccord ». « Les gens brisent leurs amitiés. J'ai récemment vu une jeune femme de 30 ans expliquer qu'elle ne s'assoirait jamais avec les électeurs de Trump. Est-ce acceptable, ça ? » s'interrogeait-il[1].

Le célèbre professeur de science politique de l'université de Harvard Harvey C. Mansfield, rare conservateur encore en poste dans cette Mecque du savoir, m'écrivit pour me dire « que les libéraux avaient oublié que la moitié du pays ne pense tout simplement pas comme eux ». Il avait raison. La cassure n'était pas seulement entre républicains et démocrates. Elle opposait désormais un camp conservateur qui estimait que l'héritage politique et culturel américain – la nation, la famille, la religion, les traditions – était essentiel à un camp progressiste en marche vers un monde sans frontières, sans nation, sans sexuation. Un monde dans lequel le mâle blanc occidental et chrétien était nécessairement coupable. « Aux yeux de ses adversaires, Trump est illégitime parce qu'il représente l'Amérique silencieuse qui pense autrement, comme sous Nixon, Reagan et Bush ; mais ses partisans ne le lâcheront jamais, même s'il les embarrasse ou les rend nerveux, parce qu'ils voient en lui l'homme qui mène un combat qu'ils croyaient perdu, m'expliqua Joshua M. Mitchell, professeur de théorie politique à l'université de Georgetown. La légitimité n'est plus l'élection démocratique, mais une catégorie morale, voire religieuse ; c'est ce glissement qui peut ouvrir la voie à la violence », avertissait-il.

1. Entretien avec l'auteur, 18 octobre 2018.

George Floyd et le volcan identitaire

Le 25 mai 2020, George Floyd, un homme noir de Minneapolis, mourait étouffé sous le genou du policier Derek Chauvin, après huit minutes et quarante-six secondes de calvaire. « J'étouffe », avait-il tenté d'expliquer à l'officier de police qui l'avait mis à terre, avant de rendre l'âme. La scène filmée dans son intégralité par des passants assistant à l'altercation mortelle, et immédiatement rediffusée sur les réseaux sociaux, allait faire le tour du pays puis du monde, déclenchant une marée de protestations à travers une Amérique qui se débattait déjà avec la pandémie de Covid-19. Partout, à travers un pays jusque-là partiellement confiné, des foules de dizaines de milliers de manifestants de toutes races se mirent en marche, pour crier leur indignation contre les violences policières infligées aux Noirs. Au départ, pacifiques et vécues comme un cri du cœur, ces manifestations exprimaient la solidarité et la honte de toute une société américaine hantée par les blessures bien réelles de son passé racial. Les cas répétés de violences et de morts qui scandaient la vie de la communauté afro-américaine depuis des années avaient cristallisé une colère qui s'était incarnée dans l'apparition du mouvement Black Lives Matter – « Les vies noires comptent » –, en 2013, et avaient pris une ampleur nationale après les émeutes de Ferguson sous la présidence Obama. Depuis, les affaires s'étaient succédé, provoquant chaque fois un mélange de questions et de colère. Les membres de la communauté noire nous expliquaient leur hantise, au quotidien, de se retrouver face à un officier de police, leur peur légitime qu'une simple vérification d'identité ne dégénère. Pour eux, ces épisodes démontraient que, malgré l'élection d'Obama au gouvernail des États-Unis en 2008, le passé raciste de l'Amérique ne passait pas. Beaucoup refusaient d'y voir des épisodes isolés, des ratés du système qu'il convenait de punir ou de rectifier. La blessure raciale historique des États-Unis était profonde et les méthodes employées par la police très brutales. Mais j'avais réalisé, lors de plusieurs reportages à Chicago, Philadelphie et Tucson, que derrière le traitement médiatique extrêmement émotionnel qui était fait de ces affaires se cachait une situation complexe. Lors de patrouilles nocturnes[1], des officiers de police noirs et latinos m'avaient raconté pourquoi la police, confrontée à un pays armé jusqu'aux dents, avait la gâchette facile. Elle avait peur ! Ses techniques policières, de plus, n'avaient rien à voir avec les traditions du maintien de l'ordre français, par exemple, et révélaient un recours à la violence bien plus fréquent. Je me disais qu'ils auraient pu profiter d'un stage au sein de la police française, vu la comparaison des bilans – 3 000 morts sous les balles des forces de l'ordre par an, côté américain, contre une petite dizaine côté français ! Les chiffres montraient de plus qu'une quantité innombrable de Blancs tombaient aussi sous les balles des policiers, même s'ils n'étaient pas médiatisés. Je découvris, sur Internet, l'exemple terrible du meurtre d'un employé abattu froidement par un policier, à Phoenix dans un hôtel d'Arizona[2], mais qui n'avait

1. Voir par exemple Laure Mandeville, « Les flics dans le viseur des *guns* », *Le Figaro*, 4 juin 2013.
2. Une vidéo de ce véritable assassinat de Daniel Shaver par le policier Philip Brailsford, en 2016, d'une brutalité insoutenable, est disponible en ligne.

suscité aucune indignation nationale. Il est vrai que les victimes blanches de violences policières, bien que très supérieures en chiffres absolus, étaient un peu moins nombreuses, en proportion, que les victimes afro-américaines. L'institution policière expliquait ce hiatus par le fait que les interpellations d'Afro-Américains se faisaient dans des quartiers réputés dangereux et très armés, ce qui amenait les policiers à être plus prompts à dégainer leurs armes, m'avait expliqué Wilfred Reilly, professeur afro-américain à l'université du Kentucky qui avait enquêté sur le sujet. Pour lui et pour le professeur de criminologie de l'université de New York, Peter Moskos[1], il y avait bien sûr des cas de racisme policier, mais le problème était plus un problème de police qu'un problème de racisme. Tous deux notaient qu'une grande partie du corps des officiers de police étaient noirs et qu'on pouvait difficilement les accuser de racisme systémique. Mais de telles nuances étaient impossibles à formuler dans l'Amérique qui manifestait en faveur de George Floyd, car elles auraient cassé le tableau idéologique impeccable que les théoriciens du racisme systémique, comme les auteurs américains Ta-Nehisi Coates ou Ibram X. Kendi, déployaient lors de conférences souvent grassement payées. La doxa en vigueur était que la mort de Floyd révélait le suprémacisme blanc tapi dans toutes les institutions du pays et toute version autre des événements vous classait dans le camp des racistes. L'idée, matraquée en permanence, selon laquelle la police tuait délibérément des hommes

1. Wilfred Reilly, interview avec l'auteur, « L'esclavage ne définit pas la totalité de l'histoire américaine », *Le Figaro*, 4 juin 2020 ; voir aussi Peter Moskos, interview avec l'auteur, « En Amérique, l'obsession raciale cache un problème plus large », *Le Figaro*, 18 juin 2020.

noirs était devenue « la construction sociale d'un récit racial des événements, et l'enterrement de Floyd dans un cercueil d'or lors d'obsèques nationales faisait partie de la confirmation de ce récit », me confia, pendant la campagne présidentielle de 2020, Glenn Loury, une voix discordante de la communauté noire qui enseignait à l'université de Brown. Le récit visait à démontrer que les Noirs étaient restés des victimes absolues et les Blancs, des oppresseurs ; bref, que la société en était toujours au stade du racisme et des lois ségrégationnistes Jim Crow, expliqua, consterné, le sociologue. Une interprétation qui lui paraissait profondément « erronée et anti-américaine[1] » car elle faisait fi des gigantesques progrès accomplis et maintenait les Noirs dans un ghetto psychologique, au lieu de les inciter à « être maîtres de leur destin malgré les vents contraires », m'avança-t-il. « Comment oser dire que nous vivons toujours comme en 1619 [date de l'arrivée des premiers bateaux d'esclaves] alors que le statut de la communauté afro-américaine a connu, en cinquante ans, des avancées monumentales ? s'interrogeait-il. Nous avons eu un président qui a fait deux mandats ; on a des Noirs milliardaires, vedettes du petit écran, présents dans toutes les professions les plus prestigieuses ! » insistait Loury, estimant que le mouvement *woke* et sa recherche de bouc émissaire empêchaient de chercher des solutions réelles aux problèmes d'inégalité patents et persistants qui frappaient la communauté noire. L'activiste américain Bob Woodson[2] faisait le même diagnostic :

1. Glenn Loury, interview réalisée par l'auteur, « Les Noirs américains sont maîtres de leur destin, malgré tous les vents contraires », *Le Figaro*, 27 novembre 2020.
2. Bob Woodson, entretien avec l'auteur, « Le concept de racisme systémique se nourrit de la culpabilité blanche », *Le Figaro*, 30 octobre 2020.

« La gauche américaine pense que les Noirs sont obsédés par la question raciale. Mais c'est faux ! Les Noirs sont beaucoup plus préoccupés par l'ordre et la sécurité qu'on veut bien le dire. Ils ont besoin de la police, pas de sa dissolution, car les quartiers noirs sont ceux qui sont le plus frappés par l'insécurité », expliquait-il à l'approche de l'élection présidentielle de 2020. Bob Woodson, très implanté dans les quartiers, me déclara que le chiffre des personnes tuées par la police restait « un chiffre très faible par rapport aux dizaines de millions d'interactions policières avec la population ». « Chaque année, environ 1 000 personnes sont tuées par la police, mais 80 % de ces cas sont des meurtres en situation d'autodéfense. Sur les 200 personnes qui sont tuées alors qu'elles sont désarmées, une grosse partie est blanche. Seulement 15 à 20 % des Noirs abattus le sont alors qu'ils sont désarmés. Mais nous extrapolons, oubliant en revanche que 7 000 Noirs sont tués par d'autres Noirs chaque année ! Nous généralisons un cas de mauvaise conduite policière pour condamner toute la police et annoncer que toute la police est raciste », dénonçait Woodson.

Pour lui comme pour Glenn Loury, l'explosion de rage qui s'était manifestée dans la foulée de l'affaire Floyd s'inscrivait dans un contexte politique en pleine campagne électorale pour la présidentielle de 2020. « N'oublions pas que des Noirs démocrates sont à la tête de nombreuses villes américaines depuis des décennies. Mais qu'ont-ils changé dans leurs communautés ? Plutôt que d'avoir à répondre à ces questions difficiles, plutôt que d'expliquer pourquoi la population afro-américaine continue de souffrir d'un système qu'ils supervisent, ils changent de sujet en mettant sur la table la question du racisme institutionnel », dénonçait Bob Woodson.

Les leaders de Black Lives Matter se mirent d'ailleurs à établir un trait d'égalité entre les violences policières et la présence à la Maison-Blanche de Trump, présenté comme le symbole de la suprématie blanche. Très vite, le mouvement vira à la violence, au pillage et à la destruction de commerces et de bâtiments, tandis que se multipliaient les appels révolutionnaires à abolir la police. À Minneapolis, le commissariat local fut pris d'assaut pendant plusieurs heures. Puis les manifestants se mirent à se ruer vers les statues et monuments historiques censés représenter la domination blanche sur les gens de couleur à travers le pays, pour les mettre à terre.

Révolution culturelle et justice *woke*

Cet accès de rage irrationnel et iconoclaste me rappela la révolution russe, qui avait voulu détruire tout l'héritage du tsarisme. Après s'en être prises aux généraux confédérés qui avaient défendu le Sud esclavagiste, et qui étaient déjà dans la ligne de mire de Black Lives Matter depuis plusieurs années, les foules chauffées à blanc attaquèrent d'autres statues comme celles de Theodore Roosevelt et Andrew Jackson, déboulonnés pour leurs préjugés « racistes et colonialistes ». Ce mouvement n'avait plus rien à voir avec Floyd, mais s'en prenait à la civilisation occidentale dans sa totalité. À Princeton, l'université répudia l'héritage de Woodrow Wilson, soudain réduit à ses positions favorables à la ségrégation. Il fallait mettre à bas tout le projet américain, désormais perçu comme impur. « Le fond de l'air avait un parfum de révolution culturelle », note l'intellectuel québécois Mathieu Bock-Côté qui a consacré un livre brillant à l'analyse de cette révolution racialiste[1]. « Les Américains sont dégoûtés de toute cette violence, qui prend prétexte du malheur des Afro-Américains pour imposer leur vision idéologique d'une Amérique fondamentalement coupable et mauvaise », réagit Joshua M. Mitchell, écœuré lui aussi par la récupération de l'affaire Floyd par les idéologues du mouvement *woke*. Pour lui, la violence qui se déployait et avait gagné l'Europe, où on s'en prenait désormais à Churchill, Colbert et Voltaire, exprimait la profonde culpabilité d'un Occident qui avait fini par se détester et qui était presque prêt à se détruire[2].

Ce mouvement *woke* de « justice sociale » ne sortait pas de nulle part. Je l'avais vu monter dans les universités américaines à grande vitesse, durant ma correspondance à Washington entre 2008 et 2016. En 2015, notamment, j'étais allée couvrir la lamentable épopée qu'avaient vécue le professeur Nicholas Christakis et sa femme Erika, à l'université de Yale. Tout avait commencé le soir d'Halloween, quand cette dernière avait appelé, par lettre, chaque étudiant de la maison étudiante Silliman dont ils avaient la charge sur le campus à s'amuser et « à détourner le regard » si un déguisement les dérangeait. Depuis quelque temps, en effet, il était devenu courant, à travers les universités américaines, que certains étudiants de couleur, sensibles « aux offenses » raciales et aux discriminations, jugent blessants les tenues et maquillages noirs portés par des étudiants blancs déguisés en loups-garous ou

1. Voir Mathieu Bock-Côté, *La Révolution racialiste*, Presses de la Cité, 2020.
2. Joshua M. Mitchell, entretiens avec l'auteur, été 2020. Et son livre, *American Awakening*, Encounter Books, 2020.

s'opposent à ce que des étudiantes blondes se déguisent en Pocahontas – signe d'une appropriation culturelle jugée « insupportable ». La lecture de la missive des Christakis les fit bondir. Dès le lendemain, une meute houleuse d'étudiants en colère apostrophait violemment Nicholas Christakis, alors qu'il tentait de s'expliquer calmement. L'association des étudiants afro-américains ne voulut entendre aucun de ses arguments et porta l'affaire devant le président de l'université, faisant état de l'offense supposément terrible qui avait été faite aux étudiants noirs en les exposant à des déguisements d'Halloween. Au lieu d'être expulsé de l'université, le professeur fut suspendu, après l'intervention des *alumni* de Yale – qui avaient protesté contre la sanction... Les petits Robespierre de la justice raciale avaient à moitié gagné la partie, mais ce recul faisait déjà froid dans le dos.

Greg Lukianoff, un libéral américain de gauche de 48 ans, qui dirige la fondation Fire – une organisation qui se bat en faveur de la liberté d'expression dans les universités –, explique qu'il faut remonter à la révolution des années 1960 – et aux courants déconstructivistes de la théorie critique connue sous le nom de « French Theory » – pour comprendre les origines des dérives actuelles[1]. Le corps enseignant « progressiste », imbibé de marxisme mais aussi des lectures de Foucault, fait alors progressivement main basse sur les humanités dans les facultés, rejetant le corpus classique des grands textes et l'héritage protestant pour faire des « études critiques », sa nouvelle doxa : celle-ci édicte que tout étant le fruit d'une construction sociale et de relations de pouvoir, tout peut et doit être déconstruit, pour

1. Greg Lukianoff, entretien avec l'auteur, janvier 2015.

rendre justice. La théorie s'enracine dans les départements d'études critiques – *Women's Studies*, *Black American Studies* – pendant les années 1980, les professeurs se voyant sommés d'exposer la structure raciale des sociétés occidentales pour mieux la démanteler. Tout texte, toute matière, tout concept, devait être passé à ce crible. « Les héritiers postmodernes des marxistes ont ressuscité le prisme dominant-dominé en remplaçant simplement les ouvriers par les minorités sexuelles ou raciales. Le but est resté le même : lire le monde comme une éternelle bataille entre l'homme blanc, colonialiste et machiste, et ceux qu'il aurait toujours opprimés », décrypte le professeur de théorie politique de l'université de Georgetown Joshua M. Mitchell[1]. Mais, comme nous le raconta le professeur Sam Abrams, c'est sous la présidence Obama que s'accélère vraiment la révolution *woke*. Et ce n'est pas le moindre des paradoxes, vu qu'Obama, un métis, s'est toujours présenté comme un président de l'ère postraciale et ne partage pas cet extrémisme identitaire. La mise en place, sous l'égide de son vice-président, Joe Biden, d'une bureaucratie universitaire chargée de la lutte contre les discriminations au nom de l'amendement « Titre IX » va néanmoins accélérer drastiquement le mariage d'une administration obsédée par la diversité et de l'idéologie déconstructiviste. Elle engendre une nouvelle génération d'étudiants qui se met à clamer son droit à « ne pas être offensée » et perçoit toute entorse au « wokisme » comme un signe intolérable de sexisme ou de racisme. Tous ceux qui tentent de s'opposer au déterminisme binaire opprimés-oppresseurs sont peu à peu marginalisés. Le mouvement va aller de pair avec

1. Entretien avec l'auteur, janvier 2021.

l'apparition des réseaux sociaux comme levier vengeur permettant de débusquer les « mal-pensants » et de les « annuler », grâce à la meute numérique qui se ralliait instantanément au procès des « déviants ». Parmi la longue liste des milliers d'affaires qui ont défrayé la chronique universitaire, l'une des plus emblématiques a été celle, en 2017, qui a touché le professeur américain de biologie Bret Weinstein, forcé à la démission pour avoir refusé de rester chez lui lors d'une « journée sans Blancs » sur le campus de son université, à Evergreen.

« Il faut comprendre que l'idéologie *woke* de la "justice sociale" a pénétré les institutions américaines à un point incroyable. Je n'imagine pas qu'un professeur ayant une chaire à la Sorbonne puisse être obligé d'assister à des classes obligatoires organisées pour le corps professoral sur le thème de la "culpabilité blanche" – classes où enseignent des gens qui viennent à peine de terminer l'université. Mais c'est ce qui se passe en Amérique », nous confie l'universitaire Joseph Bottum, en septembre 2020[1]. La vague a désormais atteint la presse américaine libérale *mainstream*, objet en quelques années d'une métamorphose idéologique proprement stupéfiante. Les jeunes journalistes nourris au biberon des études critiques se sont mis à donner la priorité à leur mission « morale » de justice plutôt qu'à leur métier d'observateurs objectifs. Une situation qui a créé un conflit générationnel silencieux, les « vieux » libéraux préférant se taire pour ne pas passer pour racistes ou intolérants aux yeux de leurs jeunes confrères. Le destin de la journaliste américaine Bari Weiss, pourchassée par les justiciers sociaux de la rédaction du *New York Times* pour sa prise de distance avec le mouvement MeToo

1. Joseph Bottum, entretien avec l'auteur, *Le Figaro*, septembre 2020.

et sa défense d'Israël, et finalement acculée au départ, a été l'un des cas les plus emblématiques de cette volonté d'excommunication des opinions dissidentes. La manière dont la rédaction a géré le stupéfiant épisode du limogeage du journaliste américain Donald McNeil, forcé au départ après quarante ans de bons et loyaux services, est également révélatrice de la vague idéologique qui souffle. Les vigies du politiquement correct du *New York Times* ont en effet découvert que le journaliste vedette avait été accusé, par des lycéens qu'il avait accompagnés en voyage scolaire au Pérou en 2019, d'avoir prononcé le mot « nègre » lors d'une conversation. Il s'avère qu'en réalité, M. McNeil, lors d'un pot informel avec les élèves, n'avait fait que répéter ce mot pour répondre à la question d'un lycéen qui lui demandait si un élève de 12 ans pouvait être suspendu pour l'avoir prononcé. Sanctionné mais maintenu à son poste, dans un premier temps, le journaliste a finalement été limogé par le rédacteur en chef Dean P. Baquet, suite à une lettre de 150 confrères « vertueux » qui réclamaient sa tête. Point d'orgue de l'ignominie de cette situation, il s'est lui-même livré à une autocritique en règle, avouant un crime raciste qu'il n'avait pas commis. Aucune des grandes plumes libérales du journal, qui n'étaient pourtant pas d'accord avec cette justice expéditive, ne s'est mise en travers de la route, pour l'aider – à l'exception de Bret L. Stephens, rare plume conservatrice des pages éditoriales du journal.

Depuis, la vague ne cesse de gagner du terrain dans les arts, désormais passés au crible de leurs supposés prismes racistes ou sexistes. Ainsi le domaine de la musicologie est-il par exemple soumis à d'acerbes critiques pour avoir trop vanté les compositeurs blancs comme Beethoven, dont la réputation est soudain présentée comme le résultat de son appartenance au camp des mâles blancs, et non de son génie. Social-démocrate à l'ancienne, le géographe américain Joel Kotkin, une sorte de Christophe Guilluy américain, avec lequel je corresponds par Skype, me confie être consterné par cette métamorphose de la gauche qui a abandonné « la bataille du social pour celle de l'identité ». Cet ancien démocrate s'alarme tout particulièrement de « l'alliance des justiciers des campus avec le monde des affaires » qui s'est empressé d'embrasser le « wokisme », faisant de la diversité un nouvel instrument marketing destiné à gagner de nouveaux clients. Désormais, en effet, toute entreprise désireuse de prouver sa pureté se doit d'organiser des séminaires d'inclusion et de traquer les éventuelles discriminations. Les collaborateurs sont progressivement contraints de signer leurs courriers par des « pronoms », afin de signaler leur respect pour les personnes transgenres et ne pas risquer de « mégenrer » leurs interlocuteurs. Même la vice-présidente des États-Unis s'est ralliée à cette pratique des pronoms sur son compte Twitter, comme s'il n'était pas clair qu'elle était une femme ! La firme Coca-Cola a d'ailleurs défrayé la chronique des journaux conservateurs en organisant des séminaires d'« inclusivité », au cours desquels on a expliqué aux employés qu'ils devaient apprendre à être « moins blancs », car être moins blancs, « c'est être moins violents, moins racistes, moins sexistes »... Lesdits séminaires étaient menés par la grande prêtresse de la théorie du « racisme systémique », Robin J. DiAngelo, pour laquelle les Blancs sont affligés d'une vision « suprémaciste du monde » sans même en être totalement conscients[1].

1. Robin DiAngelo est notamment l'auteur d'un ouvrage considéré comme l'une des bibles du « wokisme » : *White fragility : Why It's So Hard for White People to Talk About Racism*, Beacon Press, 2018.

Dans son livre « Vers le néoféodalisme », le géographe américain Joel Kotkin décrit l'alliance de l'oligarchie de la Silicon Valley, composée de quelques milliardaires passionnés de transhumanisme et persuadés que la technologie est la réponse à tous les problèmes, avec une classe intellectuelle de « clercs » qui se comporte comme un « nouveau clergé » et instaure de nouveaux dogmes – sur la globalisation, le genre, le « privilège blanc » – avec une ferveur toute religieuse. Il me déclare que cette idéologie identitariste permet à l'oligarchie technologique et financière, qui ne cesse de se renforcer sur fond de Covid-19, d'éluder « les questions bien plus embarrassantes de classes, d'inégalités et de position monopolistique ». Il note surtout que cette nouvelle alliance de la Silicon Valley et des jeunes élites formatées au « wokisme » à l'université porte en elle une sorte de négation des valeurs familiales traditionnelles et patriotiques de la classe moyenne. « Tout l'enjeu futur de la politique est de savoir si le "tiers état" d'aujourd'hui – les classes moyennes paupérisées et les classes populaires – se soumettra à leur contrôle », analyse-t-il[1]. Une réalité qui explique que cette classe moyenne abandonnée par les élites se soit tournée vers Donald Trump comme vers un « sauveur », dit-il. « J'ai beau détester Trump, mais force est de constater qu'il est le seul à se mettre actuellement en travers de la route », note-t-il assez désespéré à l'approche des élections de novembre 2020.

Dans ce livre, elle affirme que les Blancs ont développé des protections inconscientes et instinctives pour se défendre de racisme. Pour elle, les États-Unis sont un pays « systémiquement raciste », même s'ils n'en sont pas conscients.

1. Joel Kotkin, entretien avec l'auteur, août 2020.

À l'été 2020, confronté à la vague d'émeutes déclenchée dans le sillage de Floyd et au déboulonnage des statues, en pleine campagne présidentielle, Trump se pose en effet en rempart du pays profond, reprenant la posture de Richard Nixon, pour réclamer de l'ordre. Sur le moment, son manque d'empathie pour le cri du cœur des Afro-Américains confrontés à la mort de Floyd joue contre lui, de même que son utilisation grossière des tweets pour dénoncer les désordres. Quand il menace d'envoyer la garde nationale à Washington pour empêcher des manifestants d'escalader les grilles de la Maison-Blanche, la presse se déchaîne. Sa sortie théâtrale avec le chef d'état-major des armées vers l'église Saint-John, qui se trouve à quelques dizaines de mètres de la Maison-Blanche, suscite un tollé[1], et il est accusé d'utiliser les hommes en uniforme pour augmenter sa légitimité – le chef d'état-major critiquera d'ailleurs *a posteriori* la manœuvre pour se distancer de lui. Mais, au fur et à mesure que le chaos gagne les villes d'Amérique, Trump va se retrouver presque « mécaniquement » recentré par un pays profond qui en a assez des désordres et qui ne comprend pas les appels du camp démocrate à « définancer la police », voire à « l'abolir ». Il annonce qu'il stoppe les financements fédéraux des universités si la théorie critique raciale, qui a produit l'idéologie *woke*, continue d'y être enseignée. Il se rend aussi au mont Rushmore pour y prononcer un discours patriotique visant à défendre

1. Le président profitera de cet épisode pour se faire prendre en photo avec une bible devant l'église en compagnie du chef d'état-major des armées. Sa gestion des manifestations sera très critiquée par plusieurs anciens membres de son administration, notamment le général Jim Mattis, ancien patron du Pentagone sous Trump.

l'héritage historique à la fois architectural et politique américain contre les déboulonnages et les autodafés qui se multiplient. Son discours, sur fond de fureur *woke*, se veut raisonnable et tend la main à la communauté noire avec une empathie rare chez le milliardaire. Mais il est rejeté en bloc par la presse comme une manifestation de... son racisme. La gauche radicale espère en réalité lui avoir porté un coup ultime. Au risque de réveiller un nationalisme blanc ethnique, par son appel obsessionnel à l'identité. L'intellectuel Glenn Loury, que j'interviewe en octobre 2020, à quelques jours du scrutin, s'en inquiète, sidéré par la révolution de rue qui a traversé le pays et dégénéré en violence aveugle : « Quand des manifestants, après que des policiers blancs ont été abattus froidement dans leur voiture, crient à leur face : "J'espère qu'ils vont mourir !", je dis : "Pensez-vous que vous puissiez continuer ainsi sans durcir le cœur de millions d'Américains silencieux mais qui seront déterminés à être en opposition avec ce que vous défendez ?" Le soutien que Trump reçoit vient de gens qui ont vu [...] des protestataires danser dans les vitrines cassées en criant que c'était la revanche des pauvres noirs contre les riches blancs. Pas un directeur de journal n'osera publier un éditorial qui dirait que cette attitude est détestable. Pourtant, un tel article brûle dans le cœur de millions d'Américains, avertit Loury. Je tremble en regardant cette polarisation », insiste-t-il[1]. Loury a raison. L'émergence d'un rationalisme « blanc » est un grand danger qui guette si la racialisation de la politique continue.

1. Glenn Loury, « Les Noirs américains sont maîtres de leur destin, malgré tous les vents contraires », art. cit.

La stupéfiante résistance de Trump et du trumpisme

Nous sommes à trois semaines de l'élection présidentielle du 3 novembre 2020, et je me retrouve à nouveau en Pennsylvanie, l'un des États pivots du Midwest où va se jouer la bataille entre le président sortant, Donald Trump, et son adversaire démocrate, Joe Biden. Rarement a-t-on vu contraste plus frappant entre deux campagnes, en cette étrange année où courait la Covid-19. Toutes les réunions du candidat Biden se font en ligne, ou sur des parkings où le candidat apparaît masqué devant quelques dizaines de voitures soigneusement rangées pour affirmer qu'il faut en finir avec un président qui a laissé le virus semer la mort de manière irresponsable et plongé le pays dans le déclin économique. Le public ne sort pas des véhicules, se contentant d'ouvrir les fenêtres. Une impression d'irréalité règne. Dans le camp Trump, tout se passe au contraire comme si la pandémie n'existait pas. De meeting en meeting, le président, qui, après avoir contracté la maladie, est ressorti triomphant de l'hôpital Walter Reed de Bethesda pour reprendre le chemin de la campagne, mobilise ses troupes dans une ambiance de liesse. À Érié, où je me rends dans le courant du mois d'octobre, pour l'une de ces grands-messes colorées, je rejoins des milliers de fans massés, épaule contre épaule, à la tombée de la nuit, souvent sans masque, pour acclamer leur champion. Ils disent que la « révolution Trump » est toujours en marche et qu'il gagnera sans nul doute, le 3 novembre. Quand son avion présidentiel surgit dans le ciel, c'est l'ovation. « En vouloir à Trump pour la Covid-19, c'est absurde », dit Emily,

32 ans ; une jolie blonde qui le qualifie de « meilleur président de l'histoire des États-Unis ». Les blagues de Trump contre « Joe l'Endormi », ses critiques contre le virus chinois, ses sorties contre les *fake news* des journalistes américains et l'obsession des masques du camp démocrate font mouche à tous les coups. « Cette vitalité populaire montre que Trump est assis sur une réalité politique qui n'est pas près de disparaître », pronostique l'intellectuel Walter Russell Mead, professeur d'études politiques et de stratégie au Bard College, auquel je demande son avis sur l'état des forces. Non loin de là, à Latrobe, dans sa Maison Trump peinte aux couleurs du drapeau américain où je m'étais rendue quatre ans avant, Leslie Bauman Rossi accueille toujours des milliers de supporters trumpistes. Brandissant les épais classeurs remplis de signatures où elle consigne les noms de tous les Américains qui passent, elle affirme que l'affluence dans son local est trois fois supérieure à celle observée trois ans plus tôt. Elle note aussi que deux fois plus de nouveaux républicains que de démocrates se sont inscrits sur les listes électorales en Pennsylvanie. Pour elle, Trump va gagner, c'est une évidence ; et les instituts de sondage, qui annoncent une écrasante victoire de Biden, ont « tout faux ». Comme je lui dis que les analystes annoncent un report sur Joe Biden, comme aux élections de mi-mandat de 2018, du vote des femmes des banlieues républicaines aisées parce qu'elles sont fatiguées des mauvaises manières du président, elle éclate de rire : « Vous vous imaginez que les femmes républicaines vont soutenir un vieil homme ralenti comme Biden qui bute sur ses mots ? Vous croyez que les femmes des banlieues riches apprécient les émeutes qui dévastent nos villes depuis des mois, qu'elles sont contentes des actions de Black Lives

Matter ?! » s'écrie-t-elle, racontant s'être fait cracher dessus par des manifestants d'extrême gauche, lors de la party clôturant la convention républicaine, à Washington. Leslie explique que les actions de Black Lives Matter n'ont rien à voir avec l'amélioration de la condition des populations noires et montre les e-mails dont elle est la cible, parce qu'elle soutient Trump. « Mange ta merde… sale Ku Klux pute », lui a écrit une certaine Mary Atherton. Leslie me dit qu'elle est armée, pour le cas où. « J'ai grandi dans une ferme, je les attends », lance la pasionaria républicaine de Latrobe. Un climat de confrontation plane dans l'air de la campagne. Des deux côtés.

Je pars pour la banlieue aisée de Philadelphie, dans le comté de Bucks, pour tenter de comprendre si les républicains de ces enclaves prospères voteront pour Biden. Le tableau était mitigé. Dans les jardins, les pancartes Trump sont très nombreuses et ses partisans arpentent en jeeps la région en klaxonnant bruyamment, s'invitant à l'improviste dans les meetings de Biden pour prouver leur énergie supérieure et intimider l'autre camp. Les démocrates que je croise s'inquiètent de leur présence massive. Ils jugent aussi que beaucoup de cadres et de commerçants ont été horrifiés par les émeutes raciales de Philadelphie, après l'affaire George Floyd, et que cela pourrait avantager Trump. Mais on rencontre aussi des républicains qui ne peuvent plus supporter les foucades du président milliardaire. Un couple de retraités en train de tondre leur gazon m'annoncent qu'ils le sanctionneront : « Trump est un être humain horrible et dangereux », note Mary, la femme, une ancienne enseignante, tandis que son mari relativise les violences qui ont embrasé Philadelphie après l'affaire George Floyd. « Quand Trump partira, tout se calmera », affirme-t-il. Il a tort. Rien ne se calmera, même après le scrutin et la défaite du « diable ».

Le mardi 3 novembre, au soir, Trump croit bien avoir gagné l'élection présidentielle, quand la Floride bascule, comme en 2016, dans son escarcelle, avec des gains de voix spectaculaires chez les Latinos. Mais, dans le milieu de la nuit, les résultats des autres États pivots se mettent à s'inverser avec le début du dépouillement des votes par correspondance, massivement favorables à Joe Biden. La chaîne conservatrice Fox News annonce dans ses projections, basées sur les chiffres provisoires déjà disponibles, le basculement de l'Arizona côté démocrate, une annonce qui provoque la rage de Trump. Ce dernier invoque le fait que seulement 75 % des votes ont été dépouillés. Il affirme qu'il a en réalité gagné l'élection, mais que les démocrates la lui ont volée, par des « fraudes massives ». Les heures passant, la victoire de Biden se confirmera peu à peu, avec sept millions de votes de plus que Trump au niveau national et une très courte avance dans les États pivots décisifs, pour la victoire au collège électoral.

Le président sortant a perdu, mais son score reste impressionnant ; malgré la Covid-19, malgré la crise économique qui a suivi. L'idée que Trump était un accident de l'histoire a été la ligne d'attaque des démocrates et, plus généralement, des élites médiatiques et politiques pendant les quatre années de sa présidence. On supputait que le « monstre » finirait bien par être mis hors jeu, et qu'une forme de normalité politique s'instaurerait à nouveau. Mais, malgré un mandat plein de fureurs et de tensions hystériques, malgré les outrances et les violations parfois grossières et impardonnables des codes politiques et de la bienséance qu'il se permettait, malgré l'union des médias, des intellectuels, des instituts de sondage et du monde de la culture contre lui, Donald Trump ne s'effondre nullement, le 3 novembre 2020. Il a même incroyablement bien tenu la route, réalisant, avec 74 millions de votes en sa faveur – soit 11 millions de voix de plus qu'au premier tour –, une performance sans précédent pour un président sortant. Biden le devance de sept millions de voix, ce qui est substantiel. Mais l'hypothèse de l'extinction rapide de la révolte trumpienne se dément, comme l'avait prévu Walter Russell Mead. S'il est clair que la Covid-19 l'a fait perdre et que ses manières abrasives et diviseuses l'ont discrédité dans l'électorat éduqué et les banlieues bourgeoises, le président sortant a fait surgir de nouveaux réservoirs de voix inespérés dans une Amérique traditionnelle qui avait complètement décroché du processus électoral depuis des décennies ! Un chiffre qui ressemble plus à une performance qu'à un désaveu. Dans le Sud, Trump a certes subi un revers substantiel en perdant un État traditionnellement rouge (la couleur des républicains), la Géorgie, mais dans les États du Midwest, qui déterminent traditionnellement le résultat de l'élection présidentielle, les marges sont minces. Ces chiffres montrent une chose : le trumpisme n'a pas été que le mouvement d'une grande gueule devenue la coqueluche des classes populaires délaissées. Sa personnalité charismatique, atypique, indomptable a joué un rôle clé ; le véritable culte que continuent de lui vouer tant de ses partisans en atteste. Mais son succès est aussi venu des idées qu'il avait défendues, et qui continuent de mobiliser la base républicaine. Le parti confirme son virage à 180 degrés sur quatre thèmes clés : premièrement, le rejet de l'immigration massive, que les dirigeants républicains approuvaient jusque-là parce qu'elle arrangeait leurs gros donateurs et les élites du monde des affaires, plus intéressées par une main-d'œuvre bon marché corvéable à merci que par les revendications des classes populaires. Deuxièmement, la remise en cause du libre-échange comme vache sacrée, Trump ayant fait main basse sur un thème de gauche en appelant à la nécessaire réévaluation du commerce en faveur du protectionnisme, dans le but de relancer une industrie dévastée par la délocalisation (et de redonner de la puissance aux États-Unis, largement affaiblis face à la montée en puissance industrielle de la Chine). Troisièmement, une transformation majeure de la politique étrangère du Parti républicain – jadis domaine réservé des néoconservateurs interventionnistes – à travers la mise en avant de l'intérêt national, la prise de distance vis-à-vis des alliés et le refus des aventures militaires sans fin ; bref, une plus grande prudence quant à l'utilisation de la force et une plus grande modestie dans la définition du rôle de l'Amérique. Le quatrième élément, enfin, a trait au positionnement de Trump sur la question des guerres dites culturelles. Loin d'être un modèle de bonne conduite chrétienne, Trump a donné des gages aux chrétiens conservateurs qui s'étaient massivement portés à son côté. Il a été notamment le premier président à participer à la Marche pour la vie qui se tient chaque année à Washington. Il a soutenu sans complexes Israël et nommé trois juges conservateurs à la Cour suprême. Trump a aussi fait exploser les limites du politiquement correct, se posant en rempart face à l'obsession de la gauche pour les questions d'identité et la novlangue orwellienne qu'elle tente d'imposer, interdisant par exemple les lettres démarrant par « Mesdames, Messieurs », sous prétexte que cela gênerait ceux qui n'ont pas de genre défini…

Ses adversaires avaient voulu y voir la preuve de son « racisme » et de son « sexisme » viscéraux. Mais s'il est évident que Trump a, de manière très machiavélienne et cynique, joué sur les passions nativistes de certaines franges des classes populaires par son discours anti-immigration, et toléré que l'Alt-right et des milices d'ultradroite comme les Proud Boys se réclament de lui[1], son positionnement est en réalité nationaliste, anti-immigrationniste, populiste et conservateur, mais pas raciste[2]. Trump, qui a fait la jonction entre les oubliés des provinces désindustrialisées, essentiellement d'anciens démocrates, et les composantes plus traditionnelles du Parti républicain, a permis à l'Amérique traditionnelle de se rappeler à la mémoire d'élites qui avaient complètement perdu de vue les classes moyennes populaires et le pays traditionaliste, et qui les percevaient comme

1. Le président interrogé pendant son débat télévisé avec Joe Biden, en pleine campagne électorale, sur le rôle de la milice paramilitaire des Proud Boys pendant les émeutes, va même jusqu'à s'adresser directement à eux pour leur dire : « *Stand by, Proud Boys* », c'est-à-dire : « Mettez-vous en retrait ». Une manière implicite de ne pas vraiment les désavouer. La phrase provoquera un véritable tollé.

2. Même si son programme ne comporte aucun élément raciste, Donald Trump n'en continue pas moins à être accusé de racisme en raison de son programme de lutte contre l'immigration illégale. Trump prône en réalité une approche qui ne discrimine absolument pas selon la couleur de peau (*color blind*). Mais cette approche est désormais considérée comme du racisme caché par les nouveaux racialistes du Parti démocrate qui affirme que l'approche universaliste, ne distinguant pas les catégories selon la race, revient à une forme de racisme systémique. Voir à ce sujet, Laure Mandeville, « Ces Noirs qui ont voté pour Trump, à contre-courant de leur communauté », *Le Figaro*, 30 octobre 2020, et Eugénie Bastié et Laure Mandeville, « Quand la gauche américaine perd la tête », *Le Figaro*, 5 mai 2021.

des espèces en voie de disparition ringardes, attachées à des valeurs « dépassées » : la famille, Dieu et la nation. Trump a prêté sa voix à une Amérique profonde qui avait disparu des radars des gouvernants. Enfin, élément très occulté par ses ennemis, le milliardaire a ajouté un nouveau volet à ce message populiste, méritocratique et « américaniste » en menant une véritable offensive de charme à l'intention des minorités ethniques, latino et afro-américaine. En 2016, il avait déjà amorcé cette ouverture, avant d'accentuer son message en 2020, défendant une approche socio-économique des inégalités qui accablaient toujours les minorités ethniques noire et latino. Il avait notamment promis d'améliorer les « zones d'opportunités » créées dans les ghettos noirs et de poursuivre la baisse historique du taux de chômage – avant la Covid-19 – chez les Afro-Américains, pourfendant en revanche l'idée, défendue à gauche, d'une Amérique « systémiquement raciste » en proie au « suprémacisme blanc ». Si Trump est loin d'avoir convaincu tout le monde, son positionnement a trouvé un écho important dans les minorités ethniques : 35 % des électeurs hispaniques lui ont fait confiance, soit 7 % de plus qu'en 2016 – un score qui a provoqué une véritable onde de choc dans les rangs démocrates, et qui, selon les sondages effectués à l'approche des élections de mi-mandat de 2022, devrait croître. Du Texas à la Floride, en passant par le Nouveau-Mexique, de nombreux Latinos ont exprimé leur satisfaction de la politique économique de Trump et leur profond désaccord avec l'obsession identitariste de la gauche et la théorie du genre. Quelque 97 % d'entre eux disaient par exemple rejeter le terme « Latinx » (au lieu de « Latino », supposément « trop genré ») mis à la mode par les démocrates pour faire plaisir aux partisans du genre neutre, selon un sondage Pew. Les Noirs, fidèles à l'héritage des droits civiques, sont pour leur part restés largement attachés à leur ancrage au sein du Parti démocrate, qu'ils ont plébiscité à 88 %. Mais Trump n'en a pas moins gagné quelques points dans leurs rangs (passant de 8 à 12 %), une évolution susceptible d'amorcer une forme de révolution politique autour de la question raciale. On est en réalité très loin de l'idée de « l'inéluctabilité démographique » de la victoire des démocrates en raison de la montée en puissance des minorités non blanches, que prédisaient depuis des décennies journalistes et analystes. Une démocrate centriste, Elissa Slotkin, n'a d'ailleurs pas caché sa colère à l'égard de son propre camp, après l'annonce des résultats. Élue dans le Michigan, elle a vu nombre d'autres démocrates se faire doubler par des républicains, parce qu'ils avaient été trop sur la gauche. Dans une interview au journal *Politico*, publiée quelques jours après l'élection, elle ne mâche pas ses mots quand tombe le résultat : « Les démocrates ont créé une barrière selon des lignes culturelles, qui rend le parti fondamentalement hostile à toute personne ayant des vues supposément rétrogrades du monde », tempête-t-elle[1]. L'une de ses amies députées, démocrate et centriste elle aussi, Abigail Spanberger, réélue de justesse en Virginie, approuve la critique, affirmant que « les slogans de définancement de la police » que le camp démocrate avait adoptés après l'affaire George Floyd doivent être bannis si le parti veut résister à la contre-attaque conservatrice qui ne manquera pas de venir en 2022 et 2024. La progression des républicains à la Chambre (qui gagnèrent des points importants) a été un sérieux avertissement.

1. Elissa Slotkin, interview au journal *Politico*, novembre 2020.

Dans le camp Trump, tous ces résultats signifient surtout que le trumpisme a de beaux jours devant lui, avec ou sans Trump.

Son virage à droite sur les questions culturelles et partiellement à gauche sur le social et l'économique (à l'exception de son plan fiscal pour les entreprises) est en train de transformer le Parti républicain en parti des classes populaires.

De ce point de vue, l'Amérique n'est pas une exception en Occident, où l'abandon par la gauche de ces dernières les a déportées vers la droite et l'extrême droite, comme en France, où les ouvriers votent désormais Rassemblement national et non plus communiste. Alors que l'influence des *woke* et l'idéologie de l'intersectionnalité sur le Parti démocrate déportent ce dernier vers la défense des immigrés et des minorités sexuelles, le Parti républicain semble même mettre le cap sur la création d'un parti multiracial des classes populaires, dont le slogan rassembleur sera la méritocratie républicaine, pas l'identité, ni l'absolutisme du marché de l'époque reaganienne. Après avoir critiqué Trump, des figures comme l'écrivain J. D. Vance endossent ainsi le manteau du trumpisme.

En juillet 2021, j'assiste d'ailleurs à une conférence à Alexandria que ce dernier donne devant un parterre de jeunes conservateurs, à l'Intercollegiate Studies Institute. Représentant d'une nouvelle génération conservatrice qui a fait siens les instincts de l'ancien président, Vance y explique comment il entend mener sa campagne pour un poste de sénateur dans l'Ohio, en 2022. Attaquant l'oligarchie de la tech et ses postures *woke*, qui camouflent, dit-il, sa caution à une économie de bas salaires basés sur l'immigration, Vance affirme qu'il faut en finir avec « le dogme du commerce sans entraves » et définir un « nationalisme économique » qui aide à reconstruire les classes moyennes d'Amérique.

Très critique de la culture de la classe professionnelle managériale très individualiste qu'il a fréquentée durant ses études à Yale – une sorte de pendant à la technocratie parisienne incarnée par Emmanuel Macron –, il plaide pour une remise à l'honneur des valeurs familiales et chrétiennes, multipliant les attaques contre les universités en proie au « wokisme », qui veulent détruire la famille et la culture traditionnelle. « La bataille à venir sera civilisationnelle », dit Vance ; discours qui rappelle irrésistiblement Éric Zemmour. Il s'indigne d'une gauche qui pousse à l'ouverture des frontières pendant que les Américains meurent d'overdoses à cause de l'importation de fentanyl du Mexique. Pour lui, la permissivité sociale de la gauche a fusionné avec le credo du libre marché de la droite, pour donner un libéralisme qui laisse l'individu « démuni dans le chaos du monde ». Vance explique que la solution sera économique mais aussi spirituelle. En l'écoutant, je me dis que l'héritage du trumpisme sera plus important et plus inattendu que beaucoup ne le disaient. Si, bien sûr, Trump ne gâche pas tout et se résigne à céder la place.

Le 6 janvier et la crise démocratique américaine

Dans les semaines qui suivent l'élection de 2020, un Trump retranché à la Maison-Blanche dans la posture d'un président assiégé répond à l'annonce de sa défaite, en lançant ses avocats à travers le pays pour contester le résultat des scrutins. Arc-bouté sur son accusation de « fraude » et de « vol de l'élection », il refuse en fin de compte de reconnaître la victoire de son adversaire ; ouvrant une crise politique majeure.

Comme l'ont pointé nombre d'analystes, son caractère égocentrique, son incapacité viscérale à accepter la défaite, y sont évidemment pour beaucoup. Éduqué par un père intransigeant, l'homme d'affaires a toujours considéré la vie comme un combat cruel entre « gagnants et perdants ». Sa philosophie est qu'il faut toujours être dans le camp de la victoire et même l'émission de téléréalité qu'il a créée et animée a été une métaphore subliminale de ce positionnement[1]. Pour Trump, qui a bâti sa fortune sur l'image de son succès, plus que sur ses résultats, gagner était devenu un mode de vie, une seconde nature, une sorte de récit obligé. En bon vendeur, il n'acceptait jamais la défaite.

Mais, dans le cas de l'élection 2020, cette position n'est plus seulement une posture commerciale mais une conviction : celle d'avoir été spolié délibérément par « le système ». Le fait que sa légitimité avait été constamment mise en question pendant ses quatre ans de présidence l'a convaincu qu'un État profond avait œuvré de concert avec ses adversaires politiques pour l'abattre. « La délégitimation de Trump a mené à la délégitimation de Biden », constate le journaliste Jacob Siegel, rédacteur en chef à la revue *Tablet*[2]. Le fait que Trump a réussi une spectaculaire progression de 11 millions de voix apparaît au milliardaire président comme la preuve de ce qu'il veut croire, car jamais un président ayant ainsi augmenté son score n'a perdu une

1. Trump a été le créateur et la vedette de l'émission de téléréalité « The Apprentice », qui, au plus fort de sa popularité, réunissait devant la petite lucarne près de 30 millions de téléspectateurs.
2. Entretien avec l'auteur, janvier 2021.

élection présidentielle par le passé. La différence est due à l'incroyable mobilisation que le camp démocrate a réussie malgré la Covid-19, en mettant en place à travers les États des règles de vote par correspondance, extrêmement faciles, voire laxistes. Mais Trump veut y lire la preuve que ce laxisme a permis des fraudes massives et le vote d'électeurs fantômes.

Le plus grave est que 68 % des républicains ont adhéré à cette thèse du complot et y croient encore. Le ping-pong hystérique entre Trump et l'opposition démocrate pendant son mandat, que j'ai décrit plus haut, a accouché d'une crise de confiance politique gigantesque, qui met en péril l'édifice démocratique américain. Cette crise de confiance existait déjà – ce fut la raison de l'apparition de Donald Trump sur la scène politique. Mais elle devient un gouffre. Une partie substantielle du peuple américain ne croit plus à la fiabilité du processus électoral ni à la loyauté des élites. Le refus de Trump de concéder la victoire est évidemment central dans cette affaire. Mais, en voulant se débarrasser de Trump pendant son mandat, les démocrates ont aussi contribué à créer ce gigantesque problème qui, tel un monstre de Frankenstein, apparaît maintenant en pleine lumière. L'élection est close, mais pas le drame politique.

Le 6 janvier 2021, une foule en furie, chauffée à blanc par les accusations de Trump et leurs propres soupçons, se lance en effet tel un taureau furieux à l'assaut du Congrès sur la colline du Capitole, pour en enfoncer portes et fenêtres, alors que les parlementaires sont en session pour confirmer le résultat de l'élection. La veille, malgré les objurgations de Trump, le vice-président Mike Pence a refusé ses appels à différer la séance de confirmation du vote, en l'absence de preuves de fraude. Trump tient alors un meeting prévu depuis déjà plusieurs jours à proximité du Parlement, pour dénoncer le « hold-up », appelant ses partisans à manifester devant le bâtiment du Congrès « pacifiquement » – un adverbe qu'il a depuis mis en avant pour affirmer qu'il n'avait aucune mauvaise intention. Mais le ton de son adresse est martial et échauffe l'assistance. Quelques heures plus tard, les cordons de policiers vont être débordés par une meute de manifestants qui se saisissent de rampes à incendie et de hampes de drapeaux comme de béliers. « C'était une bataille médiévale. Nous nous sommes battus centimètre par centimètre », racontera le sergent Aquilino Gonell en juillet 2021, lors d'une audition devant une commission chargée de faire la lumière sur les événements, retenant mal ses larmes en évoquant les hurlements de son collègue Daniel Hodges, qui était « à l'agonie à ses côtés » et dit pour sa part avoir « bien cru qu'il allait mourir ». Harry Dunn, un officier de police noir, explique qu'il a tenté de convaincre les manifestants de quitter les lieux. « Non, mec, c'est notre maison, nous sommes ici pour arrêter le vol de l'élection, Trump nous a invités, Joe Biden n'est pas notre président », rétorquent les intrus. « J'ai répondu : "J'ai voté pour Joe Biden." Et là, les émeutiers me crient : "Regardez ce gars, c'est un nègre qui a voté pour Joe Biden, salaud de nègre !" Personne ne m'avait jamais appelé "nègre" alors que je portais l'uniforme de la police, dit Dunn. Est-ce cela, l'Amérique ? » s'interroge l'officier de police.

Ces témoignages proprement effrayants en disent long sur le potentiel de violence qui s'est accumulé dans certaines franges extrêmes du paysage politique. Alimentés par des réseaux sociaux fomentant toutes sortes de théories du complot délirantes, comme celles qui sont colportées par le mouvement QAnon[1], des groupes extrémistes et racistes marginaux, tenant parfois de la milice armée, sont sortis de l'obscurité et semblent s'être renforcés au cours des dernières années, même si leurs contours et leur audience restent nébuleux. Pourraient-ils se transformer en force de chaos anarchique et, sous certaines conditions, contaminer des segments plus larges de la population ? La question est devenue redoutablement importante dans le contexte passionnel dans lequel est plongé le pays.

Faut-il pour autant en conclure qu'une véritable tentative de coup d'État a eu lieu le 6 janvier 2021 sur la colline du Capitole, et suivre les démocrates quand ils affirment qu'on est face à « un 11 Septembre » des terroristes d'extrême droite « de l'intérieur », dont Trump aurait été l'orchestrateur ? Ou le caractère à la fois spontané, insolite et grotesque des déambulations chaotiques des assaillants dans les bureaux des élus avec leurs iPhones après l'assaut ne plaide-t-il pas plutôt pour un coup de sang ? Ne faut-il pas s'en tenir à une version moins complotiste et plus anarchique des événements que l'accusation d'insurrection actuellement activement défendue par le camp démocrate, avide de détourner l'attention des sérieux problèmes de la présidence Biden ?

1. QAnon est une folle théorie du complot qui s'est transformée en mouvement politique occulte qui agite les franges de l'extrême droite américaine. QAnon affirme qu'une cabale mondiale satanique fomentant des trafics sexuels et des pratiques cannibales a conspiré contre le président Trump pendant sa présidence. Les adeptes de ce culte délirant ont longtemps affirmé que Trump s'apprêtait à orchestrer des arrestations massives parmi les membres de la supposée « cabale », qui aurait compris Hillary Clinton, l'ancien président Obama et le magnat George Soros.

Le 20 janvier 2021, lors de son investiture, le président Joe Biden avait promis de promouvoir le dialogue, appelant le pays au « bon sens » pour « inciter à un nouveau départ ». « La politique n'a pas à être une fournaise brûlante, qui détruit tout sur son passage. Entendons-nous, regardons-nous, les désaccords ne doivent pas mener à la désunion », avait déclaré le nouveau chef de l'État, conscient des plaies à panser. Pendant sa campagne, il avait fait valoir que son profil de démocrate centriste expérimenté, fort d'une expérience de quarante-six ans de vie politique au Sénat et de huit ans au poste de vice-président sous Obama, lui permettrait de négocier des compromis avec ses adversaires républicains. Mais Biden, clairement affaibli et ralenti physiquement, n'a pas été capable de s'imposer comme une force de rassemblement. Il a tenté de s'adresser aux classes populaires parties chez Trump pour les ramener au bercail démocrate, en proposant une politique fondée sur la sécurité sanitaire, économique et sociale, faisant sienne la formule d'Alexis de Tocqueville dans *De la démocratie en Amérique* selon laquelle « les Américains préfèrent toujours la prose du commerce à la poésie de la révolution », et se plaçant dans le sillage idéologique de Lyndon B. Johnson et de Franklin D. Roosevelt. Mais, après un succès significatif à l'été 2021 sur les infrastructures, les réformes annoncées se sont enlisées dans des plans sociaux faramineux qui ont été largement bloqués au Congrès, où le président ne dispose que d'une courte majorité. L'inflation s'est envolée sous le coup de la hausse des prix de l'énergie, et la pandémie de Covid-19 est repartie à la hausse, faisant plus de morts sous Biden que sous Trump. Les très faibles prestations publiques du président, sa lenteur de langage presque embarrassante, ses dérapages – comme sa déclaration laissant entendre qu'une « petite incursion » en Ukraine des Russes ne serait pas autant sanctionnée qu'une invasion ! – ont refroidi les ardeurs de beaucoup de ses électeurs, très inquiets désormais de ses capacités à tenir fermement le gouvernail du pays. La déroute du retrait d'Afghanistan et la chute de Kaboul aux mains des Talibans – alors que la diplomatie américaine avait fait hisser le drapeau arc-en-ciel gay sur l'ambassade, quelques semaines plus tôt, ironisent les républicains – a porté un coup très dur à une équipe qui annonçait « le retour des adultes et de la compétence » après le chaos brouillon de l'ère Trump ; ouvrant une brèche de crédibilité dans laquelle les républicains à l'affût se sont engouffrés avec le désir d'en découdre. L'une des questions qui se posent à l'heure où je termine ce livre est de savoir si la grande guerre que Vladimir Poutine a lancée contre l'Ukraine pourrait changer les choses – calmer le jeu américain face à une situation géopolitique extrêmement dangereuse. Le succès du renseignement américain, qui avait prévu l'agression russe, et l'unité refaite de l'Otan autour de l'Ukraine redonnent un peu de tonus à l'action extérieure de l'administration Biden. Mais elle a échoué à stopper la guerre et s'est montrée incapable de dissuader Poutine. Sa stratégie est apparue souvent hésitante et parcellaire. De plus, le manque de solidarité d'une partie de la droite conservatrice sur la question russe est frappant. Comme si un groupe substantiel au sein de la droite, parmi lequel on trouve le présentateur Tucker Carlson ou l'intellectuel conservateur Rod Dreher, ne parvenait à voir la guerre de Poutine que sous l'angle idéologique étroit de leurs batailles contre la gauche américaine. Et comme si, comme cela a été le cas pour l'ancien président Trump en son temps et pour le Français Éric Zemmour aujourd'hui, leur fascination pour l'homme fort du Kremlin obscurcissait leur vision de la crise actuelle. Jugeant Poutine plus « intelligent » que son propre président, Trump a pour sa part jugé que cette guerre n'aurait pas eu lieu sous sa présidence et accusé Biden d'avoir été d'une grande stupidité, en annonçant que l'Amérique n'enverrait pas un seul soldat en Ukraine. Une déclaration qui a effectivement suscité des interrogations dans toutes les capitales européennes.

La capacité de Biden à réconcilier son pays bute clairement sur la personne de Trump. Mais elle se heurte aussi à la réalité de l'affrontement culturel et idéologique virulent dans lequel l'Amérique s'est installée. Coincé entre le volcan de la révolte conservatrice trumpienne et celui de la révolte *woke*, le vieux politicien centriste a en réalité clairement fait le choix de la deuxième, laissant la thèse du « racisme systémique » et l'obsession identitaire galoper à travers le Parti démocrate et s'inviter jusqu'au sommet de l'État[1]. Il y a quelques mois, l'intellectuel américain Bret Weinstein, victime de la fureur des minorités antiracistes à l'université d'Evergreen pour avoir refusé d'observer une journée « sans Blancs » sur le campus, avait prédit ce scénario, affirmant que Biden fermerait les yeux sur les excès des *woke*, pour profiter de l'ardeur de la base « antiraciste ». « La direction démocrate aura du mal à contrôler ce tigre qu'elle a lancé dans l'arène… Elle s'alliera avec lui mais n'aura pas le dessus », expliquait-il.

Parallèlement, la stupéfiante et inquiétante résurrection politique de Donald Trump, qu'ils avaient

1. Joe Biden a qualifié la bataille contre le racisme systémique comme l'une des grandes causes de son mandat et semble peiner à calmer l'ardeur de la gauche de son parti.

cru discrédité à jamais par les événements du 6 janvier, mais qui parcourt désormais le pays en laissant entendre qu'il reviendra en 2024 pour mettre fin au « désastre Biden », a presque mécaniquement poussé le camp démocrate à revenir à la technique de la diabolisation de l'ancien président et de l'ensemble du camp républicain, en s'emparant du thème du 6 janvier pour criminaliser sa présidence – persistant à ne voir que Trump, alors que les deux tiers du Parti républicain pensent comme lui. Une nouvelle erreur de stratégie ?

Dans un discours prononcé le jour anniversaire du triste épisode de l'assaut du Capitole, le président démocrate a même été jusqu'à transformer le 6 janvier en métaphore de la présidence Trump, l'accusant sans le nommer d'être un traître et d'avoir tenté d'empêcher par la force le transfert pacifique du pouvoir, en incitant ses partisans à l'insurrection, puis en restant passif pendant les violences. « Ceux qui ont incité à l'émeute et ont donné l'assaut ont mis un couteau sur la gorge de la démocratie américaine », a-t-il lancé, accusant Trump de mettre en danger le pays et le comparant implicitement aux autocrates étrangers qui espèrent voir l'Amérique « se mettre à leur ressembler ». « Nous menons la bataille pour l'âme de l'Amérique », a-t-il dit, alors qu'une commission spéciale continue d'étudier des milliers de documents pour établir les responsabilités de l'équipe de l'ancien président. Des voix influentes comme celle du rédacteur en chef du journal *The Atlantic* Jeffrey Goldberg vont même jusqu'à affirmer que « le Parti républicain est devenu une menace existentielle pour la démocratie américaine ».

Beaucoup de membres de l'élite républicaine, qui apprécient la transformation fondamentale du Parti républicain en parti nationaliste des classes populaires – une réalisation de Trump –, observent eux aussi avec une immense appréhension ses meetings enflammés et ses accusations persistantes sur les fraudes. L'idée de voir l'imprévisible milliardaire revenir en force en politique les terrifie. Ses meetings enfiévrés, où il persiste à dire qu'il a gagné l'élection présidentielle, sa capacité à échauffer les esprits, et aussi la haine qu'il déclenche chez l'adversaire, feraient d'une nouvelle présidence Trump une véritable bombe politique propre à achever de déchirer le pays, pensent-ils. Ils voudraient le voir quitter l'arène. Des noms d'héritiers, comme celui du gouverneur de Floride Ron DeSantis, très trumpiste dans sa ligne politique, mais rationnel et policé, circulent dans leurs rangs depuis des mois. « Les républicains sont dans l'impasse, car ils ne peuvent faire sans Trump, ni faire avec lui », confiait cet été l'intellectuel conservateur Julius Krein, parlant d'un vrai désarroi. Coincée, la droite reste avec son « chef », préférant reporter la faute de la crise sur la révolution identitariste qui gagne les institutions américaines, telle une révolution culturelle à la chinoise. Surtout, l'absolue méfiance qui règne entre les deux camps interdit tout rapprochement. Cette catastrophique perte de confiance est devenue le grand problème de Joe Biden ; l'énorme iceberg contre lequel le navire de la démocratie américaine pourrait se briser, si les deux camps ne cherchent pas d'urgence des solutions pour remplir les fossés qui les séparent. « Aux États-Unis, les fractures qui se creusent sont en train de nous transformer en Balkans d'Amérique du Nord. Cette formule évoque des sous-cultures antagonistes mues par le sentiment identitaire et une culture de la victimisation. Selon moi, si nous atteignons ce point-là, il nous sera très difficile de maintenir notre forme républicaine de gouvernement. Nous n'y sommes pas encore, mais si nous ne nous mettons pas à reconstruire selon notre principe fondateur, *E pluribus unum*, nous nous préparons une période d'immense instabilité », me confie Andrew A. Michta, doyen du Centre européen d'études de sécurité du collège George C. Marshall[1]. « Nous ne savons plus nous parler, juste nous crier à la figure », regrette-t-il. Michta est persuadé que seule une crise extérieure pourrait aujourd'hui rassembler les Américains. La guerre lancée par Vladimir Poutine en Ukraine, sans que l'on sache très bien où elle peut s'arrêter, finira-t-elle par y parvenir ? Pour l'instant, ce n'est pas si clair.

La question de la loi électorale

Pour éviter l'iceberg, la priorité fondamentale de Biden devrait être de convoquer un sommet d'urgence avec l'opposition républicaine, pour arracher un compromis de principe sur la loi électorale, s'il ne veut pas faire face en 2022 ou 2024 à une nouvelle contestation des résultats du scrutin, d'un côté comme de l'autre. Ce n'est malheureusement pas le chemin que semble prendre le président américain. Depuis le début de l'année 2022, il a lancé une réforme électorale qui placerait l'organisation des scrutins sous contrôle fédéral ; décision qui serait en rupture avec toute la tradition politique fédéraliste américaine, laquelle laisse aux États le contrôle des scrutins. La réforme a été jugée si inacceptable qu'elle a même été bloquée par une démocrate centriste d'Arizona, Kyrsten Sinema.

1. Andrew Michta, entretien avec l'auteur, janvier 2022.

Pour l'instant, l'impasse semble totale, chaque camp tentant d'organiser les scrutins à son avantage. Tandis que Trump et le Parti républicain s'efforcent, partout où ils dominent les législatures locales, de mettre en place des garde-fous pour empêcher les fraudes redoutées du vote par correspondance en exigeant notamment la présentation de cartes avec photo d'identité, les démocrates, criant à « la suppression du vote[1] », tentent au contraire de faire passer des textes visant à sanctuariser les acquis des bulletins par correspondance des dernières élections. « Beaucoup d'Américains sont profondément méfiants de la manière dont nous votons. La pénombre est telle que les gens en viennent à se demander si leur voix compte. Nous devons revenir au vote présentiel dans les bureaux de vote autant que faire se peut », affirme le professeur de théorie politique Joshua M. Mitchell, un intellectuel conservateur. « Car si le peuple ne fait plus confiance au vote, c'est la fin du jeu démocratique ! » avertit-il. Démocrates et républicains se battent par ailleurs sur le fait de savoir qui, de l'exécutif ou des législatures, devrait avoir le dernier mot en matière de décompte électoral. De ce point de vue, c'est la droite qui est de mauvaise foi, tentant de soustraire la procédure de confirmation du

---

1. La suppression du vote fait référence aux techniques, prétextes et exigences administratifs utilisés à l'époque de la ségrégation, mais aussi, depuis, pour empêcher les populations noires d'avoir un accès aisé au vote. Le terme reste utilisé par les démocrates pour laisser entendre que les républicains sont toujours des racistes, soucieux d'empêcher le vote des minorités. Cette accusation paraît aujourd'hui très caricaturale et omet souvent de dire que certaines demandes républicaines sont raisonnables (comme celle d'exiger une carte d'identité avec photo des électeurs), même si des arrière-pensées dans certains États du Sud ne peuvent être totalement exclues.

résultat du vote à l'exécutif et de la placer sous contrôle des assemblées législatives – processus susceptible de politiser dangereusement le scrutin. De quoi accroître la crise de défiance totale qui sévit et faire des élections de 2022 et 2024 des sujets explosifs.

Curieusement, aucune personnalité politique de haut niveau ne semble vraiment capable de se saisir de cet enjeu majeur, laissant craindre une véritable crise politique et peut-être la répétition de violences comme celles du 6 janvier. Car, s'il n'y a pas d'accord sur le mode de scrutin, comment les parties en reconnaîtront-elles le résultat ? On voit bien que l'Amérique pourrait entrer dans une crise démocratique profonde. Dans ses chroniques dans *Le Figaro*, le correspondant Adrien Jaulmes souligne la montée des périls[1]. Le spectre de la guerre civile que j'avais déjà vu monter en 2018 occupe abondamment les pages des journaux.

Arc-bouté sur ses positions idéologiques, ne partageant plus les mêmes faits, nourri par des médias de plus en plus partisans, chaque camp semble en réalité pris dans une surenchère de nature quasi religieuse. Ce n'est pas nouveau en Amérique, pays marqué par le puritanisme, où la politique a souvent joué sur le registre du Bien et du Mal, mais cette tendance atteint désormais des proportions inquiétantes, qui empêchent toute discussion rationnelle. C'est avec des accents religieux que Joe Biden avait mené campagne, affirmant que le choix de novembre 2020 se ferait entre « la lumière ou les ténèbres » ; une formule reprise par sa colistière, Kamala Harris. À travers le thème de l'innocence des minorités et de la culpabilité des hommes

1. Adrien Jaulmes, « États-Unis : un an après, les Américains déçus par la présidence Biden », *Le Figaro*, 20 janvier 2022.

blancs, c'est aussi cette vision religieuse qui réapparaît. De la même manière, Trump a-t-il été présenté par ses supporters évangéliques comme une figure biblique surgie pour sauver l'Amérique chrétienne des émeutes et de la décadence. Cette mêlée religieuse explique l'incapacité croissante des deux camps à accepter la légitimité de l'autre, donc à concéder la défaite lors des élections. Car comment accepter l'idée de perdre le pouvoir même pour quatre ans si l'on est persuadé que l'autre représente le Mal ? Cet arrière-plan idéologique explique pourquoi les démocrates eurent tellement de mal à accepter l'échec d'Hillary Clinton, en 2016, et s'accrochèrent obstinément à l'existence d'un complot russe pour contester la légitimité de Trump ; et pourquoi le camp trumpiste juge à son tour qu'il a été spolié par un sombre complot de l'élite.

Au-delà des urgences électorales, le pays ne pourra en réalité faire l'économie d'une réflexion sur les racines profondes du drame politique auquel il est confronté. La crise démocratique américaine n'est en effet pas née le 3 novembre 2020, ni le 6 janvier 2021, ni même à l'arrivée de Trump aux affaires, en janvier 2017. Comme je l'ai déjà écrit plusieurs fois dans ce texte, Donald Trump est un symptôme de la crise, même s'il l'a aggravée.

La fracture américaine est née de problèmes réels et anciens, que la droite comme la gauche ont contribué à créer. Elle est liée à la globalisation qui a privé les classes populaires et moyennes de leur statut, à la dénationalisation des élites économiques et politiques qui se sont senties de moins en moins responsables de leurs communautés nationales, à la déconstruction progressive de l'identité nationale américaine dans les écoles et les universités du pays au nom de la défense des minorités et de la « justice sociale ». Bien sûr, les minorités, et notamment les Afro-Américains, doivent faire l'objet d'une attention et d'une aide particulières pour sortir du cercle vicieux d'échecs scolaires, de pauvreté et de violence dans lequel beaucoup restent bloqués. Comme le note l'activiste afro-américain Bob Woodson qui accorde une grande importance à la création de modèles positifs d'identification pour les jeunes générations, les conservateurs américains sont « fautifs d'avoir abandonné avec indifférence ce sujet au camp démocrate durant des décennies ». Mais la solution des problèmes ne peut se trouver dans la création de boucs émissaires blancs imaginaires que propose, avec hypocrisie, la gauche identitaire.

Plus largement, la crise démocratique qui secoue le pays ne pourra être réglée tant que la déconnexion plus globale entre « pays d'en bas » et « pays d'en haut » n'aura pas été reconnue et réparée. Dans un très beau discours prononcé devant le Reagan Center, en février 2022, l'éditorialiste républicaine Peggy Noonan, qui fut la conseillère de Ronald Reagan et a gardé la tête froide au milieu de la mêlée américaine des dernières années, appelle le Parti républicain à devenir le parti recentré des classes populaires en adoptant une posture d'apaisement de la colère qui gronde et une forme « d'autolimitation » de la bataille politique. Cet appel me rappelle Alexandre Soljenitsyne qui, informé par l'expérience catastrophique du radicalisme de l'époque bolchevique, redoutait la transformation de la politique en une empoignade féroce, où il ne peut y avoir de vainqueurs. Mais la gauche américaine, parce qu'elle dispose d'un quasi-monopole sur les grandes institutions culturelles et intellectuelles américaines, ne pourra faire l'économie d'ausculter ses propres responsabilités, si l'Amérique veut espérer sortir de la guerre culturelle et politique qui sévit entre les deux camps. Elle se doit de faire enfin l'autopsie honnête des raisons de sa défaite de 2016, du mandat de Trump et de la dynamique mortifère qui a mené au coup de sang trumpiste du 6 janvier.

L'ancien président aurait-il persisté dans la délégitimation de son successeur, si ses adversaires n'avaient pas cherché, dès le premier jour, à délégitimer sa propre élection ? La question est fondamentale. L'acharnement anti-Trump n'a en réalité fait que sceller l'union sacrée autour de lui d'une Amérique populaire, traditionaliste et nationaliste, qui a depuis quarante ans été disqualifiée culturellement et politiquement par un pays « d'en haut » progressiste, persuadé d'être du « bon côté » de l'histoire. Pour que le pays revienne à la politique et sorte du fanatisme, ces élites-là, et notamment la presse, doivent admettre que la moitié de l'Amérique, au moins, ne pense pas comme elles et que ceci n'est pas un crime. Une leçon que les Européens, et ces jours-ci, surtout les Français, seraient bien avisés de méditer aussi, alors que des mouvements populaires très semblables au trumpisme travaillent la France et d'autres pays d'Europe.

Chapitre 2

La matriochka de la révolte européenne

Les lézardes béantes du « modèle néerlandais »

En juillet 2016, dans les couloirs grouillant de monde de la convention républicaine de Cleveland, dans l'Ohio, où Donald Trump célèbre son triomphe de nominé du parti, Geert Wilders, incarnation néerlandaise de la rébellion populiste qui traverse l'Occident, est dans les murs. On ne peut pas le rater avec sa haute taille, son costume élégant et ses cheveux décolorés blond-blanc formant un casque impeccable et étrange au-dessus de son immense front. Ses yeux bleus légèrement bridés brillent. « Si j'étais américain, je voterais Donald Trump, me lance-t-il. Les gens en Amérique comme en Europe se sentent abandonnés par leurs leaders. Ils ont soif de changement, ils ne veulent pas de frontières ouvertes ni d'attaques à Nice, en Allemagne, en Belgique ou aux Pays-Bas ! » poursuit sur sa lancée le politicien néerlandais, fondateur du Parti pour la liberté (PVV), qui défend un programme de protection sociale et de positions ultraradicales sur la fermeture des frontières, la bataille contre l'islam et la sortie de l'UE. Après la victoire de Trump, il déclare depuis Coblence qu'« il y a des raisons d'espérer une lumière au bout du tunnel ». « Le vent a commencé de tourner l'an dernier. Il nous a amené la victoire de Donald Trump, que nous félicitons d'ici. Des temps meilleurs vont arriver », ajoute-t-il.

Quelques mois plus tard, en mars 2017, alors que le monde entier est encore sous le choc de la stupéfiante victoire du milliardaire new-yorkais, je suis aux Pays-Bas pour y suivre des élections législatives très observées en Europe, à un mois de la présidentielle française. Tout le continent se demande si le coup de tonnerre du Brexit et la « poussée populiste » américaine pourraient être suivis d'une victoire du parti de Geert Wilders en terre batave, travaillée depuis 2001 par une angoisse identitaire et une remise en cause du modèle multiculturel qui a fait la fierté du pays.

Les railleurs affirment que l'heure « des blonds » – Trump, Wilders et Marine Le Pen – semble avoir sonné, et notent en riant que l'Américain et le Néerlandais ont tous deux été surnommés « agents orange ». Pendant toute la campagne, d'ailleurs, les thèmes de prédilection du leader du PVV sont au centre de l'attention, révélant un clair virage à droite des Pays-Bas sur la question de l'identité ; une tendance qui sera exacerbée par la bataille frontale et furieuse qui, dans les derniers jours, opposera le pays à la Turquie d'Erdoğan, qui s'est immiscée dans la campagne auprès des immigrés turcs.

Mais les propositions simplistes et parfois extrêmes jusqu'au ridicule de Wilders, qui propose purement et simplement d'interdire le Coran, de fermer toutes les mosquées et de sortir de l'Union européenne, vont cependant faire peur à une société hollandaise connue pour sa tempérance et le profit économique qu'elle tire de l'UE. Wilders échoue à réaliser une percée suffisante pour pouvoir l'emporter, n'arrivant que deuxième derrière le parti libéral VVD. Son score de 13,1 % des voix s'avère même trop bas pour forcer les autres partis à entrer en coalition avec lui, ces derniers préférant l'isoler derrière une forme de cordon sanitaire, en serrant les rangs – une sorte de redite de la méthode des partis français vis-à-vis de Marine Le Pen. Dans mes reportages au contact de ses électeurs que je réalise pour *Le Figaro*, je constate la même colère que celle qui agitait l'Ohio et la Pennsylvanie et qui parcourt la France ; les mêmes questions vis-à-vis des élites gouvernantes. Mais n'est pas Trump qui veut, et la Hollande n'est pas l'Amérique. La « tentation populiste[1] » qui souffle sur les Pays-Bas reste circonscrite. Pourtant, tous les ingrédients de la situation hautement inflammable que l'on observe partout ailleurs en Occident y sont rassemblés depuis des années.

Quand le rêve multiculturaliste vole en éclats

La plupart des analystes hollandais s'accordent à dire que le grand tournant de la vie politique néerlandaise est l'assassinat, en mai 2002, du politique Pim Fortuyn par un extrémiste de gauche, qui a voulu le punir de ses propos anti-immigration et de son discours alarmiste sur l'islam. C'est à ce moment que je découvre l'histoire et l'ampleur du phénomène Fortuyn, quand mon chef de service Charles Lambroschini, toujours

1. La formule a servi de titre au rapport de Christophe de Voogd, grand connaisseur des Pays-Bas, « La tentation populiste », Fondapol, avril 2010.

à l'affût des mouvements de fond derrière l'actualité immédiate, me charge d'enquêter sur le sujet. Ce personnage public flamboyant, totalement atypique, libertarien, libre-penseur et homosexuel, qui a surgi sur l'échiquier politique après le 11 septembre 2001 pour appeler ses compatriotes à stopper l'immigration et mettre fin au modèle communautariste néerlandais, est, au moment de sa mort, une personnalité en pleine ascension. Depuis des années, l'intellectuel érudit, sociologue et éditorialiste – une situation qui le rapproche d'Éric Zemmour – a tenu le pays en haleine grâce à ses chroniques acerbes dans l'hebdomadaire de droite *Elsevier* sur les dangers de l'étatisme, de l'islam et l'irresponsabilité des gouvernements en matière de politique migratoire. « Les Pays-Bas sont pleins », a-t-il osé dire, sous-entendant qu'il faut stopper l'immigration – un sacrilège au « pays de la tolérance ».

Conservateur à « la hollandaise », il assume son homosexualité et prône la défense des valeurs des Lumières et de la modernité, tout en fustigeant le mouvement progressiste des années 1960 qui a érodé les valeurs traditionnelles et les rôles du « père symbolique » et de « la mère aimante », laissant « la société orpheline » et déboussolée ; condamnée, dit-il, à mener une vie dépourvue de sens – un positionnement qui rappelle là encore de manière irrésistible les thèses si critiquées de Zemmour sur la dévirilisation des hommes dans *Le Premier Sexe* (2006), et qui rejoint la critique sous-jacente des romans de Michel Houellebecq. En février 2002, il crée son propre mouvement Liste Pim Fortuyn (LPF) pour concourir aux législatives et remporte une première victoire majeure aux élections locales, raflant 36 % des voix à Rotterdam – sa ville d'origine –, et battant ainsi à plate couture le Parti travailliste qui domine la politique de ce port clé du pays, depuis 1945. Son assassinat, le 6 mai 2002, dans le parc des médias Hilversum, à la sortie des studios de la radio publique néerlandaise NPO, sous le couteau d'un extrémiste obscur, membre du Parti animaliste qui veut le punir pour ses vues sur l'islam « arriéré », arrête cette ascension météorique, mais suscite un séisme. Le pays ne sera plus jamais comme avant : le « consensus néerlandais », dont la Hollande s'enorgueillissait, est brisé.

Dépêchée par *Le Figaro* pour couvrir cette « révolution », je découvre une nation choquée où la parole se libère, balayant le politiquement correct. Tout est remis en cause, passé au crible de la réflexion et des interrogations d'un pays en crise existentielle. Des sondages sur les musulmans néerlandais qui auraient dit « comprendre les attaques du 11 Septembre » deviennent l'objet d'un débat public très franc, tandis que l'existence de dizaines de mosquées radicales – où ont fleuri des prêches inacceptables sur « les porcs de chrétiens et d'homosexuels » – est rendue publique. Les politiques annoncent la fermeture de ces lieux de culte et appellent à limiter drastiquement l'immigration ainsi que le droit d'asile, largement dévoyé. Les langues se délient pour s'interroger sur les erreurs et les illusions qui ont prévalu sur le modèle multiculturel néerlandais, avec une liberté de ton frappante. Ce réveil est douloureux pour la Hollande. Elle se prenait pour un modèle, un creuset de libertés et de tolérance. Mais elle découvre avec stupéfaction qu'elle ressemble plutôt à une tour de Babel dont les différentes communautés s'ignorent. « Le rêve multiculturel est un fiasco ; nous avons créé un archipel d'îles ethniques isolées, uniquement préoccupées de leurs avantages sociaux », me déclare alors, lapidaire, Haci Karacaer, représentant des 30 000 âmes de la communauté turque Millî Görüş d'Amsterdam.

Au cours des siècles, pourtant, les Pays-Bas ont pu s'enorgueillir d'une tradition d'accueil exceptionnelle. Peuple de marchands et de pasteurs, ayant réussi l'étonnante alliance de l'ouverture sur le monde et d'un calvinisme rigoriste, les Hollandais ont su accueillir les huguenots français, les Juifs et les esprits libres qui, de Bayle à Descartes, fuyaient la censure. Aussi, quand dans les années 1960 et 1970, pour des raisons largement humanitaires, les partis décident le regroupement familial pour les travailleurs immigrés de Turquie ou du Maroc, en même temps que cela se produit en France et à travers toute l'Europe de l'Ouest, personne n'y trouve rien à redire. Les Néerlandais pensent que le système de « piliers » communautaires – protestant, catholique, juif et maintenant gay – qui caractérise leur société, et a permis de pacifier le pays à l'époque des guerres de Religion, s'adaptera, en créant un pilier supplémentaire musulman... Leur vision est irénique. Loin de freiner le mouvement, ils encouragent la communautarisation, les écoles islamiques et l'immigration extra-européenne. Pendant les années 1980 et 1990, parler des défauts de la politique du regroupement familial devient d'ailleurs un sujet tabou, un peu comme en France. Les politiques voient certes monter les statistiques de l'échec scolaire des immigrés, les tensions entre communautés et la criminalité. Mais personne n'ose parler de la panne de l'intégration par « esprit d'ouverture ». Les Néerlandais s'offensent même de voir des pays dits plus « régaliens », comme la France, dénoncer une forme de naïveté politique, voire de démission sur le contrôle des frontières et des mosquées, me racontent les diplomates français. Présentant les banlieues de la région parisienne comme un contre-exemple, les Pays-Bas se pensent protégés par leur modèle humaniste et leur prospérité économique, dont ils font leur principal instrument intégrateur.

Mais la mort de Fortuyn change la donne. Découvrant qu'elle abrite 17 % d'allochtones[1] sur son territoire, dont une communauté de 900 000 musulmans, la Hollande décide de voter un arsenal de lois élaboré par les chrétiens-démocrates et le parti de Fortuyn au Parlement avec l'appui des libéraux, dans le but de durcir les procédures d'entrée aux Pays-Bas. Des cours d'intégration sont mis en place. Soudain, le monde politique ne parle plus que de défendre les « valeurs néerlandaises » et d'« instaurer une distinction très claire entre tolérance et laisser-faire », note l'universitaire néerlandais Paul Scheffer, qui a été le premier à écrire que « le modèle multiculturel est en crise[2] ». Même la gauche souscrit en secret aux propositions retenues, nous confie alors René Cuperus[3], historien et directeur scientifique du principal institut de recherche du Parti travailliste. Dans une longue et passionnante interview, il évoque même, très inquiet, un scénario d'évolution « à l'algérienne » pour l'avenir, si rien ne change : « Qui sait si nous ne serons pas obligés de sacrifier un jour des éléments de notre démocratie pour préserver nos valeurs libérales, si nous ne faisons pas attention », s'interroge-t-il, en évoquant le facteur démographique. À l'époque, la comparaison

1. Allochtone : expression utilisée aux Pays-Bas et en Belgique pour désigner des personnes d'origine étrangère, en réalité des personnes dont au moins un parent est né à l'étranger, selon la définition du ministère de l'Intérieur néerlandais.

2. Paul Scheffer, interview avec l'auteur, printemps 2002.

3. René Cuperus, interview avec l'auteur, printemps 2002.

m'abasourdit par son audace et son pessimisme, très peu politiquement corrects. Je me dis que les socialistes français ne se risqueraient pas à un tel parallèle !

Pendant les deux ans qui suivent, le volcan des questionnements identitaires continue de bouillonner largement aux Pays-Bas, notamment sous l'influence de la députée libérale d'origine somalienne Ayaan Hirsi Ali, nouvelle star de la politique néerlandaise. « Les Pays-Bas se sont vus comme un modèle de tolérance, mais cantonner les immigrés dans leurs communautés, laisser les femmes musulmanes prisonnières du carcan fondamentaliste et de l'excision, est-ce de la tolérance ou de l'aveuglement ? » tempête la jeune femme, qui appelle à ouvrir les yeux sur les îlots islamisés qui se sont créés au cœur de la société néerlandaise.

Son discours très critique sur l'islam et très exigeant sur les accommodements qu'il devrait consentir pour s'adapter à la démocratie commence toutefois à susciter une vague de mécontentement dans les milieux islamistes, et même chez les musulmans plus modérés, qui accusent la parlementaire d'enflammer inutilement le débat. Mais Hirsi Ali, qui fait l'objet de menaces et a dû être placée sous protection policière vingt-quatre heures sur vingt-quatre, persiste et signe, poursuivant son combat avec l'aide de ses deux amis, le cinéaste Theo Van Gogh et le député Geert Wilders – qui appartient à la même faction qu'elle au sein du parti libéral VVD. En 2004, Hirsi Ali et Van Gogh signent un court métrage en forme de pamphlet cinématographique destiné à dénoncer les versets du texte sacré qui appellent à user de violence envers les femmes. Rendu public en août, il fait scandale. Puis, le 2 novembre, un musulman néerlandais originaire du Maroc, Mohammed Bouyeri, poignarde à mort le cinéaste en plein

Amsterdam, laissant une dague plantée dans sa poitrine avec un message adressé à Ayaan Hirsi Ali. Il y explique avoir commis le meurtre à cause du film, et appelle au djihad contre les infidèles à travers l'Europe et les États-Unis. Le choc est terrible, comme une irruption moyenâgeuse dans le monde douillet de la modernité, version hollandaise. Frappés à nouveau au cœur, des dizaines de milliers de Néerlandais se rassemblent dans le centre d'Amsterdam pour pleurer le cinéaste. Bouyeri est arrêté et condamné à la perpétuité, tandis que sept autres musulmans accusés de complot en vue d'assassiner la députée sont également interpellés. La Hollande plonge dans une colère froide. Près de 90 % des Néerlandais affirment indispensable de renforcer la lutte contre le terrorisme, même au détriment des libertés individuelles, selon un sondage publié à l'époque par les journaux régionaux.

Pourtant, peu à peu, la classe politique et le pays prennent peur ; peur sans doute du glissement dans la confrontation – que beaucoup évoquent aujourd'hui en France pour justifier la remise en cause des positions d'Éric Zemmour. Comme elle nous le racontera elle-même par la suite, Hirsi Ali se retrouve progressivement lâchée par ses pairs du parti libéral, et isolée politiquement. Les réflexes d'apaisement, très présents dans la culture du consensus néerlandais, reprennent le dessus. Quand il apparaît que la jeune femme avait modifié certaines informations sur son état civil pour obtenir la nationalité néerlandaise, elle se voit signifier qu'on n'assurera plus sa sécurité, malgré la fatwa dont elle fait l'objet. « Un prétexte pour me pousser dehors », me confiera-t-elle lors d'une interview en 2007, parlant de lâcheté de la classe politique. Après avoir envisagé de s'installer en France, où le président Sarkozy a dit vouloir l'accueillir, elle opte finalement pour Washington[1]. Aux Pays-Bas, on cherche à apaiser les esprits, notamment par la mise en avant d'exemples réussis d'intégration, dont celle du maire travailliste de Rotterdam, Ahmed Aboutaleb – descendant d'immigrés marocains, élu et réélu depuis 2009, qui finira par prendre la tête du Parti travailliste. Les grands partis s'efforcent de passer à autre chose et d'enfouir le conflit.

La Hollande des oubliés

Mais le pays n'a pas oublié. Dans les années qui suivent, alors que Geert Wilders reprend le flambeau de la bataille menée par Fortuyn et Hirsi Ali, on voit se coaliser autour de lui une sorte d'arc-en-ciel des colères à travers le pays, quand il quitte le parti libéral VVD et crée le Parti pour la liberté PVV, devenant le tribun populiste anti-immigration et anti-islam de la Hollande. Caricatural, simpliste, il n'est pas majoritaire, loin de là, car les Néerlandais sont des modérés, des pragmatiques, qui ne voient pas en lui une solution alternative sérieuse et s'accommodent du statu quo, voyant que globalement leur pays reste prospère et apparemment stable. C'est surtout dans le pays profond que le discours de Wilders trouve un écho, dans la Hollande des oubliés des campagnes ou des villes désindustrialisées, qui rappelle la France périphérique et l'Amérique trumpienne que j'ai arpentées.

1. Ayaan Hirsi Ali vit aux États-Unis depuis 2007. Elle a passé cinq ans au sein du think tank conservateur American Enterprise Institute avant de créer sa propre fondation pour aider les femmes à se défendre contre l'emprise de l'islam militant.

Mais le camp Wilders est en réalité plus divers, me confie en 2017 le journaliste du quotidien *De Telegraaf* Wierd Duk, qui, après des années à couvrir la Russie, puis l'Allemagne, s'est plongé dans l'observation attentive de la crise que traverse son pays. Avec l'approbation de son journal, il raconte qu'il a lancé un appel sur Twitter aux électeurs du PVV pour qu'ils lui expliquent leur vote. « J'ai découvert que, loin d'être constitué seulement d'hommes blancs pauvres et non éduqués, le camp Wilders comptait des chefs d'entreprise, des femmes, des immigrés, des universitaires... Ils sont loin d'être d'accord avec tout ce qu'il dit, mais sont désespérés de ne trouver aucune réponse chez les autres candidats sur des problèmes d'intégration évidents. Il y a de plus en plus de burqas, d'incidents... Les Juifs n'osent plus porter la kippa et certains quittent le pays. C'est un peu comme en Amérique avec Trump ou en France avec Le Pen. Les politiques et les médias refusent de regarder ces sujets en face, ouvrant un boulevard aux populistes », analyse-t-il. Joost Niemöller, un écrivain qui a publié un livre intitulé « Colère », visant à décrire cette révolte, parle d'« un séisme culturel ». « Les gens voient ce qui se passe comme quelque chose d'existentiel. Ils voient que nous sommes tolérants avec les intolérants », déclare-t-il. C'est aussi l'avis de Shirin Musa, une jeune Pakistanaise néerlandaise dont l'association Femmes for freedom mène un combat courageux contre l'islamisme aux Pays-Bas. Elle se bat notamment contre la mutilation génitale des jeunes filles, qui est prêchée dans certaines mosquées, sans que rien se passe. Après une bataille ardue, elle a réussi à porter devant les tribunaux l'imam d'une grande mosquée salafiste de La Haye, qui a été condamné à quatre-vingts heures de travaux d'utilité publique pour avoir prêché la mutilation. Mais Shirin Musa affirme que ces procédés, de même que la polygamie et l'enfermement des femmes, restent monnaie courante aux Pays-Bas et se développent au sein « d'une société parallèle » à l'abri des regards. « C'est au nom du principe de liberté de religion que les mairies ferment les yeux », s'indigne-t-elle, parlant d'un terrorisme de l'intime[1].

En 2017, une autre inquiétude se fait jour face à l'émergence du parti communautariste Denk, qui vise à défendre les intérêts immigrés, essentiellement turcs et marocains, avançant des revendications identitaires, comme la mise en place de services de traduction turcs ou arabes dans les hôpitaux. « Il faut apprendre le néerlandais », s'insurgent les partisans de Wilders. Un sympathisant turc de ce parti, Cemil Yilmaz, activiste turc néerlandais que je rencontre, défend néanmoins le principe de ce parti communautariste pour les musulmans, estimant que « la société doit comprendre que nous faisons partie du corps social et que nous défendrons nos intérêts ». Entre Denk et le PVV, qui prône au contraire une approche nationale, c'est le dialogue de sourds. Il en dit long sur le potentiel de polarisation et la montée des incompréhensions au pays de Spinoza et de la libre-pensée.

La question de la nation

En 2019, les Pays-Bas voient surgir un personnage qui paraît susceptible de porter avec plus de succès et de substance que Geert Wilders le flambeau de la révolte antiglobalisation qui gronde. Il s'agit du jeune

1. Shirin Musa, entretien avec l'auteur, 23 avril 2021.

et flamboyant Thierry Baudet, universitaire néerlandais d'origine française aux allures de dandy, qui se définit comme un « conservateur socio-libéral ». Auteur d'un essai remarqué, « L'Attaque contre l'État-nation » (2012), ce brillant docteur de l'université de Leyde prône la réaffirmation de l'identité nationale face au péril du multiculturalisme et de la construction d'une Europe fédérale ; projet qu'il voit comme une version moderne de l'Empire romain et un péril pour la démocratie. La comparaison de l'UE avec l'Empire romain, qui avait la force du glaive contrairement à l'« empire européen », essentiellement économique et normatif, me paraît peu convaincante. Mais, dans un pays devenu méfiant à l'égard de la bureaucratie bruxelloise, la critique d'une Union qui se projette dans un monde postnational, elle, fait mouche. Prônant pour sa part un nationalisme « inclusif et tolérant », Baudet s'insurge contre une Europe qui s'est mise à encourager ouvertement l'immigration de masse et contribue donc à accroître les difficultés de l'intégration. « Il y a des écoles aux Pays-Bas où nous n'enseignons plus la Shoah parce que les enfants d'immigrés font un lien direct entre leur situation et celle des Palestiniens à Gaza », déclare-t-il au député français Jean-Louis Bourlanges lors d'un débat commun[1] – une préoccupation qui fait évidemment écho à la situation qui prévaut dans les banlieues françaises. « Les États ont les compétences pour agir. S'ils ne le font pas, c'est par un manque de volonté politique imputable à un mélange de mauvaise conscience et de couardise », poursuit Baudet. Supporter de Donald Trump, il dénonce aussi « l'hystérie

1. Débat entre Jean-Louis Bourlanges et Thierry Baudet, *Le Point*, 2 juillet 2015.

anti-Poutine » des Occidentaux, sans doute par admiration pour le discours nationaliste décomplexé du maître du Kremlin. Sur la nation comme sur Poutine, il rejoint très clairement l'approche d'Éric Zemmour, qui l'a d'ailleurs déjà rencontré. En 2015, le chroniqueur vedette du *Figaro* signe une critique élogieuse du livre de Thierry Baudet dans *Le Figaro* sous le titre « Recherche frontières désespérément », saluant sa conception de l'État-nation « théorisée par Jean Bodin, mise en œuvre par Richelieu, défendue sans discontinuer par nos rois, nos empereurs et nos Républiques jusqu'au général de Gaulle, et dont on entend l'écho mélancolique dans la superbe campagne référendaire de Philippe Séguin contre le traité de Maastricht, en 1992[1] ».

Ce positionnement nationaliste va permettre au parti du jeune politicien néerlandais, Forum pour la démocratie, de faire une percée spectaculaire aux élections sénatoriales de mars 2019, quelques jours après un attentat terroriste dans un tramway – lors duquel un islamiste néerlandais d'origine turque tue trois personnes. À l'annonce des résultats, il se décrit avec une ironie nostalgique comme « un vainqueur au milieu des ruines d'une belle civilisation ». Dans la classe journalistique hollandaise, beaucoup pronostiquent alors qu'il sera le prochain Premier ministre. L'historien français Christophe de Voogd le compare à l'époque à un « mélange de Marion Maréchal, Marine Le Pen, Éric Zemmour, Régis Debray et Pim Fortuyn » ; une sorte « d'animal politique non identifié » ! Mais, en quelques mois, le jeune « prodige » va dilapider ses chances politiques. Son trésorier, cofondateur du parti,

1. Éric Zemmour, « Recherche frontières désespérément », *Le Figaro*, 1er avril 2015.

quitte le parti, accusé de malversation, pour créer un parti concurrent plus modéré, JA21 – Juiste Antwoord 2021, « Juste réponse 2021 » –, après un désaccord avec Baudet sur les relations que ce dernier entretiendrait avec un proche de Vladimir Poutine. Plus récemment, la mise en cause de son plus proche collaborateur, Freek Jansen, pour des tweets louant les succès du régime hitlérien ainsi que des commentaires antisémites formulés sur un groupe WhatsApp, l'atteint durement. Dans la presse, Freek Jansen est présenté comme un adepte de l'Alt-right et du « grand remplacement » de la race blanche. Que cache exactement l'incident ? Quelle force se cache précisément derrière ce que l'on appelle l'Alt-right, une nébuleuse qui a aussi ses adeptes aux États-Unis – où elle reste cependant très marginale ? Influence-t-elle la vision de Baudet qui parlait jusqu'ici de son engagement pour un nationalisme conservateur et modéré ? Les adversaires de Baudet se sont évidemment engouffrés dans la brèche du scandale pour affirmer que le continuum est évident entre son mouvement et les mouvements racistes néonazis. La presse, elle, évoque l'affaire dans le contexte d'incidents et de manifestations devant des mosquées, organisées par le mouvement anti-immigration Pegida, importé d'Allemagne. Mais ces tendances sont-elles liées ? Exagérées ? Dans tous mes reportages, je bute sur la difficulté d'évaluer la réalité de cette menace extrémiste, qui semble rester marginale, même si elle ne doit pas du tout être sous-estimée. Il est clair qu'elle est en tout cas constamment instrumentalisée pour diaboliser la peur du choc de civilisations qui habite la majorité de ceux qui se portent vers Wilders et vers Baudet.

Alors qu'il prend ses distances mais fustige les médias, les accusant d'avoir instruit un procès injuste contre son collaborateur, Thierry Baudet se voit forcé de se séparer de certaines de ses troupes. Son côté narcissique et provocateur d'homme à femmes et à frasques va aussi être utilisé par ses adversaires. Puis, alors que la pandémie de Covid-19 fond sur le pays, ses prises de position antivax, au départ jugées rafraîchissantes pour mettre en garde contre les dangers d'un État sanitaire tout-puissant, tournent à l'obsession, lui ôtant toute crédibilité. Il parle très sérieusement d'un complot mondial visant à établir un État de surveillance numérique omniprésent. Son taux de popularité s'effondre, tandis que le parti JA21 monte et que Geert Wilders reprend des forces...

En mars 2021, l'éparpillement du vote populiste et nationaliste conduit à nouveau le libéral Mark Rutte à la victoire – à laquelle j'assiste depuis Amsterdam, alors confiné et vidé de ses habitants. La Covid-19 a poussé beaucoup de Néerlandais à reconduire l'indéboulonnable Premier ministre, malgré les scandales qui ont émaillé son ministère depuis dix ans. Il prend la tête d'une coalition qui inclut le parti post-soixante-huitard D66 ; mouvement de cadres urbains prêts à embrasser avec vigueur les combats sociétaux de la gauche identitaire : antiracisme, théorie du genre, euthanasie facilitée.

À Renkum, où il est installé, dans la Hollande « du bas », le géographe de gauche Ewald Engelen – auquel je rends visite, à une centaine de kilomètres d'Amsterdam – dénonce la collusion des néolibéraux et des « progressistes » de gauche, qui ont totalement abandonné les classes populaires à leurs problèmes, préférant défendre les minorités sexuelles et raciales. « Il n'y a plus de gauche aux Pays-Bas, note-t-il, soulignant qu'on ne trouve pas d'économistes travaillant sur les inégalités sociales. L'un des gros problèmes est que les élites politiques et intellectuelles ont systématiquement refusé de s'interroger sur les mouvements populistes que portent Baudet et Wilders. Même chose pour les protestations anti-Covid qui reflètent une vraie souffrance et une position de principe. Ils préfèrent dire que ces mouvements manquent de goût ou sont dangereux », note-t-il. Une réflexion qui, un an plus tard, trouve une résonance particulièrement intéressante dans « les convois de la liberté » des camionneurs canadiens et ceux qui les rejoignent à travers l'Amérique et l'Europe. Auteur d'un livre féroce, « Dix ans de Rutte », sur le bilan néolibéral du Premier ministre, ce géographe de gauche que beaucoup de journalistes néerlandais comparent au Français Christophe Guilluy accuse aussi le chef du gouvernement d'avoir sauvé les intérêts des grandes banques néerlandaises impliquées dans la débâcle des *subprimes* après 2008, en faisant payer la note aux classes moyennes et populaires. Pour lui, le fossé se creuse « dangereusement » entre la Hollande des grandes villes et le pays périphérique.

Le politologue Caspar Van den Berg, un descendant du médecin privé de Charles Louis Napoléon Bonaparte que je vais voir à La Haye, estime de son côté que seule la Covid-19 peut expliquer « l'énigmatique persistance » de la popularité de Rutte. Il affirme, comme Engelen, que, derrière sa longévité impressionnante, se cachent une vraie crise du système politique néerlandais et « des fractures profondes entre un arc de cercle urbain, riche et progressiste, tournant autour d'Amsterdam, et un pays profond qui décroche ». L'affaiblissement des partis traditionnels qui organisaient la politique néerlandaise en piliers communautaires, dont la fonction était d'assurer un aller-retour efficace entre les hautes sphères et la base, ne permet plus de pratiquer « la politique par consensus », qui servait de ciment politique au pays depuis des siècles, estime-t-il. « Le fer à cheval situé autour d'Amsterdam, qui représente 20 % de la population et est aux commandes, n'a plus idée de ce qui se passe en province. » C'est aussi la thèse d'un livre de René Cuperus et Josse de Voogd, deux intellectuels qui ont publié très récemment un « Atlas des Pays-Bas désengagés ». Ils y expliquent, comme Van den Berg, que « la démocratie parlementaire ne fonctionne pas bien pour tout le monde », favorisant « une démocratie des diplômés », dont bénéficient en priorité le centre et l'est du pays. Ces Pays-Bas riches, poursuit René Cuperus – le même Cuperus qui m'avait dit toute son inquiétude en 2002 sur l'évolution démographique et communautariste du pays –, ont élaboré un programme qui satisfait la droite économique libérale et la gauche culturelle, alors que les « désengagés » attendent l'inverse : un virage à gauche socio-économique et un conservatisme culturel de bon sens. J'ai l'impression, en lisant ses propos, de revivre les débats américains et français, à la virgule près.

Un monde sans sexes

Les Pays-Bas sont à l'avant-garde de la révolution sociétale, dont j'ai longuement parlé dans mon chapitre sur la crise américaine et dont je serai aussi amenée à parler dans mon chapitre français puisque Éric Zemmour en a fait sa cible. J'en ai un aperçu à l'été 2020 quand, en pleine crise de la Covid-19, *Le Figaro* me demande d'aller enquêter à Amsterdam sur la réforme révolutionnaire que vient d'annoncer le gouvernement néerlandais : la suppression de la mention du sexe sur les cartes d'identité. Dans une lettre expédiée au Parlement, dans une indifférence journalistique et politique frappante, la ministre Ingrid van Engelshoven, en charge du portefeuille de l'Émancipation, annonce en effet la disparition de la mention du féminin et du masculin sur les cartes d'identité néerlandaises « à partir de 2024-2025 ». Il s'agit d'une inscription « inutile », déclare-t-elle de manière catégorique. Soucieux de faire passer en douceur cette mesure pourtant révolutionnaire, le gouvernement invoque l'argument de la « lourdeur bureaucratique » qu'impliquerait l'obligation de mentionner le sexe à tout propos ! Mais la vraie raison de cette révolution sociétale est de répondre aux revendications politiques des minorités sexuelles LGBTQI+, dont certaines – comme les transgenres, ou plus spécifiquement les transgenres « non binaires » – qui ne se sentent ni hommes ni femmes ne se reconnaissent pas dans la « structuration » de la société autour du masculin et du féminin – sans se préoccuper de savoir si la majorité de la population est d'accord avec ce qui s'apparente à une véritable révolution anthropologique ! « Les citoyens doivent pouvoir façonner leur propre identité », écrit sentencieusement la ministre, qui a mis le sujet sur l'agenda de la coalition gouvernementale. Le terme « façonner » semble indiquer qu'Ingrid van Engelshoven a lu la philosophe américaine Judith Butler, qui clame que le genre est un fait social et un acte « performatif », et non une donnée biologique. Les transgenres, dont la comptabilisation reste très floue, représenteraient entre 0,6 % et 2,6 % de la population néerlandaise.

Covid-19 oblige, c'est sur Skype, depuis ma chambre d'hôtel, que je rencontre Brand Berghouwer, président de la Fondation transgenre des Pays-Bas. Comme prévu, il soutient le projet gouvernemental. « Notre fondation vise à améliorer la vie des transgenres. Mais nous souhaitons que toute la société soit plus détendue et plus libre vis-à-vis des normes de genre. Si, par exemple, un homme veut porter des robes, cela devrait être OK, pour créer une société plus accueillante pour tous », déclare l'activiste, qui a fait sa transition de femme à homme il y a quelques années. Il s'empresse de souligner que « le fait de supprimer la mention du genre ne vise pas à aller vers la neutralité de la société » et que « la différenciation homme-femme persistera ». « La décision du gouvernement vient de ce que la mention du genre sur les cartes d'identité n'est absolument pas nécessaire », ajoute-t-il, ignorant sans ciller la nécessité de pouvoir tenir registre des hommes et des femmes – en matière de santé, de droit de la famille, de mariage, de statistiques les plus élémentaires, etc. Son argumentation est lapidaire : « Il n'y a pas de raisons légales, tout le monde est égal. Toute personne au-dessus de 18 ans peut se marier, que ce soit un homme ou une femme. Pourquoi le préciser ? » Ne croit-il pas à l'importance de la filiation du père et de la mère ? Brand s'étonne : « Pourquoi la filiation est-elle importante ? Peut-être que l'homme n'était pas fertile et a utilisé le sperme d'un autre. Peut-être que la mère est un homme. Des hommes "trans" ont eu des enfants. Il serait logique d'enregistrer le parent qui vous a porté comme parent 1. Et on peut ajouter un parent 2 », poursuit-il.

J'ai l'impression effrayante d'être transportée dans un monde virtuel, où plus rien n'existe ni n'a d'importance, même les évidences les plus fondamentales. Ce que dessine Brand à travers son flot d'« arguments », c'est au fond la déconstruction du monde tel qu'il tourne depuis des millénaires, la suppression des genres au profit d'un univers confus, où plus personne ne sera sûr de rien, au nom des droits individuels. J'insiste : n'y a-t-il pas des réalités biologiques qui ne peuvent être occultées ? « Nous y voilà ! s'exclame Brand en riant. Vous, les Français, vous êtes tellement genrés. C'est peut-être dû à votre langue, qui insiste tant sur les accords du féminin et du masculin ! »

En réalité, c'est à la structure familiale classique et, au-delà, à la place de l'homme et du « patriarcat » que veulent s'en prendre les déconstructeurs du genre. Les explications de la « philosophe activiste » « queer » néerlandaise Simone van Saarloos à propos de son livre *Herdenken Herdacht* (2019) sur l'« oubli queer » sont à cet égard claires et assez glaçantes : « La structure de la famille, c'est transmettre. C'est le patriarcat. Moi, je veux casser ça. Nous avons besoin de l'"oubli queer", pour casser ces habitudes. C'est une stratégie : oublier de créer une famille et de passer un héritage. Oublier nous donne un potentiel de radicalité, la possibilité d'une page blanche », s'enflamme-t-elle. Une rhétorique qui rappelle « l'URSS des années 1920, quand il fallait détruire la famille bourgeoise et "nationaliser" la femme soviétique au service du Parti et du bonheur du prolétariat », commente la russologue française Françoise Thom. « Il y a évidemment un côté révolutionnaire néomarxiste dans cette idée de suppression progressive des genres masculin et féminin, note aussi Wierd Duk, grand reporter à *De Telegraaf*[1]. Cette idéologie est née de l'individualisme forcené des années 1960 et du postulat que tout est social. Cela mène à l'idée qu'on peut

1. Wierd Duk, conversation avec l'auteur, été 2020.

faire aboutir tous nos désirs puisque les normes de la nature ne sont pas reconnues, notamment la binarité homme-femme. Et, s'il le faut, on utilise une forme de contre-science », dit-il. Très critique, l'ancien criminologue et chroniqueur Chris Rutenfranz pose la question de savoir où s'arrête la satisfaction des « droits ». « Est-ce qu'on peut décider de changer son âge sur ses papiers, comme l'a récemment demandé un certain Emile Ratelband, car il se sentait offensé d'être vieux ? » s'interroge-t-il[1].

Quelles autres limites faut-il encore abolir ?

Le philosophe transsexuel Maxim Februari, que je vais voir à Buren, dans une petite ville médiévale tranquille où il s'est installé, pense que cette révolution du genre qui veut nier les sexes va beaucoup trop loin. Les transsexuels ont trop souffert à la fois moralement, physiquement et socialement pour ne pas être attachés à la sexuation qui est la leur, dit-il. « Je revendique la belle lettre M, pour masculin ! » lance Februari, parlant d'un problème « médical » et se désolidarisant « des trans non binaires – un très petit groupe – qui ont des doutes sur leur identité et jouent avec leurs corps et leurs vêtements ». « Les non-binaires ont une revendication beaucoup plus politique : ils remettent en cause la société, la masculinité... Pas nous ! Ils veulent gagner en supprimant le genre et affirment que nous sommes tous non binaires ! s'insurge Februari. Je pense que la philosophe Judith Butler a fini par s'inquiéter de l'éradication du genre et de la promotion de la "neutralité".

1. Chris Rutenfranz, conversation avec l'auteur, été 2020.

Elle a pris peur après avoir semé la tempête », ajoute-t-il, notant qu'elle a tenté ensuite de se désolidariser de cette tendance nihiliste. Plus largement, Februari, qui soutient les revendications du mouvement Black Lives Matter sur la question des discriminations, se dit néanmoins très inquiet de voir apparaître dans les mouvements de « justice sociale » « des franges extrémistes effrayantes ». « Pourquoi la majorité cède-t-elle sous leur pression ? C'est une vraie question. La presse joue évidemment un rôle essentiel. C'est pour cela que je vous parle. Il n'y a pas de débat aux Pays-Bas sur la question qui vous amène », dit Maxim Februari qui, clairement, le regrette.

Geerten Waling, jeune historien spécialiste de la révolution de 1848, note qu'« en raison d'une tradition politique qui a toujours donné la priorité à la conscience individuelle et au combat avec les institutions de pouvoir, les gouvernements néerlandais adoptent généralement les changements demandés sans discussion, pour pacifier ». « En 1848, il n'y a pas eu de soulèvement aux Pays-Bas. Mais les conséquences ont été plus drastiques qu'ailleurs. Nous sommes un pays sans idées. Mais nous agissons de manière révolutionnaire », résume Waling. Il s'inquiète de l'absence de débat, qui « pose problème, car elle accroît le fossé entre les gens simples, qui voient la réalité changer et ne reconnaissent plus leur monde, et des élites, qui, loin de donner voix au mécontentement, cèdent aux minorités les plus actives ». « Si ça continue, nous aurons un retour de bâton », prédit-il[1].

Tout en se disant sensible aux problèmes des transgenres, Raisa Blommestijn s'est lancée à sa manière

1. Geerten Waling, conversation avec l'auteur, été 2020.

dans la bataille culturelle qui fait rage – pour réagir justement. Pour cette jeune doctorante de l'université de Leyde, qui écrit sa thèse sur la République de Weimar, « la question des cartes d'identité s'inscrit dans un contexte plus large, où de bonnes causes, comme la lutte contre le racisme ou le mouvement MeToo contre le sexisme, ont débouché sur un agenda ultraradical qui s'en prend aux fondements de la société occidentale ». « C'est très extrême, cette volonté de nier le genre ! Beaucoup de gens sont contre. Mais la pression est trop forte pour qu'ils osent s'exprimer, car ils sont aussitôt traités de transphobes », constate-t-elle, décrivant ce qui ressemble de plus en plus à une police de la pensée, très semblable à celle qui sévit sur les campus américains. La jeune universitaire a réagi en rédigeant, avec des collègues, un manifeste en faveur de la liberté de parole, sur le modèle de la lettre publiée dans *Harper's Magazine* par des universitaires américains[1]. Signé par 90 personnalités, ce manifeste a reçu 9 000 soutiens en trois jours : « Un vrai succès », se réjouit Blommestijn, convaincue que l'Occident « est à un tournant et doit réagir ». Elle évoque un climat idéologique très orienté sur les « luttes intersectionnelles » et mentionne en riant l'ouverture de toilettes neutres à l'université, où elle ne voit « jamais personne entrer ». Pour Blommestijn, il est évident que l'idéologie qui sous-tend la décision sur les cartes d'identité « a pour cible la famille traditionnelle » et « l'homme blanc », qui dominerait tous les autres – une approche qu'elle récuse comme dangereuse. Récemment, un tweet « significatif » a fait grand bruit sur les réseaux sociaux

1. Le 7 juillet 2020, sous le titre : « A letter on Justice and Open Debate ».

car il montre la photo d'un homme trans enceint et barbu – c'était jusqu'ici une femme, mais il est en « transition ». « C'est très révélateur : on s'en prend à la plus évidente spécificité de la femme, à savoir la maternité, pour nier toute différence ! » décrypte Blommestijn. Le théologien protestant Theo A. Boer reste confiant, persuadé que « le vent tournera » et que cette construction idéologique s'effondrera comme un château de cartes. « Cette période baroque », où l'on décide d'imprimer des cartes d'identité neutres et où certains transgenres en viennent à se faire appeler « eux-elles », pour montrer leur non-binarité, « sera réévaluée », pense-t-il, pariant qu'on reviendra aux mentions du masculin et du féminin parce que ces catégories sont éternelles.

En attendant, le gouvernement Rutte avance dans sa politique de déconstruction. Au mois de février 2022, un projet de loi a été introduit au Parlement visant à permettre à n'importe quel citoyen néerlandais de se rendre à la mairie, à partir de l'âge de 16 ans, pour changer son sexe sur son passeport. Aucun contrôle médical ni avis d'expert ne sera nécessaire pour effectuer cette modification. Une perspective proprement kafkaïenne, qui revient à remplacer les limites naturelles par une toute-puissance sans limites de l'individu, livré à tous ses désirs.

« Nous sommes devenus une "colonie intellectuelle" des États-Unis », constate, cinglant et ironique à la fois, un observateur néerlandais, en commentant ce nouveau projet tandis que le journaliste Martin Sommer, dans le quotidien *de Volkskrant*[1], s'indigne « du silence

1. Martin Sommer, « Changement de sexe par changement d'adresse », *de Volkskrant*, 4 février 2022.

assourdissant » dans lequel cette véritable révolution sociétale est en marche. Il affirme que le parti D66, responsable de cette proposition, veut même aller encore plus loin et suggérer d'autoriser le changement de sexe sur les papiers d'identité à partir de… 12 ans.

Le spécialiste de la Hollande Christophe de Voogd pense que cette tendance s'explique par la force du protestantisme dans les mentalités hollandaises qui ouvre la porte à « un néopuritanisme » militant qui veut laisser toute la place à l'expression des revendications des minorités. Lors des « Conversations Tocqueville » de septembre 2021[1], le politologue américain Yascha Mounk avançait lui aussi cette hypothèse pour expliquer la force du mouvement *woke* aux États-Unis et la résistance qu'il rencontre en France. Il émettait l'hypothèse que notre passé catholique nous préservait partiellement de ce rapport obsessionnel à la recherche de la pureté et l'obsession de la culpabilité, qui seules peuvent expliquer une telle rage de destruction de « l'ordre ancien ». À moins que les Français ne soient en retard de cinq ans sur les États-Unis, comme c'est souvent le cas pour les évolutions sociétales, ajoutait-il, se disant incapable de trancher entre les deux explications.

Kleis Jager, le correspondant du journal *Trouw* à Paris, souligne qu'en dehors de quelques articles critiques, l'affaire ne mobilise en tout cas pas plus que la suppression de la mention du sexe sur les cartes d'identité, il y a deux ans. « Tout le monde veut être vertueux,

1. Coorganisées par la Fondation Tocqueville et *Le Figaro* avec la collaboration de la Friedrich Naumann Foundation for Freedom, les « Conversations Tocqueville » sont une conférence annuelle sur la démocratie. En septembre 2021, l'édition était consacrée au futur de la démocratie en Amérique.

aux Pays-Bas, et c'est la peur d'être jugé, d'apparaître intolérant, qui empêche tout débat, note le journaliste. Mais, surtout, les Néerlandais sont très pragmatiques. Ils ne voient pas en quoi cette décision pourrait nuire à leur vie, donc ils l'acceptent sans discuter. Le climat est anti-intellectuel chez nous », dit Jager[1]. Ce correspondant à Paris dit observer que, de ce point de vue, la France est bien plus résistante, en raison d'« un débat intellectuel et philosophique nourri » qui se manifeste jusqu'au cœur de la campagne présidentielle française. En l'écoutant, je perçois presque une forme d'envie dans son constat. Je me dis que notre tradition d'esprit critique est une force dans la crise véritablement existentielle que traverse toute l'Europe, même si notre aveuglement sur Poutine incite à tempérer cet optimisme.

À travers l'Europe, nos quatre défis majeurs

Peu à peu, dans mes périples, j'observe combien ces ébranlements néerlandais sont en réalité européens. Tous les pays d'Europe, à l'Ouest comme à l'Est, se retrouvent confrontés, bien qu'à des degrés divers – et avec des singularités propres à leur histoire et à leurs circonstances –, à des révoltes « à la Trump ». Elles se structurent autour de quatre thèmes clés : le fossé béant entre « pays d'en haut » et « pays d'en bas » qui se creuse à la faveur de la mondialisation et de la poussée migratoire ; le défi de l'islam ; la question du retour à la nation et à l'identité nationale – sujet qui pousse les élites à s'interroger sur les risques possibles de dérapage vers une forme de nationalisme ethnique, même s'ils ne

1. Entretien avec l'auteur, janvier 2022.

se manifestent pour l'instant que marginalement ; et, enfin, depuis peu, la gageure que représente l'idéologie destructrice et culpabilisante de la « justice sociale », dite « intersectionnelle », qui, au nom d'une lutte légitime contre les difficultés et discriminations que subissent encore trop souvent les minorités, pourrait miner les fondements de nos sociétés et de nos systèmes politiques. S'y ajoute, depuis la pandémie de Covid-19, un nouveau ressort très important qui accentue encore la rupture entre l'élite technocratique et le peuple : le rejet farouche par une partie des citoyens de l'État « despote sanitaire », adossé à la puissance technologique de la tech, qui prétendrait s'immiscer dans notre quotidien dans la durée, au nom de la lutte contre le virus. Le mouvement des antivax et le vent de révolte qu'incarne le mouvement des camionneurs canadiens contre le maintien des obligations de port du masque et les passes sanitaires opèrent d'une certaine manière la jonction entre le trumpisme et les Gilets jaunes dans leur rejet partagé de l'État managérial technocratique et du monde virtuel – une tendance à suivre de près.

Ces ressorts de la révolte occidentale, je les retrouve en tout cas partout, pendant mes voyages. À Pise, par exemple en 2018, ancienne ville rouge d'Italie tenue par la gauche pendant soixante ans, où la Ligue nationaliste de Matteo Salvini a raflé soudainement la mise aux élections locales, sur le thème de l'abandon des classes populaires et de l'immigration incontrôlée. À l'approche des élections européennes de 2019, j'y observe clairement les différences d'humeur entre « pays d'en haut » et « pays d'en bas » dans un quartier de HLM et de pavillons de banlieue qui a voté à 40 % pour la Ligue. Ainsi les gérants du café Il Tirreno, Arida Guidi et son mari, entourés de quelques clients qui acquiescent, ne cachent-ils pas « leur exaspération face à la dégradation de la situation », racontant les « batailles répétées entre illégaux » à la nuit tombée devant le bar et la métamorphose de l'endroit avec l'arrivée massive d'étrangers. Arida évoque la pénurie de logements sociaux pour les Italiens de souche pauvres, les campements et détritus dans le square pour enfants, où s'installent les Roms comme en pays conquis, l'absence de la police et le sentiment d'insécurité, qui l'ont fait voter Salvini. « Il faut leur faire peur, montrer les dents », dit-elle.

La vision est tout autre à la faculté de sciences politiques de Pise, dans la vieille ville, où le jeune Paolo, étudiant en relations internationales, dénonce l'idéologie « dangereuse » du patron de la Ligue et affirme qu'il faut « abolir les frontières nationales qui incarnent la haine ». Entre Arida et Paolo, je retrouve ce même désaccord qui existe chez nous entre élites citadines éduquées, aisées et cosmopolites croisant peu de migrants, et les classes populaires ou moyennes vivant au quotidien les difficultés de cohabitation qu'implique le multiculturalisme en période de crise économique. Je rencontre aussi Sergio Cortopassi, ancien maire de Pise et représentant de la vieille gauche traditionnelle italienne, qui connaissait encore le monde ouvrier. « Le problème de la gauche radicale chic actuelle, c'est qu'elle ne sort pas du centre-ville piétonnier, où vivent les riches, les bobos et près de 50 000 étudiants venus de toute l'Italie. Cela faisait des années que je leur disais d'aller voir les quartiers populaires que vous avez visités, pour comprendre comment vivaient leurs électeurs. Mais ils ne l'ont pas fait et la Ligue a pris leur place », résume-t-il, précisant qu'il vit lui-même toujours dans ce quartier et en connaît les problèmes. C'est à peu près le même discours que tient Susanna Ceccardi, jeune pasionaria de la Ligue d'à peine 30 ans, devenue maire de Cascina, à une heure de route de Pise. « Nous avons gagné, parce que la gauche a trahi ses électeurs ; la classe ouvrière est devenue la classe des chômeurs ! Ces derniers ne se sentent plus représentés par un parti qui a soutenu la mondialisation et l'immigration massive », résume-t-elle. Elle précise qu'à Cascina, le chômage tourne autour de 15 %, et autour de 30 % parmi les jeunes. « Les Italiens en ont marre que l'on privilégie les migrants pauvres plutôt que les Italiens pauvres ! » insiste la jeune femme. Du pur Zemmour ?

Le tableau renvoie aux problèmes de la gauche démocrate américaine et de la gauche française, peinant à attirer le vote populaire qui était jadis leur cœur de cible. Il rappelle aussi l'évaluation du géographe néerlandais Engelen sur les humeurs rebelles de Renkum, en Hollande. « Comme Marine Le Pen en France, ou Trump aux États-Unis, Salvini est devenu l'homme qui canalise la grande rage des oubliés », m'explique, au moment de mon voyage de 2019, Marc Lazar, professeur de science politique au Centre de recherches internationales (Ceri) et spécialiste de l'Italie, auteur d'un ouvrage sur la « peuplecratie » (2019). En 2021, celui que l'on appelle « le Capitaine » perd toutefois la main au profit du centriste Mario Draghi, même s'il reste dans sa coalition. Une nouvelle égérie, Giorgia Meloni, patronne du parti d'extrême droite Fratelli d'Italia, semble progressivement sortir des marges où son parti était cantonné et se renforcer. Ce n'est sans doute pas la fin de l'histoire de la révolte nationaliste et « populiste », qui traverse l'Italie.

À Malaga, dans une banlieue populaire de cette ville côtière d'Andalousie, où le parti de droite nationaliste

Vox, proche de la Ligue de Matteo Salvini, a fait une percée spectaculaire en mars 2019, obtenant près de 13 % des suffrages, les habitants du quartier que je visite en pleine campagne des européennes sont catégoriques : ils préféreraient ne plus voir débarquer des milliers de réfugiés d'Afrique du Nord, fuyant guerres et crises, dont les bateaux affrétés par des passeurs accostent sur leurs rives. Au service de l'immigration de la mairie, on m'explique qu'environ 3 000 personnes par mois ont en effet accosté dans les environs, dans les derniers mois. Le rejet de l'immigration n'est néanmoins pas aussi marqué qu'aux Pays-Bas, peut-être parce que les flots de migrants qui remontent d'Afrique ne s'installent pas en masse dans le Sud espagnol, préférant monter vers la France, l'Allemagne et l'Europe du Nord, me racontent plusieurs journalistes locaux. L'immigration vers l'Espagne est en réalité massivement latino-américaine, ce qui suscite moins de tensions sociales et culturelles que dans le reste de l'Europe, note Javier Zarzalejos, directeur de la Faes – Fondation des sciences sociales du Parti populaire. Mais je réalise rapidement aussi que, parmi les électeurs de Vox – le parti de droite nationaliste et conservateur de Santiago Abascal –, on trouve aussi beaucoup d'entrepreneurs et de bourgeois « patriotes » qui, soucieux du face-à-face avec la Catalogne tentée par le séparatisme, disent s'inquiéter pour « l'unité de l'Espagne » et prônent un retour à la nation, qui rééquilibrerait la force centrifuge des régions. « Après quarante ans de démocratie, quelque chose a fondamentalement fait faillite en Espagne et selon moi, ce quelque chose, c'est l'idée nationale », analyse l'historien espagnol José María Marco, pour expliquer la percée de Vox[1]. « Nous avons confondu nation et nationalisme, et semblons incapables d'élaborer une idée du patriotisme comme vertu civique, regrette cet intellectuel aux cheveux blancs et aux yeux réfléchis, derrière ses petites lunettes cerclées, qui a tenté sans succès une candidature aux sénatoriales sous la bannière de Vox. On s'est obstinés dans une tradition qui fait de l'Espagne un problème politique et on a banni la nation de notre vocabulaire et de notre quotidien, sous la pression de la gauche. Les symboles nationaux, comme le drapeau ou l'hymne, avaient été écartés de la vie publique. C'était disqualifié, associé au franquisme. C'est seulement avec la crise catalane que les gens se sont remis à pavoiser leurs balcons ! »

Les leaders du parti Vox ne sont évidemment pas seuls à porter ce thème de la nation, certaines figures du Parti populaire s'emparant aussi du sujet, comme la jeune Cayetana Alvarez de Toledo, étoile montante du Parti populaire, que je rencontre pendant la campagne, à Madrid. Mais ce sujet de la renaissance nationale espagnole suscite un débat passionnel, m'explique l'ancienne ministre des Affaires étrangères d'Espagne Ana Palacio, parce que le pays reste toujours hanté par la guerre civile. La réconciliation est restée superficielle et a consisté à laisser les vieilles querelles derrière soi sans vraiment les régler. Pendant mon séjour à Madrid et Malaga, je découvre aussi que le phénomène Vox est très lié à la question des « valeurs ». La bourgeoisie catholique espagnole qui a rejoint l'équipage de Vox est vent debout contre les luttes « intersectionnelles » de la gauche identitaire, très présentes dans les universités d'Espagne. « Ce que j'aime chez Vox, dit par

1. Entretien avec l'auteur, avril 2019.

exemple Javier Valcarce, un entrepreneur de Malaga, c'est qu'ils veulent mettre le holà aux dérives sociétales de la gauche, qui veut nous imposer comment nous devons penser. [...] La période Zapatero a été une catastrophe, ajoute-t-il, exaspéré par la théorie du genre et les excès de MeToo. Vouloir présenter tous les hommes comme des agresseurs, c'est trop ! » s'énerve-t-il. Il explique que les grands centres académiques sont devenus un véritable « laboratoire » du néoféminisme et de la théorie du genre, sans doute en raison du discrédit pesant sur les valeurs traditionnelles religieuses, familiales et patriotiques assimilées à Franco. Une tendance qui provoque, comme en France, une mobilisation de la bourgeoisie catholique.

Le phénomène Kurz

En Autriche, où je me rends en janvier 2018 pour comprendre le « populisme raisonnable » de Sebastian Kurz, jeune chancelier conservateur du Parti du peuple (ÖVP), de centre droit, qui a constitué un gouvernement d'alliance avec l'extrême droite FPÖ[1], c'est la question de l'immigration et de l'islam qui domine les débats. Quand j'y arrive en plein hiver, dans une Vienne couverte de neige et de marchés extérieurs illuminés, le pays, sous une apparence paisible, reste un chaudron d'émotions liées au grand choc de la crise

1. Le parti d'extrême droite FPÖ quitte la coalition en 2019, après un scandale de corruption lié à la Russie, qui éclabousse son chef, alors vice-chancelier d'Autriche, Heinz-Christian Strache. Les liens entre la Russie et l'Autriche sont extrêmement forts, notamment sur le plan économique.

migratoire de 2015, qui a vu des millions de Syriens, d'Afghans et d'autres migrants traverser l'Europe pour échapper à la guerre ou à la misère. Les Autrichiens que je rencontre racontent tous l'irruption de ces centaines de milliers de fuyards à travers leur frontière, très bien accueillis dans les premiers mois, avant que le flot continu ne finisse par susciter une gigantesque controverse – 90 000 obtiendront le statut de réfugiés pour une population de huit millions d'habitants ; un chiffre extrêmement important. « Cela s'est fait dans le chaos, des milliers de gens arrivaient chaque jour à la gare de l'Ouest, à Vienne. La population a eu l'impression qu'on perdait le contrôle ! raconte l'avocat Gregor Rathkolb[1]. Le pays, habitué pourtant à cohabiter avec l'islam, a basculé dans l'anxiété », poursuit ce spécialiste du droit canon, qui a eu pour clients plusieurs des quelque 400 djihadistes radicalisés, revenus de Syrie. Un sentiment que saisira au vol Sebastian Kurz, nommé ministre de l'Intégration à l'âge de 27 ans, pour organiser la fermeture de la route des Balkans et de la frontière, de concert avec le Premier ministre hongrois Viktor Orbán. Alors que la popularité d'Angela Merkel, qui a ouvert tout grand les portes de l'Allemagne, s'effrite, la sienne s'envole, le propulsant chancelier d'Autriche à 30 ans à peine. Une ascension fulgurante qui en dit long sur les virages brutaux d'une opinion publique européenne qui ne sait plus trop à quel saint se vouer. L'intellectuel bulgare Ivan Krastev a raison de souligner que la grande migration de 2015 a été le 11 Septembre de l'Europe centrale, sur le plan psychologique. Un choc collectif qui a changé bien des perspectives.

1. Gregor Rathkolb, entretien avec l'auteur, janvier 2018.

Conscient de la demande de protection qui monte de la société autrichienne, Kurz prend « les problèmes à bras-le-corps, pour éviter le clash de civilisations », me confie l'ancien ministre autrichien de la Défense Werner Fasslabend que je retrouve dans un café viennois élégant, rendez-vous de tous les politiques. Le tour de vis est net : refus d'examen des demandes d'asile qui ne seraient pas soumises préalablement à l'entrée sur le territoire national. Coupes sèches dans les aides sociales aux migrants qui n'ont pas encore le droit d'asile et refus de leur payer des cours d'allemand. Réduction des très généreuses allocations familiales autrichiennes aux résidents étrangers dont les femmes et les enfants restent vivre dans leur pays d'origine. Un programme qui n'est pas sans rappeler celui d'Éric Zemmour par sa fermeté, même s'il ne vise pas une immigration zéro. Les Autrichiens ont aussi durci leur dispositif d'encadrement de l'islam, suite au vote, en 2015, d'une loi sur l'islam qui tend à « nationaliser ce culte ». « Dès 1912, une loi assurait les droits des musulmans dans l'empire », raconte Werner Fasslabend. Version amendée de ce vieux texte, la loi actuelle prévoit la mise en place d'une formation d'imams autrichiens ; le fait que les imams turcs, majoritaires en Autriche, prennent leurs ordres au ministère des Cultes, à Istanbul, qui dépend du parti AKP, étant très mal vécu en Autriche, surtout vu le prosélytisme du président Erdoğan – comme aux Pays-Bas. Sept mosquées radicales ont été fermées. Certains observateurs avertissent toutefois que « la dureté » du gouvernement à l'égard de l'islam n'est qu'apparente et que de nombreuses mosquées radicalisées continuent de prospérer. C'est la conclusion à laquelle est arrivé le journaliste pakistanais Shams Ul-Haq après une enquête clandestine à travers l'Allemagne, l'Autriche et la Suisse, dont la publication fait grand bruit au moment où je suis à Vienne.

J'en parle avec Mohamed Dattab, réfugié irakien, arrivé de Damas, où il était étudiant, qui raconte le « magnifique » accueil qu'on lui a réservé en Carinthie, la région supposément la plus anti-migrants du pays, où il avait été envoyé après sa demande d'asile. Cet immigré récent, qui est devenu employé d'une agence d'intégration des étrangers, dit comprendre « totalement » le désir du gouvernement de contrôler les mosquées et invite « la gauche européenne à se débarrasser de son idéologie politiquement correcte[1] ». Pour défendre le modèle occidental démocratique, l'Europe veut pouvoir offrir aux migrants un monde solide où s'insérer, argumente-t-il. Mais il confie aussi son inquiétude face au discours « virulent » que le parti d'extrême droite FPÖ, qui est à l'époque membre de la coalition gouvernementale aux côtés du parti ÖVP de Kurz, développe face aux migrants. « Ce n'est pas en criant agressivement : "Intégrez-vous !", qu'on avance, note-t-il, appelant à consolider un dispositif soigneusement étudié, sur deux ans, pour donner aux immigrés leurs chances. L'approche autrichienne consistant à dire que le travail suffit à intégrer est une erreur. Ce n'est pas parce qu'un gars va travailler dans un kebab qu'il va s'intégrer s'il n'apprend pas la langue et n'a pas les codes. » Dattab explique que la décision de couper les fonds pour les cours linguistiques des demandeurs d'asile sera très négative car, en perpétuant l'isolement, elle nourrira la spirale de la radicalisation islamiste, qui alimentera à son tour le nationalisme. Sa mise en garde m'apparaît pertinente. Ce spectre d'un extrémisme qui

1. Mohamed Dattab, entretien avec l'auteur, janvier 2018.

en viendrait à en nourrir un autre est l'un des grands thèmes discutés à Vienne dans les milieux journalistiques et intellectuels, qui, hantés par leur histoire récente – celle du nazisme –, redoutent un nationalisme qui tournerait à l'extrémisme antimusulman. L'Autriche a désormais un taux de citoyens nés à l'étranger supérieur à celui des États-Unis, ainsi que l'une des premières communautés musulmanes d'Europe, en pourcentage de la population – quelque 10 %.

Dans son grand bureau du Fonds national de la République d'Autriche pour les victimes du national-socialisme, dont elle est devenue la secrétaire générale, Hannah Lessing, fille du grand photographe Erich Lessing, qui reconnaît être parcourue « de doutes » sur les défis qui viennent, reflète bien l'anxiété qui traverse la société autrichienne et en réalité toute l'Europe. D'un côté, elle est certaine de la nécessité de lutter fermement contre l'islamisme radical, devenu notamment « la première source d'antisémitisme », me confie-t-elle[1]. Mais Hannah dit aussi qu'« elle ne peut s'empêcher de faire le parallèle entre le refus d'accueillir les migrants aujourd'hui et ce qui est arrivé aux Juifs, tandis qu'ils fuyaient le nazisme » – un parallèle évidemment inexact, mais révélateur. « Gardons notre humanité », plaide cette fonctionnaire engagée, dont une arrière-grand-mère et une grand-mère périrent dans les camps, même si elle ne veut pas « tout mélanger ». Hannah s'inquiète des dérapages réguliers de certaines personnalités du FPÖ – posts antisémites, déclarations anti-migrants, chants néonazis. « Oui, c'est dénoncé au niveau fédéral et gouvernemental ; oui, ce sont souvent des seconds couteaux du niveau régional, mais

1. Hannah Lessing, entretien avec l'auteur, janvier 2018.

l'inquiétude persiste sur ce que représente ce parti dans ses profondeurs », dit-elle.

Je parle des craintes d'Hannah à l'avocat Gregor Rathkolb, qui a pour clients plusieurs des 400 djihadistes autrichiens partis en Syrie puis revenus au pays, et portés pour certains devant les tribunaux. Jugeant les néonazis tout à fait marginaux, même si on peut « trouver quelques imbéciles prêts à chanter des chants hitlériens », le juriste appelle à ne pas se tromper de danger. Il estime que la vraie menace est aujourd'hui la radicalisation islamiste : « Nous avons la chance de ne pas avoir eu d'attentats terroristes, mais la scène islamiste devient de plus en plus radicale. Des sociétés parallèles se constituent, c'est un grand danger », lance-t-il sans détour – sans savoir que, deux ans plus tard, quatre personnes périront sous la main d'un terroriste islamiste au centre de Vienne. Rathkolb parle des problèmes de coexistence qui se multiplient au contact d'une communauté musulmane essentiellement originaire de Turquie, de Tchétchénie et de Bosnie, mais désormais aussi moyen-orientale, afghane et africaine. Tels ceux des hôpitaux, où les médecins se voient sommés d'aller chercher du personnel féminin pour soigner les femmes – et masculin pour soigner les hommes ; des cantines scolaires pressées de renoncer au porc. Il parle de « la peur de la perte d'identité » légitime que tous ces « accommodements » suscitent, « d'autant que les élites ont voulu taire les problèmes, traitant ceux qui en parlaient de fascistes ! ». Il raconte aussi qu'à la campagne, tous ses amis votent pour le parti d'extrême droite FPÖ qui est dans la coalition de Kurz. Il dit voir nombre de ses compatriotes s'armer aussi « pour le jour J » ; tendance qui se généralise en Europe et notamment en France, selon une enquête du

Wall Street Journal, parue au moment de mon séjour viennois. Je quitte Vienne frappée par l'ampleur des problèmes en suspens, malgré la résolution de Kurz.

Deux ans plus tard, les faits donnent donc raison aux inquiétudes de Rathkolb quand, le 2 décembre 2020, un sympathisant de l'État islamique, déjà condamné pour avoir tenté de rejoindre la Syrie, lance une attaque terroriste qui fait 4 morts et 23 blessés dans le centre de Vienne. Un durcissement sensible du dispositif antiterroriste et de la surveillance de l'islam autrichien va suivre. Une carte des 600 mosquées du pays et des centres culturels ou sportifs communautaires est établie et mise en ligne, suscitant la critique de plusieurs organisations musulmanes, qui disent redouter des représailles. Un Centre de documentation sur l'islam politique est aussi créé, sous la direction de Susanne Raab, arabisante spécialiste des pays musulmans et ancienne ministre des Affaires étrangères. Cet institut d'État se lance notamment dans l'exploration approfondie des réseaux européens des Frères musulmans, révélant qu'une part de leurs financements proviennent de fonds publics nationaux et européens consacrés... à la lutte contre l'islamophobie. L'Autriche a même proposé de faire de ce centre le fer de lance de la bataille européenne contre l'islamisme à travers le continent. Entre-temps, Kurz, pris dans un scandale de corruption, a dû quitter le pouvoir[1] et a rejoint le fonds du milliardaire

1. Déjà éclaboussé par le scandale de l'affaire d'Ibiza, dans lequel son partenaire du parti FPÖ a été accusé d'avoir reçu des fonds de la Russie et a dû quitter le pouvoir, Sebastian Kurz est lui-même rattrapé par une affaire de corruption et d'abus de biens publics. Suite à un raid du parquet anticorruption d'Autriche, il a été accusé, ainsi que 9 autres personnalités politiques, d'avoir détourné des fonds publics pour financer des opérations politiques et notamment des

américano-néo-zélandais Peter Thiel – rare personnalité de la tech à avoir soutenu l'épopée trumpienne. Mais, si l'Autriche a perdu son « Trump autrichien », l'angoisse identitaire qui traverse la nation, elle, n'est pas près de s'éteindre.

La Belgique contre Bruxelles

Longtemps élève modèle de la société « ouverte » que prône l'Union européenne, la Belgique est, elle aussi, désormais traversée de doutes aigus sur la question de l'immigration et de l'islam, même si le débat intellectuel et médiatique y reste dans l'ensemble très balisé par le politiquement correct. Pendant ma tournée européenne de 2019, je constate cette contestation montante, en me rendant à Grimbergen, en pays flamand, à une quinzaine de kilomètres de Bruxelles. « À quoi elle me sert, l'Europe ? Pour moi, chaque pays ferait mieux de s'occuper de ses affaires, de mettre sa propre maison en ordre, au lieu d'essayer de tout régenter de trop haut. Ce qui m'intéresse, c'est ici et maintenant, et je vois que ça ne change pas en bien. L'Europe, c'est foutu ! » s'écrie notamment Rudy Cools, peintre décorateur que je rencontre au bar Dennenhof, avec son fils, où ils sont venus boire une bière, un jeudi du mois de mai, en fin d'après-midi. Autour de lui, des hommes qui semblent sortis tout droit d'une peinture flamande

manipulations de sondages. Le parti vert, membre de la coalition gouvernementale, a exigé sa démission et la nomination d'un nouveau chancelier, précipitant son départ. Kurz a été recruté par le fonds d'investissement du magnat de la tech Peter Thiel, connu pour avoir soutenu Donald Trump à la présidentielle de 2016 et impliqué dans le débat intellectuel et politique.

traditionnelle hochent la tête en signe d'approbation. Ce qui explique cette désillusion, c'est la question de l'immigration qui pose, disent-ils, de plus en plus de problèmes de cohabitation au quotidien. « Bruxelles, c'est perdu mais maintenant les problèmes viennent ici, en Flandre », raconte Cools, qui soutenait le parti libéral VLD mais se reconnaît désormais beaucoup plus dans la N-VA – parti séparatiste de Flandre pro-européen mais eurocritique, qui prône un contrôle très strict de l'immigration et qui est aujourd'hui le premier parti en terre flamande. Rudy Cools dit que des migrants francophones originaires d'Afrique du Nord s'installent peu à peu dans les villes de Flandre qui entourent Bruxelles et que cela suscite des tensions. « Je vivais à Strombeek... mais j'ai déménagé. Beaucoup de ces migrants sont OK, mais pas tous », ajoute Cools, qui ne prise toutefois pas le parti d'extrême droite Vlaams Belang, puissant – il rassemble 25 % de l'électorat flamand – mais « trop extrême » à son goût. Son fils, qui vote libéral, ajoute que, récemment, à l'école, le fils de son frère s'est retrouvé pris dans une bagarre avec un jeune immigré qui avait été exclu d'un jeu car il ne parlait pas flamand. « Le père de ce jeune est allé voir mon neveu et a menacé de lui crever les yeux. Ça a monté entre les familles et il a fallu que l'institutrice les sépare et que les flics passent cinq jours devant l'école ! » raconte-t-il. « Et les technocrates européens nous disent que l'immigration est une chance ? Pas pour nous, en tout cas », grommelle Cools.

Ancien secrétaire d'État à l'Asile et à la Migration de Belgique, un poste où il a contribué à opérer un changement de cap gouvernemental drastique, renforçant les contrôles et redéfinissant les conditions de l'asile et du regroupement familial, Theo Francken, patron du parti séparatiste flamand N-VA et homme le plus populaire de Flandre au moment de ma visite, se trouve à Grimbergen en campagne. Lors de notre rencontre, il se révèle exactement sur la même longueur d'onde que Rudy Cools. « L'histoire de la crise migratoire européenne est une saga qui dépasse l'imagination », me confie-t-il ce jour-là, expliquant qu'il a claqué la porte du gouvernement fédéral, car il se refusait à signer le Pacte de Marrakech de l'ONU sur les migrations, jugeant que le texte encourageait le regroupement familial et la poursuite de l'immigration, et qu'il lierait insidieusement les mains de son pays. « Ce texte n'est pas contraignant mais il crée du "*soft law*" ; il aura des conséquences en matière de droit européen. Or, nous ne pouvons donner encore plus de pouvoir à des institutions internationales à la mentalité fondamentalement pro-immigration ; on a déjà perdu trop de souveraineté », poursuit-il, alors que, dans le restaurant de Grimbergen où nous nous retrouvons, les gens l'accostent pour le soutenir. Dans un livre, *Continent sans frontière* (2018), le politicien belge raconte sans fard les « entêtements, opportunités manquées et la naïveté qui frôle la caricature » de la politique migratoire européenne. Il met tous ses griefs sur la table : l'Occident qui se sent coupable et accepte en conséquence la migration illégale comme une donnée incontournable, l'activisme de la Cour européenne des droits de l'homme qui « enchaîne les États » avec ses décisions, les condamnant à l'impuissance face aux déboutés de l'asile en créant un appel d'air perpétuel ; l'idéologie du multiculturalisme, qui désintègre au lieu d'intégrer – bref, la « naïveté sans frontières ». « Présenter cela comme de la haute morale, cela me fait sauter au plafond », me déclare-t-il, estimant que, pour la Belgique, la priorité devrait être de signer un accord de retour des illégaux avec la Tunisie, comme il l'a fait avec la Turquie, et « aussi d'en finir avec l'existence de guichets pour l'asile à l'intérieur de l'UE ; procédure qui encourage les trafiquants et l'arrivée de nouveaux migrants ». Des propositions que l'on retrouve en France chez Marine Le Pen et Éric Zemmour et même, sur certains sujets, chez Valérie Pécresse et même chez Emmanuel Macron. Ses prises de position tranchées lui valent beaucoup de critiques chez ses adversaires politiques, qui l'accusent d'avoir trahi « l'humanisme européen », en faisant notamment des campagnes de publicité visant à décourager les migrants de venir en Belgique. Mais Francken, qui voudrait revenir au gouvernement au même poste pour « finir le job » et a peut-être lu le cardinal de Richelieu, semble peu enclin à vouloir mélanger morale individuelle et morale d'État. Il raconte s'être battu comme un beau diable dans les instances communautaires : « Je suis un patriote flamand et très pro-européen, se défend-il, ne voyant pas de contradiction entre le nationalisme et le soutien de l'Europe. Mais l'UE doit se focaliser sur ses frontières et la protection de ses citoyens, pas sur l'étiquette des huiles d'olive ou des bons vins français. »

La colère n'est pas seulement flamande. Car, si la droite wallonne peine à s'organiser sur le sujet de l'immigration, ce n'est pas faute d'essayer, m'explique par exemple, pendant ce même voyage de 2019, Alain Destexhe, l'un des anciens leaders du Mouvement réformateur, qui a créé son propre parti Listes Destexhe à l'occasion des élections européennes, dans l'espoir de mettre au cœur du débat la question migratoire. Destexhe, un grand homme aux cheveux blond-blanc qui a participé en son temps à l'aventure de Médecins sans frontières – dont il a été l'un des dirigeants –, m'a donné rendez-vous au marché de Molenbeek-Saint-Jean, ce quartier du centre de Bruxelles devenu majoritairement musulman, où se tient chaque jeudi un grand marché en plein air, sur la place de la Maison communale. Comme tous les autres partis en campagne pour toute une série d'élections à la fois régionales, fédérales et européennes, il a apporté ses tracts et les distribue aux passants qui se pressent sur le boulevard du Comte-de-Flandre. « Osons la vérité », est-il écrit sur ses affiches qui appellent « à faire reculer l'intégrisme et le communautarisme ». Clairement, il n'est pas sur « son terrain ». Les centaines de femmes qui se pressent devant les étals de légumes et de fruits, dans la fraîcheur du matin, sont presque toutes voilées. Pas un débit de boissons en vue, dans ce quartier où tous les magasins se sont communautarisés. « Un autre monde en plein cœur de Bruxelles », regrette Destexhe. Les socialistes sont en revanche chez eux, à Molenbeek, dont ils contrôlent la mairie, présidée par la bourgmestre Catherine Moureaux, qui a, comme son père Philippe Moureaux avant elle, embrassé le multiculturalisme telle une panacée, affirmant construire dans son quartier un laboratoire de l'intégration réussie.

Pourtant, depuis « le choc absolu » des attentats du Bataclan puis des attentats terroristes de Bruxelles de mars 2016, le quartier de Molenbeek – 85 000 habitants, dont une écrasante majorité issue de l'immigration – est sous les projecteurs, et même la bourgmestre reconnaît qu'« il y a beaucoup à faire ». C'est « devenu le symbole de l'inconscience de la politique migratoire et des échecs et risques de l'intégration ratée en Belgique » depuis qu'il s'est avéré que plusieurs de leurs auteurs en étaient originaires, note Claude Moniquet, un libéral-conservateur, ancien spécialiste de l'antiterrorisme à la DGSE franco-belge, qui est candidat de Listes Destexhe pour la région Bruxelles. Mes interlocuteurs font remonter à 1992-1993 le début d'une politique migratoire encourageant massivement le regroupement familial et l'asile, tant au niveau local que national. Ils accusent nommément le bourgmestre bruxellois de l'époque, Philippe Moureaux – personnalité en vue du Parti socialiste belge –, d'avoir accéléré et organisé l'islamisation et la communautarisation de Molenbeek. Ce laxisme s'est inscrit dans une politique nationale pro-immigrationniste assumée. Aujourd'hui, 20 % de la population belge est d'origine étrangère. En dix ans, la proportion de Belges d'origine belge est passée de 74 % à 67 %. « Le contre-débat a été très lent à débuter. Savez-vous qu'en 2013, juste avant les attentats, la bourgmestre demandait encore la suppression de la Sûreté nationale, la jugeant trop envahissante ? » note Destexhe pendant son tour du marché. Soudain, tandis que nous déambulons, un homme d'une soixantaine d'années d'origine algérienne vient droit vers lui et le salue avec chaleur : « Monsieur, vous avez du courage ; je suis d'accord avec tout ce que vous dites », lui lance-t-il, se disant très inquiet des dégâts créés par le communautarisme à Molenbeek. Cet ingénieur aujourd'hui à la retraite dit que la pression est très forte contre ceux qui se veulent athées comme lui et raconte que sa fille a été soumise à un véritable boycott de ses amies, parce qu'il l'avait inscrite au cours de morale républicaine, et non au cours de religion musulmane – qui sont tous deux dispensés au choix dans les écoles publiques. « J'ai dû la remettre en classe de religion ! » se désole-t-il.

Alain Destexhe dit avoir longtemps tenté d'influencer les choses à l'intérieur de sa formation, pour la faire changer de position sur le danger du communautarisme – en vain. Il dit avoir pris sa décision de quitter le Mouvement réformateur sur la question du Pacte de Marrakech qui a fait chuter le gouvernement belge, à l'automne 2018 ; comme l'a fait le parti nationaliste flamand N-VA de Theo Francken. « Charles Michel [ancien du Mouvement réformateur, devenu depuis le président en exercice de l'Union européenne] a absolument voulu signer ce Pacte car il voulait rester le bon élève de la classe européenne », regrette-t-il. Mais lui préconise un changement de cap total, disant vouloir s'inspirer du modèle japonais très restrictif. Destexhe se dit absolument pro-européen et affirme que tout le monde en Belgique soutient l'Europe, à quelques rares exceptions. Mais il juge indispensable de changer de direction idéologique : « M. Juncker [président de la Commission européenne de 2014 à 2019] ne cesse de dire qu'il faut accueillir les migrants et les réfugiés, mais nous ne voulons pas de faux réfugiés qui viennent du Sénégal ou de Guinée pour des raisons purement économiques. La Commission européenne est persuadée qu'on a besoin d'immigration. Mais c'est aux peuples européens de décider ! Pourquoi ne parle-t-on jamais de la dimension culturelle de la migration, et seulement de la logique économique ? » dit Destexhe. Michel Eylenbosch, un ancien conseiller communal candidat sur sa liste pour la région Bruxelles, me raconte qu'il a grandi à Molenbeek et qu'il a été témoin de l'islamisation spectaculaire du quartier, à partir des années 1990. « Guy Verhofstadt, qui est l'une des figures influentes du Parlement européen, a été l'un des artisans de la politique de régularisation massive et d'un regroupement familial élargi, quand il était au gouvernement », regrette-t-il, disant que ses idées prévalent toujours dans les institutions européennes. Eylenbosch affirme que la bulle bruxelloise lui apparaît comme « détachée de la réalité concrète du terrain, et que cela pose un vrai problème ». « J'ai l'impression qu'ils sont très haut dans le ciel et qu'ils nous regardent à travers un voile de nuages », conclut-il.

L'équipe d'Alain Destexhe n'est pas seule à pointer du doigt la légèreté avec laquelle la question de l'immigration, l'échec de l'intégration et la progression rampante de l'islamisme restent traités en Belgique. Dans *Cachez cet islamisme. Voile et laïcité à l'épreuve de la cancel culture* (2021), livre codirigé par la chercheuse du CNRS Florence Bergeaud-Blackler et l'auteur Pascal Hubert, différents militants laïcs proches de l'Observatoire des fondamentalismes – une structure créée en 2020 – racontent pourquoi le débat sur l'islam demeure extrêmement difficile dans une Belgique où les élites politiques, universitaires et journalistiques n'ont pas de tradition forte d'islamologie et ne veulent aborder cette question que sous l'angle de l'islamophobie. « La Grande Mosquée de Bruxelles [...] a été cédée à l'Arabie saoudite en 1978, et celle-ci en a fait... un centre de rayonnement du très rigoriste wahhabo-salafisme, qui a nourri les Frères musulmans. Aujourd'hui, le "frérisme" belge est une matrice alimentée idéologiquement et logistiquement en Europe par le Qatar et la Turquie d'Erdoğan, avec des moyens de communication moderne, qui s'appuient sur des idéologies intersectionnelles néoféministes et décoloniales pour avancer ses pions », explique Florence Bergeaud-Blackler dans une interview accordée à *L'Express*. La chercheuse affirme aussi que la « complexité gouvernementale de la Belgique, qui empile des niveaux de gouvernance fédéral, régional, linguistique, rend la politique peu lisible » ; « ce qui favorise l'infiltration des Frères qui ont d'abord séduit le PS, notamment à Molenbeek, puis le Parti du travail de Belgique – PTB, d'extrême gauche – et surtout les écologistes. [...] Une grande partie de la gauche est persuadée que l'islamisme ne serait qu'une réaction de défense face au racisme, ce qui permet de faire passer à la trappe l'existence d'un projet fririste ! Si vous rappelez que les Frères musulmans ont un projet, on vous qualifie d'ailleurs de complotiste alors que cette organisation a toujours fonctionné par plans depuis "les 50 propositions" de Hassan el-Banna, fondateur de la confrérie en 1928 », regrette-t-elle dans la même interview. La chercheuse affirme que plus aucun journaliste belge ne se risque vraiment à enquêter sur le sujet, depuis que la reporter belge Marie-Cécile Royen a été poursuivie devant les tribunaux en 2013, pour être finalement blanchie en 2021. La fondatrice de l'Observatoire des fondamentalismes, Fadila Maaroufi, une Belge d'origine marocaine, dit pour sa part recevoir des menaces de mort régulières...

Viktor Orbán et le national-conservatisme version hongroise

Le 6 avril 2018, à deux jours d'élections législatives qui vont consacrer une nouvelle victoire écrasante du parti du Premier ministre hongrois, Viktor Orbán, lui donnant la majorité absolue à l'Assemblée nationale, j'assiste à un vaste meeting de ses partisans sur une place baignée de soleil de Székesfehérvár, ancienne capitale des rois de Hongrie. « Comme une fleur qui a été déracinée et est en train de mourir, comme les millions de Hongrois éparpillés hors des frontières, si tu ne fais pas attention, cela peut aussi t'arriver, entonnent-ils, émus et recueillis. Nous sommes du même sang, peu importe ce qui se passe dans nos vies », poursuivent-ils, en agitant des drapeaux blanc, rouge et vert, aux couleurs de la Hongrie. Leur chant évoque le destin tragique de leur pays, amputé des deux tiers de son territoire après le traité de Trianon de 1920, imposé par la France, la Grande-Bretagne et les États-Unis, pour punir l'Autriche-Hongrie de son engagement dans la Première Guerre mondiale aux côtés de l'Allemagne. Un traumatisme national qui n'a jamais cicatrisé.

En plein meeting électoral d'Orbán, le choix de ce chant évoquant Trianon et la catastrophe de l'éparpillement de millions de Hongrois hors de leur patrie, n'est pas un hasard. Il est là pour rappeler que la défense de la nation est le thème central de la révolution nationale-conservatrice que l'homme fort du pays a engagée depuis son retour aux affaires, en 2010. Que ce soit face aux généraux soviétiques dont il demandait le départ dès 1989, ou face à l'emprise de l'Allemagne et de la France sur l'UE, « l'ambition d'Orbán est toujours la même : la Hongrie d'abord et par tous les moyens », a confié quelques jours plus tôt l'ancienne collaboratrice du Premier ministre Zsuzsanna Szelényi, désormais dans l'opposition, à l'envoyé spécial du *Figaro* Jean-Jacques Mével[1]. Ce positionnement en faveur de « la nation d'abord » – du Trump, bien avant Trump – va progressivement l'installer dans le rôle de leader idéologique et politique du camp des nationalistes et conservateurs européens qui se rebellent contre Bruxelles et les « valeurs postnationales » et

1. Jean-Jacques Mevel, « Viktor Orbán, le franc-tireur populiste qui défie l'Europe entière », *Le Figaro*, 22 février 2018.

progressistes embrassées par l'UE – une évolution spectaculaire pour ce politique qui a participé en première ligne à la Marche à l'ouest de la Hongrie.

En 1989, Viktor Orbán est, malgré son jeune âge, l'une des figures importantes d'une Europe centrale qui se libère du joug communiste. C'est lui qui, à 26 ans, se dresse sans peur sur la place des Héros de Budapest pour exiger le départ des troupes soviétiques et tenir tête aux « bonzes » du Parti communiste qui, eux, hésitent à taper du poing sur la table alors que le Mur n'est pas encore tombé. Lui qui bénéficie d'une bourse du magnat d'origine hongroise, George Soros, son futur ennemi, pour aller étudier à Oxford. Lui encore qui accueille avec enthousiasme les conseils d'un Occident qui paraît alors puissant, attractif et omniscient, quand il fonde son parti Fidesz, puis saisit les rênes du gouvernement en 1998, gérant le pays au centre droit. Mais quand il revient aux affaires, en 2010, les choses ont changé en Hongrie comme à travers un Occident en crise. Aux États-Unis notamment, toujours dans les affres de la débâcle financière de 2008, les *Tea Parties* – cette rébellion économique et culturelle des classes moyennes qui ont subi de plein fouet la débâcle bancaire – pointent le nez. Orbán reprend les commandes d'un pays affaibli par huit ans d'une gestion désastreuse de l'ancien Parti communiste reconverti en Parti socialiste. Le pays est en proie à une dette vertigineuse. Le chômage et la corruption galopent, le déficit public à 9 % et le PIB en chute libre. Les fleurons industriels privatisés sont passés aux mains de grands groupes occidentaux. Mais, en pleine tourmente économique européenne, Orbán rejette les recettes que veulent lui imposer le FMI et les experts de l'UE sur la réduction des déficits, refusant d'infliger à ses électeurs la purge électoralement suicidaire qu'accepteront l'Irlande, le Portugal et la Grèce après la crise financière de 2008. Il s'oppose au fameux « consensus de Washington » qui fait figure de protocole de traitement indiscuté des économies malades, préférant nationaliser et taxer lourdement les banques, ainsi que les multinationales de l'énergie, de la grande distribution et des télécommunications. Il exige aussi le remboursement des prêts immobiliers à taux exorbitants que des banques suisses ont imposé à des millions de Hongrois, profitant de leur naïveté. Le pays, qui a le sentiment d'avoir été roulé, approuve, savourant cette forme de revanche sur les investisseurs étrangers et la douloureuse casse industrielle des années 1990. « Après le démontage de l'État paternaliste kadarien » de l'époque communiste, « émerge un nouveau paternalisme » orbanien, décrypte le journaliste russe Sergueï Birioukov dans le journal *Russkaïa Idea*. Peu à peu, les comptes publics se rétablissent, la dette se réduit et la croissance revient, tandis que le chômage baisse drastiquement. Certes, ces améliorations ne mettent nullement fin à l'émigration massive de la jeunesse vers l'Europe de l'Ouest ; signe que tout ne va pas pour le mieux dans le royaume de Hongrie. Surtout, elles s'accompagnent d'une mainmise croissante du clan Orbán sur les grandes entreprises du pays et les institutions, des proches du Premier ministre rachetant peu à peu les grands médias, notamment télévisés – selon la logique maximaliste du « gagnant qui prend tout », fort répandue dans les pays postcommunistes. À Bruxelles, et au sein du groupe des partis chrétiens-démocrates PPE auquel est affilié le Fidesz, on hausse le ton pour mettre en garde contre la tendance « autoritaire » qui se fait jour en Hongrie. Jean-Claude Juncker, qui est alors encore président de la Commission et s'inquiète de la dérive, apostrophe le dirigeant hongrois en lui donnant du « bonjour dictateur ! » quand il le rencontre. Mais, tout en rassurant sur ses intentions ses partenaires chrétiens-démocrates, et notamment la CDU-CSU allemande, avec laquelle il entretient des liens étroits – c'est un ami personnel d'Helmut Kohl –, Orbán passe outre. Il s'affranchit peu à peu du respect qu'il porte à l'Europe de l'Ouest et son modèle, comme le racontent Ivan Krastev et Stephen Holmes dans leur très éclairant ouvrage, *Le Moment illibéral*[1].

En juillet 2014 notamment, le Premier ministre hongrois prononce un discours iconoclaste et fondateur depuis la ville de Băile Tușnad, où il célèbre le résultat de sa toute fraîche et éclatante victoire aux législatives, grâce à l'appui massif du pays profond, c'est-à-dire des campagnes et des petites villes. Dénonçant les ravages de la crise financière de 2008, il y plaide le renforcement de la démocratie hongroise au moyen de la construction d'un « État non libéral » capable de protéger ses citoyens des vicissitudes d'un libre-échange trop cruel et de défendre l'identité chrétienne du pays. Il affirme « ne pas nier les valeurs fondatrices du libéralisme comme la liberté » mais explique « ne pas vouloir faire de cette idéologie l'élément central de l'organisation étatique ». C'est la naissance de la théorisation de « la démocratie illibérale » : une formule qui entend établir un meilleur équilibre entre l'intérêt individuel et l'intérêt de la communauté nationale. Orbán, en réalité, distingue entre libéralisme politique et démocratie, rejetant le premier et embrassant la seconde[2]. L'idée,

1. Ivan Krastev et Stephen Holmes, *Le Moment illibéral*, Fayard, 2019.

2. Voir à ce sujet les analyses du journaliste Fareed Zakaria et du politologue Jean-Yves Camus.

très controversée parce qu'elle court-circuite largement les contre-pouvoirs, en est qu'il faut redonner sa place centrale à la majorité électorale et secouer l'emprise du pouvoir judiciaire, quand celui-ci paralyse l'exercice politique et cantonne l'exécutif dans l'impuissance. Orbán n'est pas le seul à partager ces analyses. Elles se propagent largement à travers la droite intellectuelle conservatrice occidentale, qui souhaite réagir à l'émergence de minorités combatives et de lobbys capables de prendre le dessus sur la majorité. Mais c'est la première fois qu'un dirigeant d'Europe centrale annonce aussi clairement son intention de mener ses affaires comme il l'entend, et non en fonction des desiderata idéologiques de Bruxelles.

À l'Ouest, c'est la consternation, mais on ne réalise pas encore tout à fait qu'un véritable contre-modèle politique est en train d'émerger. La pleine réalisation vient un an plus tard, en pleine crise des migrants quand, tout à coup, un ouragan traverse l'Europe centrale. Alors qu'Angela Merkel décide d'ouvrir les portes de l'Allemagne aux réfugiés qui affluent, au nom de valeurs d'universalisme et d'humanisme, suscitant un immense appel d'air migratoire, les Centre-Européens, traumatisés par les centaines de milliers de migrants qui traversent leurs pays, opposent une fin de non-recevoir à l'imposition de quotas de réfugiés exigée par la Commission européenne. La Hongrie de Viktor Orbán est en tête du peloton de la révolte des pays du groupe de Visegrád – organisation intergouvernementale réunissant Pologne, Hongrie, Tchéquie et Slovaquie. Elle va aussi être le premier pays à ériger une frontière de barbelés au sud du pays, pour endiguer le flot de migrants qui entre en Europe, suivie par l'Autriche et les autres pays de Visegrád. C'était « leur déclaration d'indépendance [...] vis-à-vis du libéralisme occidental et de sa religion d'ouverture au monde », écrivent Ivan Krastev et Stephen Holmes dans *Le Moment illibéral*. Dans cet essai, l'intellectuel bulgare et le professeur de droit américain brossent – loin des analyses indignées qui pullulent – un tableau sobre et fouillé des raisons qui ont mené l'Europe centrale à abandonner « son rêve d'intégration mimétique » à l'Ouest. Ils racontent que l'exaspération de l'élève « imitateur » devant écouter religieusement ses « maîtres » occidentaux a été décisive ; mais surtout la découverte, incroyable pour l'Est, que les élites occidentales « ne savaient pas ce qu'elles faisaient ». Ni en matière économique – comme l'a montré la crise de 2008 – ni en matière migratoire – comme l'indique la gestion de la crise migratoire en 2015. Je suis frappée par la formule, qui, comme je le mentionne plus loin dans ce livre, ne cessera de revenir dans mes conversations avec les révoltés d'Occident, de la France à l'Allemagne – de l'Est –, en passant par la Hongrie ou la Pologne.

Pas question pour l'Europe centrale d'accepter « la logique multiculturelle » des fonctionnaires de Bruxelles et des élites ouest-européennes. Orbán ne veut pas de « l'empire sans frontières » incarné par le vieux financier George Soros, qui appelle l'Europe en septembre 2015 à accueillir chaque année un million de migrants pour faire face à ses pénuries de main-d'œuvre[1]. Il y va de la « survie de la nation » et de l'avenir de la civilisation européenne chrétienne refusant l'idée d'une société multiculturelle, clame-t-il, assurant que cela n'a rien à voir avec la démocratie. Un diagnostic qui rappelle,

1. George Soros, « Here is my plan to solve the asylum chaos », *Bloomberg*, 29 septembre 2015.

mot pour mot, celui d'un Éric Zemmour ou d'un Thierry Baudet. « Des nuages sombres s'accumulent au-dessus de nos têtes à cause de l'immigration, lance Orbán en pleine campagne de réélection, en 2018. Des nations vont cesser d'exister [...] et l'Europe s'apercevra trop tard qu'elle a été envahie. La chrétienté est le dernier rempart contre l'islamisation rampante. » Dans mes reportages, ce même thème de la migration, de la crainte du multiculturalisme et de la peur de l'islam, apparaît clairement chez les électeurs d'Orbán, de Budapest à Mohács, sur la frontière avec la Serbie – comme cela a été le cas quelques mois plus tôt à Dresde sur les terres de l'Alternative pour l'Allemagne (AfD), ou dans la province tchèque où j'ai couvert les élections législatives de 2017. Pays dominé pendant des siècles par l'Empire ottoman, la Hongrie garde dans ses gènes la méfiance de l'envahisseur « musulman ».

« Nous n'avons absolument pas envie que nos villes commencent à ressembler aux banlieues de Paris ou de Marseille, ni de devoir subir le terrorisme islamique », me lancent-ils, jugeant plus important de « soutenir la clôture sud » et le « sauvetage de l'Europe chrétienne » que de sanctionner la corruption qui sévit au plus haut niveau de l'État. Ils ne croient pas la démocratie en danger et disent que, si l'opposition ne gagne pas, ce n'est pas parce que le pays est en dictature, mais parce qu'elle est incapable de convaincre.

De même, à Budapest, le porte-parole du gouvernement, Zoltán Kovács, réfute-t-il farouchement la critique selon laquelle le pouvoir hongrois ne respecterait pas la loi ni les contre-pouvoirs. Il réplique que la vision hongroise d'une Europe des nations en guerre contre les excès du libéralisme ne signifie nullement que le pouvoir exécutif hongrois veut s'en prendre à l'État de droit. Budapest conteste que le désaccord idéologique qui l'oppose à Bruxelles sur les quotas de réfugiés, la question des valeurs chrétiennes et celle de l'avenir de l'Europe – Europe supranationale contre Europe des nations – puisse être utilisé pour lui faire de mauvais procès sur les libertés. « Nous ne pensons pas que le droit à migrer soit un droit de l'homme », me répond Zoltán Kovács[1]. « C'est le rejet du projet de société ouverte qui favorise la mondialisation et fait de la migration un droit de l'homme, qui explique pourquoi l'équipe Orbán a pris fait et cause contre le milliardaire d'origine hongroise, George Soros, nous déclare aussi le ministre de la Justice, László Trócsányi[2]. On nous parle du principe de solidarité ; nous invoquons le principe de sécurité », plaide alors le ministre hongrois. Lors de ce même voyage, la ministre de la Famille Katalin Novák, une ancienne énarque francophone, qui a la charge de la politique nataliste très active que promeut le gouvernement Orbán, me confie qu'elle a le sentiment, en fréquentant ses collègues européens, qu'ils ont érigé en « théorie de l'évolution » l'idée que « le libéralisme est supérieur au conservatisme et qu'on devrait absolument prendre ce chemin pour arriver à un niveau supposément plus élevé[3]. Mais je ne suis pas d'accord. Je pense qu'il y a des carrefours dans la vie d'une nation. Certains pays d'Europe ont pris leur décision et ont choisi l'immigration et le modèle multiculturel. Mais nous voulons prendre une autre voie, car nous sommes attachés à notre civilisation et nous voyons des expériences européennes qui ne nous convainquent pas », dit-elle.

1. Zoltán Kovács, entretien avec l'auteur, avril 2019.
2. László Trócsányi, entretien avec l'auteur, avril 2019.
3. Katalin Novák, entretien avec l'auteur, avril 2019.

En réalité, l'équipe Orbán considère que les Européens occultent le sujet clé civilisationnel et que l'Europe s'est reniée elle-même en refusant d'assumer les racines chrétiennes de l'Europe. L'homme fort de la Hongrie, qui est en guerre contre la déconstruction de la famille traditionnelle, adresse tout particulièrement ce reproche au PPE et à la CDU, qui n'est plus, répète-t-il, celle d'Helmut Kohl – un chrétien assumé. Il a fait inscrire dans la Constitution le fait que les pères sont des hommes et les mères, des femmes. Dans son adresse à la nation du 10 février 2019, il affirme : « Le peuple de Hongrie doit encore embarquer pour la grande aventure. Les plus grandes victoires sont à venir [...]. Nous avons la bénédiction de la Providence : la Hongrie avant tout, et Dieu au-dessus de nous tous. »

Bien sûr, cette ligne de défense aux accents épiques, qui fait sourire et grincer des dents dans les milieux intellectuels de Budapest, ne permet pas d'éluder la poussée d'autoritarisme que ces élites dénoncent. C'est le cas de Dóra Győrffy, une économiste libérale passée par Harvard, qui étudia avec le grand économiste János Kornai et enseigne aujourd'hui à l'université Corvinus et à l'université catholique de Budapest. Auteure d'une thèse sur le degré de « convergence » de la Hongrie avec le reste de l'Europe, elle décrit un régime aux dérives autoritaires inquiétantes, parlant notamment d'attaques contre la liberté académique. Elle évoque de nouveaux programmes universitaires sponsorisés par la Banque nationale de Hongrie, visant à promouvoir « de nouveaux paradigmes économiques » et à rejeter « les idées néolibérales ». Mais est-ce si grave ? Oui, dit Győrffy, qui s'indigne des pressions exercées par le gouvernement contre l'université d'Europe centrale, dont certains départements, sponsorisés par le magnat

George Soros – bête noire d'Orbán – ont dû partir pour Prague. « Le but de ce gouvernement est de détruire toutes les limites à son pouvoir », affirme-t-elle, évoquant aussi l'affaiblissement du pouvoir judiciaire, le contrôle total du Parlement par le parti au pouvoir, ainsi que l'absence grandissante de compétition dans l'économie et dans la presse ; sans parler des lourdes pressions pour réorganiser le système de l'Académie des sciences. L'universitaire estime que la démarche du pouvoir vise essentiellement à établir un droit de regard sur les sujets de recherches menées ; un soupçon que nourrit aussi Viktor Lőrincz, historien à l'Académie et membre de son syndicat. Une grève a mobilisé des milliers de chercheurs pendant des mois. « Les gens qui ont des doctorats ne veulent pas être des serviteurs du pouvoir », note Dora, estimant que la liberté qu'elle a expérimentée durant sa carrière « est en train de se restreindre ». Le porte-parole du gouvernement, Zoltán Kovács, réplique que de telles accusations d'autoritarisme et d'atteinte à l'État de droit ne sont pas fondées sur des critiques légales, mais sur des « émotions » et des jugements politiques. « L'État a le droit de vouloir demander des résultats et plus d'innovation des instituts de recherche qu'il finance », dit-il. Pour lui, ces accusations reflètent en réalité l'offensive idéologique menée par les adversaires politiques du gouvernement, et endossée par l'Occident. J'en parle avec l'historien hongrois Maté Botos, qui a longtemps soutenu Orbán et qui s'émeut des sombres batailles qui entourent aujourd'hui son université catholique, reflétant selon lui la tendance générale à la vassalisation de toutes les institutions indépendantes, au profit du Fidesz. Orbán, soucieux de mener une forme de révolution intellectuelle conservatrice, semble en effet accorder une énorme importance à l'éducation de nouvelles élites. Mais Stefano Bottoni, un chercheur italo-hongrois de l'Académie des sciences hongroise, qui a passé quinze ans sur place, et s'apprête à déménager pour l'Italie, me confie avoir du mal à discerner avec certitude à quel point il y a danger[1]. Malgré sa longue expérience, il dit qu'il a lui-même le plus grand mal à se faire une idée tout à fait exacte de « l'animal politique » qui émerge en Hongrie ; cette démocratie illibérale, populaire et autoritaire qui donne tant de fil à retordre à Bruxelles. Bottoni a longtemps soutenu Orbán, car il sait que la politique du Premier ministre a été une réaction au « désastre laissé par ses prédécesseurs socialistes ». Il dit que le leader hongrois, au départ un libéral, a été horrifié comme l'ensemble du pays par les abus et les dérives du gouvernement socialiste, au pouvoir entre 2002 et 2010. « Il y a eu tant de corruption, tant de désillusions ! Les Hongrois, qui rêvaient d'Europe, ont pensé que l'UE résoudrait tous leurs problèmes et cela ne s'est pas produit. » Il rappelle que « 1,5 million de personnes ont perdu leur emploi dans la tourmente de la fin du communisme et qu'elles ont donc été heureuses quand Orbán est arrivé et a parlé de réparer les erreurs passées et de construire un État capable de protéger ses citoyens ». Cette idéologie de l'État fort s'est accompagnée d'une prise de distance vis-à-vis des partenaires européens. Fort de son pouvoir absolu sur le Parlement, Orbán est en train de créer « une nouvelle élite », « une nouvelle bourgeoisie » conservatrice, formée dans les nombreuses écoles et universités, notamment catholiques, qui ont été créées dans les dernières années, explique, comme

1. Stefano Bottoni, entretien avec l'auteur, avril 2019.

les autres, Stefano Bottoni, qui énumère une impressionnante quantité d'instituts et de fondations financés par le nouveau pouvoir. András Stumpf, journaliste libéral conservateur, qui a fondé le journal en ligne Válasz, après le démantèlement de l'influent hebdomadaire du même nom à l'instigation du pouvoir, dit qu'il peut comprendre le désir de ne pas accepter en bloc le progressisme « hors de contrôle » qui vient de l'Ouest, « et qui est en bien des points, ridicule, avec son obsession de l'intersectionnalité, des binaires et des non-binaires ». « Pour une large part, la société hongroise est conservatrice, remarque-t-il. Je souscris d'ailleurs au fait que l'on a le droit de défendre une politique migratoire stricte. La Hongrie est en droit de décider qui peut rester sur son sol[1]. » Mais il craint l'absence grandissante de compétition et de pluralisme, et pense que c'est sur ce point que l'Europe devrait demander des comptes, au lieu de s'en tenir à ses attaques vagues « contre les valeurs ». « On peut défendre une politique conservatrice de bon sens sans être obligé de construire un État autoritaire, sans compétition et hors de tout contrôle », insiste le journaliste. Bottoni dit que l'opposition a une large part de responsabilité dans la situation actuelle, car elle est incapable de formuler une critique vraiment pertinente. « La culture hongroise est trop manichéenne. Soit tout ce que fait Orbán est mauvais, soit tout est bon. Marre de cet extrémisme politique ! » dit-il. Mais il ajoute que la pression du pouvoir est si grande qu'il est néanmoins « indispensable de soutenir l'opposition ». « J'ai des amis qui n'osent plus mettre un "*like*" sur Facebook en faveur de la grève de l'Académie des sciences, car

1. András Stumpf, entretien avec l'auteur, avril 2019.

ils ont peur d'être limogés », dit Bottoni. Alors que j'achève cet ouvrage, le jeune politique conservateur Péter Márki-Zay, un indépendant, ancien du Fidesz et maire de la ville de province Hódmezővásárhely, qui a coalisé toute l'opposition de droite et de gauche – jusqu'aux socialistes – pour tenter de battre Orbán lors des prochaines élections législatives, est au coude à coude avec le puissant Premier ministre. Il y a quatre ans, je lui avais rendu visite dans sa ville, où il avait battu un pilier du système Orbán, grâce à une coalition de partis. Les gens disaient déjà leur colère envers un pouvoir central hongrois « coupé du quotidien » et « s'occupant de ses petits arrangements pendant [qu'ils peinaient] à joindre les deux bouts ». Mais, en même temps, les passants interrogés reconnaissaient être inquiets de l'immigration, évoquant le traumatisme de 2015. « On a peur de perdre le contrôle dans le futur », concédait la jeune Csilla, 26 ans, qui disait voter Fidesz car elle ne voyait « aucune alternative ». Les Hongrois semblaient de plus en plus soucieux d'instaurer des garde-fous face au pouvoir d'Orbán, mais pas prêts à renoncer à la révolution nationaliste et protectionniste qu'il incarne. « Les gens vont peser le pour et le contre, entre leur crainte de l'immigration et de la perte de contrôle, qui les fait aller vers Orbán, et leur colère montante face aux excès d'un régime qui n'est plus contrôlé », m'avait alors confié Péter Márki-Zay, à la veille du scrutin parlementaire[1].

Quatre ans plus tard, la problématique est toujours la même. Mais le seul fait que le suspense soit aussi grand signale qu'on n'est pas dans un scénario à la Poutine en Hongrie, contrairement à la vision caricaturale

1. Péter Márki-Zay, entretien avec l'auteur, avril 2019.

véhiculée dans la plupart des journaux occidentaux. Comme le dit Bottoni, « l'animal » politique hongrois est plus complexe. Si la démocratie y a un air autoritaire, un peu second Empire, difficile en revanche de suivre tout à fait le philosophe et professeur de droit européen Luuk van Middelaar quand il affirme que la Hongrie s'apparente à une « dictature électorale ». La peinture sans doute trop simpliste qui est faite de la Hongrie de Viktor Orbán doit en réalité beaucoup aux désaccords de fond qui séparent le Premier ministre hongrois et les principales puissances d'Europe de l'Ouest, non seulement sur la question des libertés, mais sur la question migratoire et celle des « valeurs » – alors que ces sujets relèvent de la compétence des États. La manière dont la Commission de Bruxelles a suspendu par exemple des fonds budgétaires liés à la relance post-Covid-19, destinés à la Hongrie et pour lesquels elle avait dûment rempli toutes les exigences, est à cet égard significative. Deux jours après avoir donné son accord, l'exécutif bruxellois annulait le déblocage desdits fonds après le vote au Parlement hongrois d'une loi visant à interdire toute propagande d'ONG sur l'orientation sexuelle ou le changement de sexe dans les écoles et jardins d'enfants. Bruxelles a voulu ainsi protester contre le traitement fait aux homosexuels et transgenres, vu qu'il sera désormais interdit de traiter ces sujets à l'école. Cela veut-il dire que Bruxelles a désormais compétence pour décider ce qui est enseigné dans les écoles hongroises ? Le député européen des Républicains, François-Xavier Bellamy, s'est inquiété de l'acharnement de Bruxelles contre les Polonais et les Hongrois lors d'une interview à la chaîne LCP, qui l'interrogeait sur leurs écarts « en matière d'État de droit ». « Bien sûr, qu'il faut défendre l'État de droit, mais pourquoi ne cible-t-on que la Pologne et la Hongrie, alors que ces problèmes concernent de nombreux autres pays d'Europe », a-t-il répondu, mentionnant par exemple le gouvernement socialiste de Malte, dont le Premier ministre Joseph Muscat a dû démissionner de son poste en 2020, certains de ses proches collaborateurs étant soupçonnés d'être directement impliqués dans le meurtre de la journaliste anticorruption Daphne Caruana Galizia. « Y a-t-il deux poids, deux mesures » parce que la Pologne et la Hongrie sont conservatrices ?, s'interrogeait le député européen. Quelques jours plus tard, il réitérait à la tribune du Parlement européen, avertissant sur cette discrimination systématique contre Budapest et Varsovie, qui crée de graves lignes de fracture en Europe, dans une période particulièrement dangereuse. Dans une contribution publiée sur le blog New Atlanticist, en 2019, l'analyste américain Jeffrey Gedmin, un centriste, appelait lui aussi à ne pas confondre la question « légitime » de la souveraineté avec le débat sur la démocratie hongroise. « Orbán est dénoncé par les libéraux américains [...] comme un eurosceptique menaçant, alors que l'idée selon laquelle les nations ont peut-être cédé trop de droits à Bruxelles devrait pouvoir être traitée comme une vue raisonnable sur laquelle les citoyens devraient pouvoir être en désaccord dans une démocratie », écrit-il, tout en reconnaissant qu'existe « une vraie inquiétude sur l'avenir de l'État de droit en Hongrie ». En d'autres termes, il est sans doute temps à l'Ouest d'adopter une position moins binaire et de distinguer entre bataille légitime pour la préservation de l'État de droit et croisade idéologique sur les questions de la nation, de l'immigration ou de la morale sociale et culturelle, même si ces dernières peuvent parfois s'entremêler. Le voyage d'Emmanuel Macron à Budapest, en décembre 2021, indique peut-être de sa part le début d'une distinction.

Parmi les nationaux-conservateurs, qui se pressent depuis quelques années à Budapest, la croisade des progressistes contre la Hongrie a en tout cas rendu Orbán d'autant plus attractif. Pour eux, il ne fait aucun doute que l'Union européenne le punit, ainsi que la Pologne, pour leurs choix idéologiques nationalistes et conservateurs. C'est le point de vue d'Éric Zemmour, qui juge les pressions dont Varsovie et Budapest font l'objet de la part de la Cour européenne de justice, « inacceptables ». Il raconte avoir été séduit par l'acuité de la vision de Viktor Orbán sur la crise que traverse l'Europe et le danger des politiques immigrationnistes défendues par Bruxelles, quand il l'a rencontré en septembre 2021, pour un entretien privé. « Il m'a semblé parfaitement comprendre le choc de civilisations », confie-t-il[1]. À Budapest, juste après la rencontre, il avouait « admirer sa politique, sa résistance à l'air du temps ». « Je ne crois pas que Viktor Orbán soit un dirigeant autoritaire. Il gère son pays et ne se laisse pas intimider ; ni par les minorités agissantes, ni par les médias, ni par le gouvernement des juges. C'est exactement ce qu'il faudrait faire en France ; ça ne veut pas dire un gouvernement autoritaire », a ajouté Zemmour. Marine Le Pen, Thierry Baudet, Geert Wilders, Matteo Salvini et d'autres ont tous eu des mots très élogieux pour l'homme fort de la Hongrie, qu'ils perçoivent comme une force de bon sens, au milieu de la déliquescence européenne, sous-estimant pour leur part totalement, à tort, la question de l'État de droit.

En réalité, Budapest semble presque s'être transformée en une sorte de Jérusalem du conservatisme occidental, où défilent leaders et intellectuels dits « populistes » pour le rencontrer, de Marine Le Pen

---

1. Éric Zemmour, entretien avec l'auteur, janvier 2022.

à l'ancien vice-président américain Mike Pence, en passant par Matteo Salvini, Geert Wilders ou Santiago Abascal. Le fracassant présentateur vedette américain de Fox News, Tucker Carlson, qui anime actuellement l'un des shows les plus regardés d'Amérique, a lui aussi été l'un de ses hôtes, à deux reprises en 2021, diffusant même son « show » depuis Budapest ; et vantant la construction efficace d'une barrière sur la frontière hongroise qui devrait « rendre les Américains honteux ». Viktor Orbán espérait apparemment aussi attirer Donald Trump à Budapest pour la Conférence d'action politique conservatrice (CPAC), à la veille de sa réélection ce printemps. Le conseiller du comité de campagne du Parti démocrate américain au Congrès, Kurt Bardella, alarmiste, lit dans cette glorification d'Orbán le signe d'un Parti républicain qui cherche à « légitimer l'autoritarisme. « On est content de voir cet intérêt. Cela nous permet de montrer que notre pays a une importance dans le débat intellectuel et stratégique. On défend clairement une politique conservatrice, de défense des valeurs chrétiennes », confie de son côté le ministre des Affaires étrangères hongrois, Péter Szijjártó à l'automne 2021. Une approche qui suscite beaucoup de remous en France, où la République a combattu avec acharnement la religion chrétienne au nom de la laïcité et de l'État de droit ; jusqu'à en oublier parfois que toutes les valeurs françaises ne datent pas de 1789 et puisent très profondément dans les contreforts catholiques de notre culture. Pour autant, cette fascination sans réserve de la droite conservatrice française pour l'homme fort de Budapest doit donner à réfléchir. Surtout quand elle se double en arrière-plan d'une fascination pour l'homme fort du Kremlin, que partage partiellement Viktor Orbán.

Les deux Pologne qui s'empoignent

Dans les voyages que j'effectue en Pologne, entre 2017 et 2021, je retrouve largement les tendances observées à Budapest ; quoique des différences notables soient également à souligner. Même confrontation des villes et des campagnes. Même présence au pouvoir d'un parti national conservateur, Droit et Justice (PiS), incarnant, comme le parti d'Orbán, le triomphe de la Pologne profonde « des oubliés du passage à l'économie de marché » et la défense des valeurs chrétiennes, alors que l'opposition progressiste de gauche, plus internationaliste et plus cosmopolite, domine dans les grandes villes. Mêmes dérives autoritaires et même bataille frontale de Varsovie avec Bruxelles, sur des questions liées au non-respect de l'État de droit en matière de réforme judiciaire et de contrôle sur le secteur télévisuel. Même volonté du pouvoir de créer des élites « de substitution » plus conservatrices, face à l'opposition arc-boutée de la gauche et du centre, qui depuis l'époque de Solidarność, se pose en détentrice quasi exclusive de la légitimité morale et intellectuelle. Même hostilité acharnée, jusqu'à la caricature là aussi, de nombreux médias occidentaux vis-à-vis du gouvernement en place, pour des raisons partiellement idéologiques, certains organes de presse allant même jusqu'à parler du PiS comme d'un parti d'extrême droite – ce qui est évidemment un contresens.

À Gładczyn Szlachecki, dans la campagne polonaise, où mon confrère Tomasz Zalewski m'a emmenée faire une tournée des fermiers, à l'approche des élections législatives de 2021, les humeurs sont ainsi résolument progouvernementales, les paysans soulignant la

« protection » sociale que leur a apportée le parti du député, Jarosław Kaczyński – homme fort du pouvoir, même s'il n'occupe ni le poste de président ni celui de Premier ministre. Sous le regard approbateur de sa femme, Zdzisław Jarosik, un agriculteur, la quarantaine, dit par exemple avoir été très aidé par l'allocation de 500 zlotys mensuelle – 116 euros –, accordée par le gouvernement aux familles, pour chaque enfant. « Ils nous aident aussi quand on a des problèmes de récolte, alors que, sous le gouvernement de la Plateforme civique [PO, principal parti d'opposition, centriste et libéral], quand on avait une canicule, ils disaient juste : "C'est la météo, qu'est-ce que vous voulez qu'on y fasse ?" », se souvient par exemple ironiquement le fermier. Quand on l'interroge sur les arguments de l'opposition et sa critique des atteintes à l'indépendance des juges, il se dit sceptique. Reconnaissant ne pas y connaître grand-chose, il invoque l'avis de reportages vus à la télé d'État, très contrôlée, pour assurer que « les anciens juges se moquaient des gens simples ». « Nous n'avons pas besoin que M. Timmermans [le vice-président néerlandais de la nouvelle Commission européenne] vienne nous donner des leçons sur la réforme judiciaire ! » ajoute Zdzisław, exaspéré par la manière dont la Pologne est traitée par l'Europe – même s'il oublie un peu vite à quel point l'UE a bénéficié au pays, toujours très dépendant des financements bruxellois. Ce qui le préoccupe beaucoup plus, en revanche, c'est l'activisme de la gauche visant à promouvoir le mariage homosexuel ; une proposition inacceptable pour ce catholique. Pour lui comme pour beaucoup de Polonais, rejoindre l'Europe n'a jamais impliqué le fait de se voir imposer un tel modèle sociétal. « On n'a rien contre les gays ! Qu'ils vivent leur vie tranquillement ! Mais qu'ils ne demandent pas à avoir accès au mariage. C'est piétiner nos valeurs, non ? » déclare-t-il. Dans la ferme voisine, Jan Skierkowski, 54 ans, qui bénéficie lui aussi de l'allocation des 500 zlotys pour son plus jeune fils, Marcin, dit qu'il votera PiS surtout pour des « raisons culturelles ». « Je suis croyant et contre le projet des LGBT. Une famille, c'est un homme et une femme ; un point, c'est tout », lance-t-il. Seulement 15 % des Polonais sont en faveur du mariage gay, et quelque 50 % soutiennent les unions civiles homosexuelles – des chiffres qui donnent une idée du contexte sociétal global de la Pologne. Au village, Krzysztof Sobieski, un jardinier de 41 ans, qui a repris des études et se déclare « libéral », dit se sentir isolé. « L'écrasante majorité des gens pensent comme les fermiers que vous avez interrogés. C'est à cause de l'influence de l'Église. Tout le monde en a peur ! Si le PiS perdait l'Église catholique, il perdrait le pouvoir », pense Krzysztof. Il finit par lâcher qu'il est favorable aux unions civiques gay mais qu'il ne le dit pas trop fort pour « ne pas être poignardé dans le dos ». Même s'il s'agit d'une boutade, sa formule en dit long sur la profondeur du fossé entre conservateurs et libéraux.

Ce fossé, je le ressens évidemment en me rendant, au lendemain de mon escapade campagnarde, en plein centre de Varsovie, au siège de *Gazeta Wyborcza*, puissant journal d'opposition – de centre gauche – qui bataille contre le PiS et soutient ouvertement l'opposition. *Gazeta*, c'est tout ce que déteste Droit et Justice : l'incarnation de ces anciennes élites de Solidarité dont les nouveaux maîtres de la Pologne dénoncent la condescendance et le libéralisme universaliste, « non polonais ». À l'intérieur de l'immeuble de verre de la rédaction, une affiche rappelle qu'« il n'y a pas de liberté sans Solidarité » – formule qu'avait utilisée Lech Wałęsa en mai 1989, dans un éditorial. Mais, dans son bureau tapissé de livres au sommet du bâtiment, Adam Michnik, figure légendaire de la lutte contre le communisme et rédacteur en chef du quotidien, constate que la solidarité a laissé place à une « polarisation peut-être pire encore que celle de la loi martiale de 1981 ». « Sommes-nous à la veille d'une nouvelle guerre civile froide ? » s'interroge-t-il à haute voix, visiblement inquiet[1]. La guerre a en réalité déjà commencé, dit Jarosław Kurski, ancien porte-parole de Lech Wałęsa et aujourd'hui bras droit de Michnik à *Gazeta*. Il raconte que le quotidien est devenu l'objet d'attaques permanentes du gouvernement du PiS : refus d'inviter les journalistes aux événements officiels et de leur accorder des interviews, suppression des abonnements à *Gazeta* des administrations publiques, ainsi que des annonces publicitaires… « Ils essaient de nous mettre un sac plastique sur la tête. Notre planche de salut est la qualité de nos articles qui restent une bouffée d'air frais, vu la propagande de la télévision publique », dit Kurski. Il reconnaît en savoir « long » sur la polarisation, vu que son propre frère est devenu le patron de la chaîne publique et a été responsable de sa mise sous contrôle. « On ne se parle plus », reconnaît-il. Une bataille fratricide qui me rappelle, dans un tout autre contexte et à un tout autre niveau, l'âpreté de la querelle de famille qui oppose Lynette Villano, la républicaine trumpiste de Pennsylvanie et son petit-fils démocrate, évoquée dans mon premier chapitre.

Ce tableau de la situation peint par Jarosław Kurski est partiellement contesté par le professeur Andrzej Nowak,

1. Adam Michnik, entretien avec l'auteur, avril 2019.

figure influente de l'université de Cracovie, fin russologue et conservateur, qui juge les intellectuels d'opposition, et notamment *Gazeta*, très partiaux. Pour lui, la polarisation est venue de l'incapacité des élites libérales au pouvoir, entre 1989 et 2015, à laisser de la place à d'autres visions, et notamment aux idées conservatrices et favorables à la nation. « Le vote PiS est un avertissement envoyé à l'élite postcommuniste et à son consensus libéral », dit-il[1]. Les électeurs de Droit et Justice soutiennent un État plus social, plus conservateur, mais aussi, « élément sous-estimé, un retour à l'identité nationale, insiste Nowak. Nous en avons assez d'être traités comme de petits écoliers qui doivent tout apprendre de Paris ou Bruxelles et se voient imposer des choix qu'ils n'ont pas faits », poursuit l'intellectuel de Cracovie, estimant que le procès fait au PiS est trop manichéen et que les entraves anticonstitutionnelles avaient commencé bien avant. « En 2015, le gouvernement de la Plateforme civique avait déjà violé la Constitution en votant illégalement l'installation de juges constitutionnels avant la fin du terme de leurs prédécesseurs, pour empêcher le PiS de nommer ses candidats. Pourquoi ne pas s'en être indigné à l'époque ? Le tableau n'est pas aussi blanc et noir qu'on le dit, déclare-t-il, même s'il reconnaît que certaines mesures du PiS sont illégales. La tentative de renouvellement des juges, voulue par Droit et Justice n'est pas totalement illégitime ; c'est ce qu'a fait l'Allemagne en 1990 en démettant tous les juges est-allemands », souligne encore Nowak, notant que la tension entre l'idée d'une « République des juges » et la légitimité populaire issue de la majorité parlementaire, est un débat qui traverse aujourd'hui tout l'Occident.

1. Andrzej Nowak, entretien avec l'auteur, avril 2019.

Même chose pour les médias : « On parle de la télévision publique qui ment, c'est vrai, mais le biais de *Gazeta* est évident ; il est difficile de voir comment en sortir », note Nowak. Ryszard Legutko, un autre intellectuel conservateur influent, député du PiS au Parlement européen, rejette lui aussi l'accusation de destruction des contre-pouvoirs, notamment médiatiques. Il affirme que son parti n'a fait qu'instaurer une fiscalité sur la publicité des grands groupes, alors qu'elle était proche de zéro et que le gouvernement a besoin de financements. « Nous sommes certes le seul pays à avoir 25 % de médias conservateurs, un chiffre substantiel, mais les 75 % restants sont des médias libéraux furieusement antigouvernementaux. Pourtant, le seul fait qu'il y ait un contre-pouvoir, même minoritaire est jugé inacceptable pour le courant dominant. Ils voudraient qu'une seule opinion soit exprimée ! dénonce-t-il[1]. Ils essaient aussi d'imposer leur idéologie progressiste dans les universités ; ce que le gouvernement tente d'empêcher. La Pologne résiste mieux que les autres », note encore Legutko, qui voit son pays comme l'un des derniers bastions chrétiens, dans une Europe où les conservateurs « ont capitulé ».

Vu la force de l'opposition polonaise, bien plus imposante qu'en Hongrie où elle ne bénéficie notamment pas de relais médiatiques aussi puissants que *Gazeta*, le politologue Ivan Krastev juge que le face-à-face des « deux Pologne » rappelle finalement peut-être plus le face-à-face américain des « deux Amériques » trumpiste et démocrate que la situation hongroise[2]. Le rôle du

---

1. Ryszard Legutko, entretien avec l'auteur, « En Europe, les conservateurs ont totalement capitulé », *Le Figaro*, 5 mars 2021.
2. Ivan Krastev, entretien avec l'auteur, « Les Américains essaient de dire à l'Europe que le monde a changé », *Le Figaro*, 15 octobre 2021.

politique Donald Tusk, redevenu le principal leader de l'opposition après son passage dans les plus hautes sphères du pouvoir bruxellois où il a été président du Conseil, assure à sa formation politique, un lien presque organique avec la Commission européenne et le Parlement de Bruxelles, qui voient clairement la Pologne à travers les lunettes de l'opposition. On pourrait presque parler d'un équilibre des forces, une sorte de « pat » politique paralysant et destructeur à Varsovie, très inquiétant alors qu'une tempête géopolitique gronde aux portes du pays, sur les fronts russo-ukrainien et biélorusse, si proches. Les Polonais vont-ils continuer de se déchirer comme ils le firent si souvent dans leur histoire, au lieu d'affronter ensemble un avenir menaçant ?

L'élément commun à la Hongrie d'Orbán et à la Pologne de Kaczyński provient en réalité de la conviction presque mystique qu'ont ces deux leaders « du rôle à part » qui doit être le leur : celui de gardiens de l'Europe des nations, de l'Europe chrétienne, qui a été trahie par les élites, l'histoire et l'Occident. Sur la nation, la Pologne a mené son combat de manière plus frontale, en allant jusqu'à affirmer qu'elle ne reconnaîtrait pas les décisions de la Cour européenne de justice sur la question de savoir comment organiser son système judiciaire. Les Hongrois ont été « plus subtils » dans leur contestation, nous confie un observateur français en poste à Budapest… Mais « les deux pays sont en phase sur l'idée qu'on ne peut aller, au fond, contre un principe constitutionnel national, sur les domaines de compétence partagée », dit-il.

Cela fait plusieurs années que l'Union européenne est en guerre contre le gouvernement polonais du PiS, sur la question de la réforme de son système judiciaire qui, en cherchant à le « purger » de son « héritage communiste », a peu à peu instauré une forme de contrôle politique. L'un des casus belli concerne notamment le principe de nomination des juges. La Commission a donné instruction à la Pologne de créer un système qui garantirait que les commissions nommant les juges soient composées majoritairement par des magistrats. Mais le gouvernement de Varsovie rétorque que « ce n'est pas le cas en France » et qu'en Allemagne, des politiciens nomment les juges et peuvent les limoger pendant les deux premières années suivant leur nomination – ce qui n'est pas le cas chez eux. « Dans tout système, vous pouvez pointer des éléments pour dire que l'indépendance des juges n'est pas assurée. L'UE – c'est écrit dans le traité européen – est l'union de 27 États membres avec des traditions différentes, des systèmes juridiques différents. Elle doit respecter les traditions légales des États membres. Nous voulons être respectés comme tous les autres ! » s'insurge Paweł Jabłoński, vice-ministre des Affaires étrangères polonais, que j'interroge à ce sujet en novembre 2021. Il affirme que le système judiciaire a toujours beaucoup de pouvoir et qu'une fois qu'un juge a été nommé, il est totalement indépendant. « Ses garanties sont parmi les plus larges de l'UE, mais nous avons voulu créer une certaine démocratisation du processus de nomination, avec un système dans lequel ce sont toujours les juges qui décident des nominations, mais le Parlement a la compétence de présélectionner les membres des commissions judiciaires qui font les nominations. Nous avons introduit plus de transparence, avec des auditions retransmises en direct. C'est un système beaucoup plus démocratique, mais qui ne plaît pas aux juges car tout n'est plus exclusivement entre leurs mains. Du coup, on critique les juges nommés depuis notre arrivée, comme s'ils étaient les pires humains de la Terre ! » poursuit Jabłoński, persuadé qu'il s'agit d'une tentative de délégitimation du gouvernement.

La Cour de justice européenne s'en est prise en particulier à la loi polonaise sur le Conseil national de la magistrature polonais (KRS), dont elle exige qu'il soit constitué de juges nommés par leurs pairs. Elle s'est aussi penchée sur la mise en place d'une Chambre disciplinaire au sein de la Cour suprême polonaise, qui a le pouvoir de lever l'immunité des juges et de les exposer à des poursuites pénales, ordonnant qu'elle mette fin à ses activités – une décision que la Cour constitutionnelle polonaise a refusée, suscitant un tollé en Europe, où Varsovie est accusée de s'être soustraite au principe de primauté du droit européen. « Il y a d'autres États qui ont des législations similaires et n'ont pas de problèmes. La loi polonaise sur le Conseil national de la magistrature est bonne. Ce qui leur arrive est très injuste et a des motivations très politiques. Les institutions européennes font tout pour affaiblir le gouvernement polonais actuel. La Pologne mérite plus de respect », notait le ministre hongrois des Affaires étrangères Péter Szijjártó dans un entretien, en novembre, à la rescousse de l'allié polonais[1]. La Cour constitutionnelle polonaise « a émis une décision sur les compétences respectives nationales et communautaires. Elle distingue très clairement les compétences des États membres et les compétences au niveau de l'UE. Et quand on parle des compétences des États membres, il est clair que les lois nationales ont la priorité sur le

1. Péter Szijjártó, « Les Polonais et les Hongrois sont soumis à un chantage inacceptable », *Le Figaro*, 29 octobre 2021.

droit européen. Je ne pense donc pas que cette cour ait fait quoi que ce soit qui indique une volonté de sortir des structures européennes », ajoutait le ministre hongrois. L'affrontement a atteint un tel niveau de tension que Bruxelles a décidé de lier l'octroi des fonds budgétaires post-Covid-19 à des concessions sur la réforme judiciaire – décision contre laquelle Polonais et Hongrois se sont notamment battus bec et ongles, y voyant une ingérence inacceptable dans les affaires intérieures de leur pays respectif : « Nous n'avons pas créé l'UE pour avoir une deuxième Union soviétique », n'a pas hésité à déclarer Viktor Orbán au micro de la radio d'État hongroise. Mais, à la mi-février, le couperet de la justice européenne est tombé : les juges de Luxembourg ont donné leur feu vert à un mécanisme inédit qui permettra à la Commission de suspendre le versement de fonds européens aux États membres qui ne respectent pas les valeurs communes de l'UE et l'État de droit – une décision qui a été fustigée à Varsovie comme à Budapest. La ministre hongroise de la Justice, Judit Varga, y a vu « une décision politique » qui ne serait que la conséquence de la loi adoptée en Hongrie, à l'été 2021, et qui interdit d'évoquer dans les établissements scolaires le changement de sexe et l'homosexualité auprès des moins de 18 ans – loi appelée à être soumise à référendum –, comme je l'ai indiqué plus haut. Le vice-ministre de la Justice polonais, Sebastian Kaleta, estime que « désormais, toute décision indépendante de la Pologne sera soumise au risque de chantage financier, qui est un fait depuis plusieurs mois et aujourd'hui légalisé dans l'enceinte de l'UE ».

Au-delà de ces questions de souveraineté, les deux pays se retrouvent dans leur vision d'une crise civilisationnelle de l'Europe, dont ils pensent être seuls à détenir le remède. À l'instar du Fidesz, le PiS se voit comme le parti du peuple, dont les valeurs conservatrices ont été méprisées culturellement par l'opposition libérale et la gauche, et veut construire une IVe République, distincte de la IIIe – qui irait de 1989 à 2015 –, m'explique notamment le spécialiste français de la Pologne Georges Mink, qui souligne la communauté « émotionnelle très solide » que Jarosław Kaczyński a créée avec ses supporters[1]. « Aujourd'hui, Kaczyński joue sur l'idée d'une Pologne christique, qui ne se laisse pas dicter sa conduite, et voit sa mission dans le sauvetage et la rechristianisation de l'Europe sécularisée », analyse aussi l'intellectuel polonais Aleksander Smolar[2]. De ce point de vue, Jarosław Kaczyński se situe dans la lignée des nationalistes qui, comme Trump, Zemmour ou Orbán, prônent une rébellion de la nation contre les règles trop contraignantes de « l'ordre international libéral ». Comme eux, il défend une politique conservatrice qui conteste les bienfaits du multiculturalisme et les valeurs progressistes sur la dilution du genre ou l'abandon de la famille traditionnelle. C'est ce projet culturel qui lui fait choisir la construction d'un État fort et centralisateur, qui bouscule les institutions et s'efforce de faire émerger une nouvelle élite, à la manière d'Orbán.

L'une des questions que l'opposition ne cesse de poser avec inquiétude est de savoir jusqu'où ira la réécriture de l'histoire que l'équipe de Kaczyński, obsédée par le spectre du danger russe, a entreprise

1. Georges Mink, entretien avec l'auteur, « Jarosław Kaczyński, ce second rôle devenu l'homme fort de la Pologne », *Le Figaro*, 15 octobre 2019.
2. Aleksander Smolar, entretien avec l'auteur, *ibid.*

– pour détruire la légitimité de ses adversaires, qu'il soupçonne d'avoir comploté contre la Pologne depuis l'époque communiste et d'avoir empêché la décommunisation du pays[1]. « La manière dont il s'efforce de noircir Wałęsa, en l'accusant d'être “un agent des Rouges”, est inquiétante et grotesque, vu le rôle que ce dernier a joué, même s'il a peut-être signé un jour un papier pour dire qu'il collaborerait quand il était jeune », note le sociologue Georges Mink. Les partisans de Kaczyński répliquent que son acharnement sur la question historique s'explique par l'intolérance avec laquelle l'autre camp a accueilli toute idée qui battrait en brèche le « monde ouvert et mondialisé » des libéraux. Ils notent aussi que le patron informel du PiS, malgré sa radicalité et son amour du conflit, est un pragmatique, comme Orbán, pas un aventurier. Le journaliste polonais Ziemowit Szczerek, un reporter qui sillonne l'Europe centrale depuis des années et ne réfléchit pas de manière idéologique, appelle ainsi à plus de nuances de part et d'autre, soulignant que rejeter « la réalité du problème migratoire » comme le fait la gauche polonaise ou hongroise, n'est pas une solution, « même si le PiS et Orbán ont aussi leurs torts en dramatisant le débat ». « Peut-être que “la peur de la disparition” de la nation, qui est brandie à droite est exagérée, mais ces craintes n'en ont pas moins des fondements », dit-il, pointant « la grossière erreur » d'Angela Merkel, en 2015, avec son ouverture sans contrôle des frontières. Le reporter écrivain conseille aux Européens de l'Ouest de comprendre les inquiétudes de l'Est et « ses raisons légitimes » d'être,

1. Voir à ce sujet, Laure Mandeville, « Quand la Pologne faisait trembler le monde communiste », *Le Figaro*, 5 novembre 2019.

parfois, en désaccord avec Bruxelles. « Nous devons montrer que nous savons ce que nous faisons. Sinon, les populistes prendront le pouvoir, et pas seulement à l'Est », avertit-il, constatant l'aura croissante d'Orbán à travers l'Europe. Un observateur français en poste à Budapest affirme que « le peuple hongrois est massivement derrière son leader sur les questions sociétales » et « partage son diagnostic sur le déclin de l'Occident et sa crise spirituelle », même si la moitié de la population pourrait voter pour l'opposition lors du prochain scrutin. « Orbán voit que les sociétés occidentales vont dans le mur avec leurs histoires d'abolition des genres et veut préserver sa propre société de ce qu'il juge être une véritable impasse. » Les Hongrois suivent d'ailleurs avec beaucoup d'attention la marche arrière spectaculaire que les Suédois sont en train d'opérer sur les réformes sociétales, après s'être voulus à la pointe du « progressisme » en la matière. Après avoir enseigné depuis quelques années aux enfants qu'ils pouvaient choisir leur genre, ils constatent l'émergence d'une telle crise d'identité chez les adolescents qu'un changement de cap a été décidé dans l'éducation sexuelle des enfants. « Le Parlement européen, qui promeut inconsidérément cette ligne déconstructiviste sous la pression de lobbys extrêmement actifs, va dans le mur, nous confirme pour sa part un diplomate en poste à Bruxelles, qui préfère lui aussi garder l'anonymat. Il faudrait un cri d'alarme », note-t-il, consterné que la crise patente de l'Europe dans tant de domaines essentiels reste délaissée au profit de telles batailles idéologiques. L'incroyable scandale autour d'un projet de directive de la commissaire européenne à l'Égalité, Helena Dalli, visant à établir un nouveau code de langage – copié-collé de l'idéologie « wokiste » de la gauche identitaire américaine – afin de bannir l'utilisation des termes « Madame » ou « Monsieur », et à privilégier des prénoms non chrétiens, a apporté de l'eau au moulin des conservateurs, révélant la capacité d'entrisme des lobbys d'extrême gauche jusqu'au cœur de l'exécutif bruxellois. « Plus j'en sais sur l'Union européenne, plus je déchante, car elle va à l'encontre des principes que nos nations ont mis en place au cours des siècles, comme notamment la notion clé de responsabilité devant l'électorat », note Ryszard Legutko, soulignant que seulement 52 députés sur 700 parlementaires européens sont responsables devant le peuple polonais. Il note par ailleurs qu'il n'y a aucune véritable séparation des pouvoirs et que l'idée « d'une union toujours plus proche » défendue par les partis libéraux – et qui implique des abandons progressifs de souveraineté –, imprègne toute la démarche de l'Union, alors qu'elle va « contre les constitutions nationales » et n'a pas été prévue par les traités. Legutko qui se dit néanmoins attaché à l'Union, juge qu'elle pourrait bien finir par imploser si « rien ne change ». « Si nous ne sommes pas attentifs, la colère grandira, confie-t-il. Quand on voit que les ambassadeurs occidentaux se comportent à Varsovie comme des vice-rois, critiquant ouvertement le gouvernement sur des sujets comme l'avortement qui relèvent de notre souveraineté, on a des raisons d'être choqués. Les Européens sont pleins de remords au sujet du colonialisme, mais se conduisent comme des colonialistes pour imposer leur idéologie », dénonce Legutko. Pourtant, pense le parlementaire philosophe, « la civilisation occidentale est dans une crise morale et spirituelle profonde ». « Les gens se sentent vides et isolés, occupés seulement à des divertissements. L'Europe a une culture extraordinaire, mais elle en est coupée », insiste-t-il. Sa suggestion est d'y revenir pour sortir de l'impasse occidentale ; de se reconnecter à Michel Ange, Beethoven ou Platon pour que les gens retrouvent un sens que ne leur rendront jamais les « 50 nouveaux types de genre ». La guerre de Poutine pourrait avoir un effet de réveil à ce sujet, note le stratège américaine Andrew Michta. « Alors que l'Europe s'occupait du sexe des anges au lieu de s'armer, la voilà frappée par la horde russe », dit-il. Elle serait aussi avisée de faire preuve de soutien envers une Pologne aujourd'hui en première ligne de l'UE face à l'agression russe.

Les « missionnaires de Bruxelles » dans le viseur des révoltés d'Occident

L'Union européenne saura-t-elle entendre la révolte qui gronde non seulement depuis Varsovie ou Budapest, mais à travers tout le continent, et désormais, avec de plus en plus de force, au cœur du réacteur européen, c'est-à-dire en France ? Saura-t-elle favoriser l'émergence d'une redéfinition de l'Europe et d'un nouveau consensus des nations européennes ? Quelle réponse peut-elle apporter aux mouvements nationalistes, qui traduisent autant de rébellions politiques, sociales, culturelles et identitaires contre le statu quo ? Liée à une remise en cause de la mondialisation et de l'immigration incontrôlée, au défi de l'islamisation de nos sociétés et à la révolution culturelle qui souffle depuis la gauche de l'échiquier politique, la révolte, on l'a vu, dépasse bien sûr de loin la question de l'organisation de l'Europe et interpelle les élites gouvernantes nationales. Mais Bruxelles est aussi dans le viseur des insurgés, comme incarnation d'un monde postnational, accusé par un nombre croissant d'Européens d'arrogance, de faiblesse et de vacuité.

En 2019, à l'approche des élections au Parlement européen, je rencontre quelques fonctionnaires de la Commission pour évoquer cette forme d'insurrection nationaliste. Parmi eux, j'interroge un fonctionnaire européen français, installé à Bruxelles depuis trente ans. Je lui demande ce qu'il pense de l'article signé quelques jours plus tôt par le magnat d'origine hongroise George Soros, grand défenseur du projet européen, version « société ouverte », qui met en garde contre un effondrement de l'UE semblable à celui de l'URSS. « Comparer l'Europe à l'URSS est un peu fort », répond-il, notant que « le Brexit vient de montrer que sortir de l'UE est possible ; ce qui n'était pas le cas de l'URSS ! ». Mais il reconnaît que la crise est la plus sérieuse de l'histoire de l'Union. Certes, « les nationaux populistes ne seront sans doute pas plus d'un tiers à entrer au Parlement », veut-il relativiser à l'époque – pronostic qui s'avérera correct. Mais cet interlocuteur reconnaît que cette progression donnera les moyens d'influencer l'orientation générale de l'UE. « C'est dur à avaler. Les gens de ma génération se sont toujours vus comme des missionnaires investis d'une mission presque sacrée. Mais les peuples désavouent aujourd'hui cette mission, ce qui suscite un désarroi », reconnaît-il. En 2014, rappelle-t-il, Jean-Claude Juncker avait déjà parlé d'une Commission de la dernière chance. Mais, « cette fois, je pense qu'on y est vraiment », note cette source, sans croire toutefois à la disparition du projet européen. « C'est ce qu'on avait pensé au moment du Brexit, mais plus maintenant. Près de 66 % des Européens continuent de soutenir l'UE [et 74 %, l'euro], même si le désamour est réel », se rassure-t-il, expliquant que le Parlement européen va se fragmenter, mais que des coalitions *ad hoc* pourront se constituer.

À la même époque, un officiel bruxellois semble plus inquiet. « On ne peut pas encore parler de panique, mais on a vraiment le sentiment d'un moment de vérité dangereux, d'un projet qui pourrait se détricoter insidieusement, dit-il. Le mouvement actuel est bien plus profond qu'une simple révolte contre l'Europe. C'est la contestation du modèle ouvert », insiste le diplomate. Cet interlocuteur dit qu'« il y a eu une part d'idéal noble dans le projet européen ; l'idée de se réconcilier et de s'unir pour être plus forts ». Mais cet habitué de la politique bruxellois qui a passé la plus grande partie de sa vie à servir la cause européenne, reconnaît qu'« a plané, surtout en France, une part de téléologie sur l'Europe très irréaliste ». « L'idée qu'on est dans des structures intermédiaires et qu'un jour on aura un grand gouvernement européen et un grand Parlement européen, divisé entre droite et gauche classiques, n'a jamais eu beaucoup de sens dans une Union aussi diverse et qui le restera. Cette belle idée, presque kantienne, a été perçue chez les peuples comme quelque chose d'imposé d'en haut, analyse-t-il. La vérité, dit cet officiel bruxellois, c'est que les vrais praticiens de l'Europe, ceux qui négocient les avancées entre États, n'ont jamais cru à l'idée d'un État fédéral, car ils savent pertinemment que la Commission n'est pas un gouvernement, mais une institution à laquelle on a délégué le rôle de gardienne des traités et l'application des règles de concurrence dans des conditions très précises. [...] La nature des peuples européens qui partagent beaucoup d'intérêts communs, reste très différente ; par les modèles sociaux et linguistiques, par la nature des pactes démocratiques. Beaucoup de gens ont eu le sentiment que les fédéralistes étaient en train de prendre le contrôle. Alors ils ont pris les armes, en lançant Matteo Salvini et les autres à l'assaut de l'Union, constate-t-il. Le danger, c'est que cette rébellion conduise au délitement, au moment précis où nous avons besoin de nous unir et de présenter un front de puissance, pour faire face aux défis posés par la Chine, la Russie, les États-Unis et la révolution technologique. Tout le monde critique les normes européennes. Mais les gens ne se rendent pas compte que ces normes, vu la taille du marché européen, sont un formidable levier de puissance pour imposer notre point de vue à la table des grands », dit encore cette source européenne, reflétant un thème très présent dans le discours européen d'Emmanuel Macron.

Au siège de la Commission européenne, je rencontre aussi Michel Barnier qui, à 68 ans, a repris du service comme négociateur spécial de l'UE pour le Brexit et a donc un bureau à lui, dans les étages supérieurs de l'immeuble de verre Berlaymont. Grand partisan de l'Europe, qu'il a pratiquée comme ministre, mais aussi comme commissaire en charge de l'épineuse réforme bancaire, après la catastrophe financière de 2008, lui non plus ne cache pas ses inquiétudes pour l'avenir, jugeant essentiel de tirer « les leçons profondes du Brexit[1] ». « Nous sommes dans un moment crucial, dit-il. Le projet européen doit refaire sa preuve », s'il ne veut pas devenir un tigre de papier, sans crocs ni volonté. Il évoque une bureaucratie trop lointaine et

1. Michel Barnier, entretien avec l'auteur, « Plongée dans la bulle bruxelloise, au cœur d'une Europe qui doute », *Le Figaro*, 13 mai 2019.

ironise sur les éléments de langage « abstraits et rebutants pour le commun des mortels » que lui rendaient parfois service quand il était commissaire. Mais, surtout, Barnier rappelle que « 52 % des Britanniques ont voté contre l'Europe, ou plutôt contre la mondialisation dont l'Europe ne les a pas protégés ». « C'est bien qu'il y a un problème ! La grande masse des électeurs se trouvait dans les régions pauvres, où il n'y a plus de futur, plus d'emplois ; bref, une colère sociale. On la retrouve en France et ailleurs. Je recommande que tous les dirigeants nationaux fassent attention à ce sentiment populaire qui se propage, et qu'ils ne le confondent pas avec le populisme. Il faut y répondre. »

Barnier affirme qu'il y a eu « des fautes de l'UE et notamment la dérive de la dérégulation et le détricotage des règles de gouvernance au nom du libre-échange ». « Je suis un libéral, mais le libéralisme doit s'accompagner de règles éthiques et protectrices ; or, on a laissé des banquiers se croire tout permis, ce qui a mené à la crise de 2008, générant des millions de chômeurs et une perte de PIB de 12 % dans l'UE ! » poursuit l'ancien ministre français qui eut la rude tâche, comme commissaire, d'introduire des lois de régulation financière, pour « remettre de la transparence et de la morale dans la zone euro ». Il évoque aussi « l'immigration massive, autre raison clé de la rébellion des peuples » notamment après la crise migratoire de 2015. « Le désamour de l'Europe, c'est la réalité d'une perte de contrôle », assène-t-il. Barnier reconnaît que la bataille qui se joue sur les nations est légitime car « la nation, ce n'est pas un gros mot ; il faut la protéger ». Il tient à me montrer la photo du général de Gaulle donnant sa fameuse poignée de main au chancelier Konrad Adenauer, encadrée sur le mur. « Le général avait coutume de dire qu'on ne peut faire de la purée de marrons avec les nations ! » dit-il. Mais Michel Barnier met en garde contre un retour au « tout national » qu'il voit comme « une illusion ». « Il faut agir aux deux niveaux : en se mettant d'accord entre partenaires sur des actions concrètes », plaide-t-il, car « l'Europe est vitale face aux grands enjeux de la migration, de la finance et du terrorisme, et face aux appétits chinois et russes qui tablent sur l'effritement de l'Union ». « Allons-nous aborder ces sujets "en solitaires ou solidaires" ? On doit être européens, en plus d'être patriotes » car, sinon, nous deviendrons les sous-traitants des Chinois », avertit Barnier, proposant de « mutualiser les destins des nations européennes » sur les sujets vitaux, sans « aller vers une fusion dont personne ne veut ». Il plaide aussi, lors de notre entretien, pour un amaigrissement substantiel de l'UE sur les sujets secondaires que les États peuvent traiter eux-mêmes ; bref, une application plus stricte du principe de subsidiarité, comme le proposent les Autrichiens et le reste de l'Europe centrale – des propositions que ne renieraient pas les nationalistes Kurz ou Zemmour.

Deux ans plus tard, je ne suis donc pas tout à fait surprise quand, avant même l'annonce de sa candidature – qui sera un échec – à la présidence française, Barnier suggère de suspendre l'immigration vers la France et de sortir provisoirement de l'espace juridique de Schengen pour échapper à la juridiction de la Cour de justice européenne sur ce sujet. Sur le coup, la proposition provoque un mini-séisme dans le landerneau parisien, qui parle d'opportunisme politique, alors que les thèses anti-immigrationnistes progressent dans l'opinion. Comment a-t-il pu, lui l'Européen de toujours, s'interrogent les journalistes. Ses adversaires,

Éric Zemmour en tête, moquent ce virage à 180 degrés, jugé « électoral ». Mais cette métamorphose en dit long sur les doutes qui se sont immiscés en quelques années dans les esprits des piliers les plus solides du projet européen, quant à la direction à prendre. Ils dessinent la nécessité d'un réajustement fondamental de l'Europe.

Sur la migration, les réponses restent en effet parcellaires et peu convaincantes, faute de consensus, comme l'a montré la crise migratoire orchestrée par la Biélorussie avec la bénédiction du grand frère russe aux confins orientaux de la Pologne – qui a assuré largement seule la défense de sa frontière, même si l'UE a apporté un soutien financier et diplomatique non négligeable. Les déclarations iréniques de la présidente de l'Union européenne Ursula von der Leyen, justifiant le refus de financer la construction d'une barrière entre la Pologne et la Biélorussie au motif qu'il est impensable de « construire de nouveaux murs » en Europe, n'ont pas dû contribuer à calmer les révoltés d'Occident. Selon un sondage du Cevipof daté de la fin 2021, le principal point de consensus entre Européens concerne en effet l'immigration, jugée trop élevée par 61 % des Européens interrogés ; ce chiffre dépassant 65 % en France et en Allemagne et recouvrant les trois quarts de l'opinion en Italie, en Espagne et même en Suède – longtemps considérée comme l'une des championnes de l'ouverture inconditionnelle du pays.

L'Union européenne, qui a farouchement refusé d'inscrire les racines chrétiennes de l'Europe dans sa Constitution il y a quelques années, comme si elle n'assumait pas sa culture et ses origines, reste par ailleurs largement muette sur la question du défi de l'islamisation, préférant jouer à fond la carte de « la diversité », comme l'a révélé tout récemment une affiche controversée consacrée à

« l'avenir de l'Europe » qui représente une jeune femme couverte d'un hijab, ou encore le slogan de campagne du Conseil de l'Europe, intitulée : « La liberté dans le hijab ». Autre sujet pourtant existentiel, son rôle dans la crise russo-ukrainienne a longtemps été secondaire, même si un réveil s'est opéré depuis l'invasion russe en Ukraine, avec les démarches de la France et de l'Allemagne avec leurs alliés européens et les États-Unis – ce qui n'a pas été tout à fait négligeable. « La rébellion nationaliste qui souffle est une "rage contre l'impuissance" des gouvernants, qu'ils soient à Paris, Rome ou Bruxelles », m'affirmait en mai 2019 le commissaire divisionnaire belge d'origine marocaine, Saad Amrani ; un spécialiste des questions de radicalisation islamique. « L'élan est brisé, le désir n'est plus là, s'inquiétait Bernard-Henri Lévy, fin 2019[1]. Mis à part Macron, aucun des leaders de l'Europe occidentale ne défend vraiment, positivement, ce projet européen. On y va, mais à reculons. On le célèbre, mais du bout des lèvres. L'Europe, c'est devenu un mot honteux... Et, en Europe centrale et orientale, c'est encore pire ! » se désolait-il.

Avec la guerre de Poutine qui déboule en Ukraine, ce débat pourrait toutefois changer de nature. Car s'il faudra sans doute changer des choses, la situation géopolitique qui émerge en Europe montre combien il serait destructeur et stupide de tout casser. Le réveil de l'Allemagne à la notion de puissance et de réarmement pourrait tout changer et donner vie à l'idée d'une défense européenne, si attendue par le président français Emmanuel Macron. Dans la renégociation du projet qui se dessine dans les prochaines années, les

---

1. Bernard-Henri Lévy, entretien avec l'auteur, « L'Europe que nous tenions pour acquise est en train de se défaire », 11 octobre 2019.

nationalistes auront aussi leur mot à dire, et notamment ceux d'Europe centrale, même s'ils sont pour l'instant dans la minorité. Car la vraie question sera celle du réarmement de l'Europe, qu'il passe par les nations ou par un projet plus large.

Dans une lettre ouverte à la France, publiée en novembre 2021 dans *Le Figaro*, l'intellectuel polonais Eryk Mistewicz, un conservateur modéré, qui dirige une revue d'idées à Varsovie proche du parti PiS, disait se désoler que la France ne soit pas capable de participer de manière plus iconoclaste et plus féconde à « un débat si nécessaire ». Persuadé que les Français devaient contribuer à reprendre le flambeau des idées pour sortir l'Occident de la crise, il dénonçait ce qu'il voyait comme l'assujettissement de nombreux penseurs parisiens au politiquement correct. « Aucun sujet n'y échappe [...] ni l'Europe, ni l'identité, ni la place de la France dans le monde », se désolait-il, appelant « à regarder la Pologne comme un allié clé », dans le domaine de la défense notamment, pas un épouvantail. En janvier 2022, il me confia suivre avec attention la campagne électorale et la montée d'Éric Zemmour en cette période de bouleversements révolutionnaires, à la fois internes et géopolitiques. Il raconta qu'il avait accueilli Zemmour et sa directrice de campagne, Sarah Knafo, à Varsovie, où ils étaient en voyage d'études, au printemps 2021. « J'ai apprécié la curiosité insatiable d'Éric Zemmour, son indépendance, sa connaissance de l'histoire polonaise ; c'était une découverte, expliqua-t-il, séduit[1]. » Mais Mistewicz reconnut aussi avoir été frappé par son tropisme russe presque obsessionnel et sa volonté « naïve » de « réconcilier la Russie et la Pologne ». Il

1. Entretien avec l'auteur, janvier 2022.

raconta avoir organisé pour lui une grande rencontre avec une assemblée d'intellectuels polonais, qui avait été l'occasion « d'un débat brûlant entre lui et la salle ». « Il n'a cessé de revenir sur cette idée qu'il fallait s'entendre entre Russes et Polonais, apprendre à coexister. Nous lui disions que c'était impossible aujourd'hui, à cause de Poutine, mais il y revenait toujours. C'était comme un dialogue de sourds », confiait-il.

Vladimir Poutine et l'illusion brisée du « contre-modèle »

Éric Zemmour n'est pas seul à avoir fait preuve d'une coupable mansuétude à l'égard du Kremlin. L'un des traits récurrents des « révoltes nationales-conservatrices » qui se multiplient à travers l'Occident, est précisément le mélange de fascination et d'aveuglement total dont leurs leaders ont fait preuve sur le dossier russe. De Donald Trump à Thierry Baudet, en passant par Matteo Salvini, Viktor Orbán, Sebastian Kurz, Éric Zemmour ou Marine Le Pen, la similitude d'approche est même tout à fait frappante, même si Trump a finalement fini par renoncer à ses ouvertures vers Moscou, une fois confronté, en tant que président, à la réalité brutale du comportement géopolitique de la Russie.

La raison de cette passion poutinienne est avant tout idéologique, psychologique ou liée à des intérêts de realpolitik, en Hongrie par exemple, où la dépendance à l'énergie russe est très forte. Dans un monde occidental dont les démocraties apparaissent aujourd'hui impuissantes et velléitaires, persistant dans leur attachement au multiculturalisme malgré le péril islamiste, beaucoup au sein de l'extrême droite ou de la droite nationaliste rêvent d'un « homme fort » charismatique qui sauverait la patrie. Cet attrait est partagé par une partie de la gauche – mélenchoniste, par exemple –, probablement par nostalgie du « paradis communiste » perdu et par anti-atlantisme. « Il faudrait un homme d'État comme Poutine, qui s'élève au-dessus des pâquerettes », jugeait par exemple l'homme politique de droite Claude Goasguen. « Vladimir Poutine est un homme respectable, un patriote qui défend les intérêts de son pays », a répété, pour sa part, Éric Zemmour pendant tout le début de sa campagne. Il avait aussi, en tant qu'éditorialiste, vanté sans réserve l'action du Kremlin, allant même jusqu'à souhaiter à la France « un Poutine français ». Explication : ce dernier défendait les intérêts de son pays et avait remis de l'ordre chez lui. Une méconnaissance de la réalité russe absolument stupéfiante, qui a gravement percuté sa campagne. Quatre des cinq principaux candidats à l'élection présidentielle française – Éric Zemmour, Marine Le Pen, Valérie Pécresse, Jean-Luc Mélenchon – ont marqué au moins une déférence, sinon une sympathie prononcée pour Vladimir Poutine jusqu'à la crise ouverte par l'invasion russe. Emmanuel Macron a lui aussi misé sur le dialogue bilatéral avec Poutine. L'attrait du maître du Kremlin est venu largement pour les autres de son profil savamment cultivé de contre-modèle culturel et de chef de file d'un « conservatisme modéré », censé défendre la civilisation chrétienne et privilégier le bon sens. Il en avait plusieurs fois théorisé les grandes lignes, en se moquant habilement des dérives postmodernes des sociétés occidentales, sur la question du genre notamment, pour attirer à lui les conservateurs.

En se posant en pourfendeur de la « pensée unique » et du déconstructivisme, Poutine a capté

« par effet miroir », « tous ceux qui stigmatisent la décadence des mœurs, l'islamisation, la bureaucratie de Bruxelles et l'abandon des chrétiens d'Orient », décrypte la russologue française Françoise Thom dans un article du site spécialisé Desk Russie. Il s'agit là, bien sûr, « d'une vision manichéenne » très faussée, qui oppose les méchants Américains mondialistes et leurs multinationales, aux vaillants résistants ; bref, une version moderne « d'Astérix contre l'Empire romain » sans rapport avec la réalité, note-t-elle. Le projet de rempart contre l'islamisme ressemble en fait beaucoup à un village Potemkine, comme le montre la fragilité du « consensus » que Poutine a arraché en Tchétchénie, où il a donné les clés du pouvoir à Ramzan Kadyrov – ce dernier installant un régime de fer, tout en laissant s'insinuer une réislamisation rampante des mœurs[1].

Mais, faute d'une connaissance approfondie de la dynamique interne russe, le subterfuge a fonctionné à plein, alimenté par la réalité indéniable de la crise occidentale et par les nombreux relais dont bénéficie la machine de propagande du Kremlin à travers l'Occident. Jusqu'à la guerre ouverte lancée contre l'Ukraine par le Kremlin, près d'un tiers des Français jugeaient Vladimir Poutine positivement.

Comme le montre une intéressante enquête de la correspondante du *Monde* Isabelle Mandraud, publiée en 2019[2], la Russie a tissé depuis des années des rela-

1. À ce sujet, la séquence du 25 février, montrant Ramzan Kadyrov réunir des milliers de combattants tchétchènes et les envoyer au front soutenir Poutine au nom de « *Allah Akbar* », a de quoi faire frémir. Espérons qu'elle fera réfléchir ceux qui voient Poutine comme un rempart de l'islamisme. Éric Zemmour s'en est en tout cas récemment ému.
2. Isabelle Mandraud, « Vladimir Poutine, parrain de l'extrême droite européenne », *Le Monde*, 3 avril 2019.

tions particulières avec toute une mouvance d'extrême droite, qui a ensuite répandu ce tropisme russe à travers un spectre politique européen beaucoup plus large. Les liens existent en réalité depuis la fin de l'URSS[1], mais se sont intensifiés depuis les années 2000, la Russie devenant le lieu de deux grandes réunions de mouvements d'extrême droite européens – l'une tenue en 2015 à Saint-Pétersbourg notamment ; et l'autre, le Congrès mondial des partis de la paix, organisé à la Douma par le député russe Vladimir Jirinovski, en juin 2018. « En 2005, après l'échec du référendum sur la Constitution européenne, Poutine a très bien vu venir le mouvement souverainiste et le retour au nationalisme en Europe ; il a fait alors le choix stratégique d'investir dans cette tendance », note Thomas Gomart, directeur de l'Institut français des relations internationales ; soulignant par ailleurs le mépris du dirigeant russe pour l'Union européenne. Des partis comme la Ligue italienne, l'Alternative pour l'Allemagne, le Rassemblement national en France, Jobbik en Hongrie, le FPÖ en Autriche, le Parti pour l'indépendance du Royaume-Uni (Ukip), le parti de Thierry Baudet aux Pays-Bas, font partie de cette mouvance prorusse... À partir de l'annexion de la Crimée en 2014, Vladimir Poutine, isolé par les sanctions, les a considérés avec une attention toute particulière, rencontrant notamment Matteo Salvini, patron de la Ligue italienne, dès le mois d'octobre 2014, comme l'a révélé plus tard une photo des deux hommes publiée sur le compte Twitter du politique italien. Dans un livre paru en février 2019, *Le Livre noir de la Ligue*, les journalistes italiens Giovanni Tizian et Stefano Vergine ont d'ailleurs

1. L'auteur se souvient d'être tombé par hasard sur une réunion de l'extrême droite européenne, à l'hôtel Belgrade, à Moscou, en 1992.

accusé le parti du « capitaine » d'avoir reçu de l'argent de Moscou, sous la forme d'une opération commerciale d'achat-vente de carburant, pour financer sa campagne pour les européennes. L'affaire aurait été négociée par son fidèle conseiller, Gianluca Savoini, à l'hôtel moscovite Metropol, pendant une rencontre de Salvini avec la représentation locale du patronat italien. Des enregistrements de la conversation ont circulé, mais les deux reporters n'ont cependant jamais pu confirmer la réalité de la transaction – qui a été démentie par la Ligue. Une sombre affaire de corruption, liée à la Russie, a aussi entraîné la démission du dirigeant d'extrême droite du Parti de la liberté (FPÖ), Heinz-Christian Strache, qui était le vice-chancelier d'Autriche, aux côtés de Sebastian Kurz, en 2019. En France, Marine Le Pen, reçue au Kremlin en pleine campagne pour les européennes de 2019, a pour sa part, reconnu avoir touché un prêt de neuf millions d'euros de la banque russe First Czech-Russian Bank en 2011, « parce qu'aucune banque en Europe » n'avait répondu à ses demandes. Une décision qui cadre mal avec son ardent attachement rhétorique à la « souveraineté ». D'après des câbles diplomatiques révélés par le site d'information bulgare Bivol et le site WikiLeaks, une formation politique bulgare, Ataka, connue pour ses positions extrémistes, aurait aussi perçu des fonds de Moscou. On a assisté parallèlement à une vague de recrutement de personnalités politiques européennes d'envergure par les grandes entreprises d'État russes, tel l'ancien chancelier allemand Gerhard Schröder à la tête du consortium du gazoduc Nord Stream, l'ancien Premier ministre français François Fillon au conseil d'administration de la compagnie Sibour – il vient néanmoins de claquer la porte pour marquer son opposition à l'invasion de l'Ukraine – ou l'ex-ministre des Affaires étrangères autrichienne Karin Kneissl, restée célèbre pour avoir invité Vladimir Poutine à son mariage. C'est l'idéologue de Poutine, Vladislav Sourkov, qui avait le mieux résumé cette situation : « Les politiciens étrangers attribuent à la Russie l'ingérence dans les élections et les référendums du monde entier. En réalité, le problème est encore plus sérieux : la Russie s'immisce dans leurs cerveaux et ils ne savent pas quoi faire avec leur propre conscience altérée », ironisait-il en 2019 dans une tribune parue dans le quotidien russe *Nezavissimaïa Gazeta*, sous le titre : « Le long règne de Poutine ».

Bien sûr, les politiques qui ont affiché un tropisme prorusse, notamment sur la question du conflit ukrainien, ne sont pas tous nécessairement liés au Kremlin par des liens financiers[1]. Dans le cas d'Éric Zemmour, un anti-américanisme viscéral, le poids de l'exemple gaulliste et tout l'imaginaire puissant de la relation historique et littéraire franco-russe – ces mille liens intimes que nous partageons depuis le XIXe siècle et qui ont poussé le général de Gaulle à voir le visage de la Russie éternelle derrière la face effrayante de l'URSS stalinienne – ont contribué à forger sa vision

1. Selon les informations de l'ONG londonienne Dossier Center, fondée par l'ex-oligarque Mikhaïl Khodorkovski, Zemmour a néanmoins été ciblé et approché comme relais potentiel d'influence par l'oligarque Vladimir Iakounine, ancien du KGB, et proche de Vladimir Poutine, qui l'a invité à donner une conférence en 2016 à Saint-Pétersbourg. L'intermédiaire, le Français Emmanuel Goût, qui a travaillé pour Rosatom, est membre du *board* du think tank Geopragma, dont la directrice Caroline Galactéros est devenue la conseillère diplomatique d'Éric Zemmour. Elle s'est distinguée par ses positions ardemment favorables au maître du Kremlin, au nom du « réalisme ». Voir Robin D'Angelo, « Quand les Russes choyaient Zemmour », *Le JDD*, 6 mars 2022.

Dans ce qu'il avait imaginé être la filiation du général de Gaulle, Éric Zemmour propose d'ailleurs de sortir de l'organisation militaire de l'Otan pour « s'affranchir des logiques américaines », rendre à la France le rôle de puissance d'équilibre qui fut jadis le sien, et construire ses relations avec la Russie, la Chine et d'autres puissances de manière autonome. Dans ses interventions, il affirme que l'Otan est devenue « essentiellement une machine d'assujettissement des alliés européens par l'Amérique et de promotion de son industrie de défense », qui n'a plus lieu d'être et aurait dû être dissoute en 1991, après la fin de l'URSS. Sa formule sur l'assujettissement est évidemment caricaturale et le diagnostic sur l'inutilité de l'Otan a été démenti de manière éclatante par l'attaque lancée par la Russie pour soumettre l'Ukraine. Dissoudre l'Alliance atlantique dans le contexte de guerre qui prévaut aujourd'hui entre la Russie et l'Occident serait tout simplement suicidaire – la question de la sortie de l'organisation militaire, très symbolique, est une autre affaire. Mais le moment apparaît bien mal choisi.

Quand nous nous appelons pour en parler, après une émission « C dans l'air », en janvier 2022 – donc avant la guerre d'Ukraine –, Éric Zemmour explique qu'il n'a jamais avalé la « perfidie américaine » et notamment ce que les États-Unis « ont fait en 1919 », en dictant les bases d'une paix catastrophique pour la France[1]. Il faut cesser de « tomber dans le panneau des Américains, qui est de faire de la Russie un ennemi », m'explique-t-il. « Ils font tout pour casser la Russie. C'était déjà la volonté de Wilson, en 1916 ; il faut relire son discours de cette époque. Il dit : nous serons l'empire et depuis,

1. Entretien avec l'auteur, janvier 2022.

les États-Unis mettent tous les pays d'Europe derrière eux... Tout est fait pour séparer l'Europe, et notamment la France et l'Allemagne, de la Russie, affirme le candidat. Cela ne veut pas dire qu'il ne faut pas être méfiant, cela ne veut pas dire que Poutine est un saint, loin de là ; mais la Russie n'est pas notre ennemi, insiste-t-il. Elle est sortie du communisme. L'Otan n'a plus de raison d'être, en vérité, depuis trente ans. »

Ce qui frappe dans sa réponse d'alors, c'est sa déconnexion de la réalité du terrain, et surtout l'incompréhension totale de la nature concrète du pouvoir poutinien actuel – qui n'est en fait pas sorti des ruines du communisme, par sa mentalité comme par ses méthodes. Derrière le grand discours sur les valeurs conservatrices et chrétiennes, la Russie est en réalité un pays dans un dangereux état « d'anomie », où règne la loi du plus fort et l'absence de toutes règles autres que celles du pouvoir. « Un pouvoir voyou », affirme l'écrivain russe Viktor Erofeev[1]. La société civile y a été largement écrasée, jusqu'à l'organisation Memorial, qui maintenait vivante la mémoire des victimes du communisme – mission fondamentale pour réconcilier les Russes avec leur histoire. Le comportement de la Russie en Ukraine ne fait, de ce point de vue, que refléter son comportement à l'intérieur du pays. Après la guerre intérieure, est venue la guerre au-delà des frontières, pour rassembler les terres supposément « russes », quoi qu'il en coûte. Mais, comme c'est le cas de Marine Le Pen, le candidat de Reconquête ! néglige totalement ces facteurs internes clés pour comprendre les ressorts de la politique étrangère russe, pensant que c'est essentiellement l'expansion constante de l'Alliance

1. Entretien avec l'auteur, « La Russie est devenue un gigantesque voyou collectif », *Le Figaro*, 3 décembre 2021.

militaire atlantique vers les frontières de la Russie qui a provoqué les ultimatums de Moscou. Jugeant que la Russie a des intérêts géopolitiques légitimes – ce que personne ne conteste –, le candidat journaliste a occulté l'extraordinaire échec de Poutine dans son ex-empire, où son attitude agressive a fait fuir tous ses voisins vers l'ouest. Et surtout son insatiable volonté de puissance et de domination, qui ne peut que rappeler Hitler dans les années 1930. Sur l'arrogance américaine à la chute de l'URSS, il n'a pas totalement tort, même si les accusations proférées contre Washington sont totalement caricaturales et s'il faut rappeler que les Américains n'ont jamais souhaité l'entrée de l'Ukraine dans l'Otan – plutôt l'inverse. Mais il n'a pas dialogué avec des diplomates et ministres géorgiens et ukrainiens pour comprendre le sentiment de peur qu'ils éprouvent. Au cours des années 2000, ces derniers racontaient avoir souvent mis cartes sur table avec les Russes, se disant prêts à renoncer à toute adhésion à l'Otan en échange d'un compromis. « Les Russes nous renvoyaient brutalement à notre vulnérabilité et affirmaient qu'ils ne céderaient rien. Ils nous expliquaient qu'ils étaient chez eux. Ils voulaient une reddition pure et simple », m'avait confié un responsable géorgien, en 2008[1]. « L'Ukraine doit apprendre à vivre dans sa géographie, et sa géographie, c'est la Russie. Cela veut dire qu'elle ne peut pas entrer dans l'Otan, ni s'armer d'armes américaines, répondait Éric Zemmour à ces arguments avant l'invasion. « Je suis sûr que le général de Gaulle aurait renoué avec Moscou, s'il était vivant ; il l'a fait en pleine guerre froide, en 1966 », rappelait le candidat. Aujourd'hui, dans ses interventions, il se dit persuadé qu'il aurait fait bien mieux qu'Emmanuel Macron face

1. Entretien avec l'auteur, août 2008.

à Poutine, en se situant à égale distance des États-Unis et de la Russie, par une sortie de l'organisation militaire de l'Otan. Mais cette conviction révèle une absolue naïveté sur les intentions du Kremlin. Éric Zemmour s'était d'ailleurs dit « persuadé » que « jamais la Russie n'envahira[it] l'Ukraine ». Il n'a pas compris que Poutine veut se venger de l'histoire, l'Otan n'étant qu'un élément du tableau. Il ne réalise pas que la réalité du sentiment anti-ukrainien que chevauche le leader russe, et qui a transformé Kiev en cible d'un nationalisme russe à la rhétorique enragée, ne laisse aucun doute sur le fait que Poutine tentera de reprendre l'Ukraine dans son giron, puis d'accroître sa pression sur l'Europe. Zemmour n'a pas compris que le dirigeant russe, un homme du KGB qui vécut la fin de l'URSS comme une catastrophe géopolitique et non une libération du monstre totalitaire, n'a en réalité jamais accepté l'indépendance ukrainienne et que le possible effet de contagion des aspirations démocratiques ukrainiennes vers les cousins russes est l'une des clés de son obsession.

Alors quand, brusquement, en plein mois de février, Poutine a lancé ses troupes par les airs, par les terres et par les mers pour soumettre l'Ukraine, c'est toute la vision du candidat qui a été remise en cause. Éric Zemmour a réagi très vite pour condamner l'invasion. Mais il a montré son incompréhension en appelant à des négociations immédiates pour construire un nouvel ordre de sécurité en Europe, alors que Poutine entamait par la force la construction d'un ordre à sa main. Sa formule reste la « finlandisation » de l'Ukraine ; ce concept qu'avait sorti le politologue américain d'origine polonaise Zbigniew Brzeziński des tiroirs de la guerre froide, en 2014, après l'annexion de la Crimée, et qui reviendrait à arracher un statut de neutralité en échange d'un renoncement de l'Ukraine à entrer dans l'Otan. Mais, je le répète, penser qu'un tel scénario est encore possible, alors que les troupes russes fondent sur Kiev, sous-estime totalement la nature de ce qui est en train de se jouer. Vladimir Poutine veut la soumission de l'Ukraine et la constitution d'une zone d'influence russe élargie qu'il entend définir à la pointe de ses baïonnettes. Seules une résistance militaire acharnée des Ukrainiens, comme celle qu'opposèrent les Finlandais à Staline, et la mobilisation massive de l'Occident pourront permettre de le contenir ou de le forcer à une négociation acceptable par l'autre camp, s'il ne s'effondre pas sous l'effet de son aventure guerrière.

Mais il y a plus. La Russie, qui se considère en guerre contre l'Occident depuis 2014, compte bien utiliser tous les moyens à sa disposition pour hâter l'effondrement moral et politique du monde occidental, décrypte l'intellectuel russe Vladimir Pastoukhov, persuadé que Poutine ambitionne de créer un effet « guerre des étoiles » reaganienne à l'envers, en essayant notamment d'utiliser « les dissidents d'Occident » comme Zemmour ou d'autres mouvements nationalistes et d'extrême droite pour enfoncer un coin entre les États-Unis et l'Europe, et affaiblir ainsi le camp démocratique. En réalité, la Russie a testé en permanence les failles des Américains et des Européens, et a cru discerner dans leur grande faiblesse interne actuelle une opportunité qu'il fallait exploiter pour changer l'ordre européen et international à son avantage. Ainsi les experts de la Russie s'attendent-ils à une guerre de propagande massive de Moscou à travers l'Europe, une fois que l'effet de sidération de l'attaque sera passé, pour fissurer le front anti-Poutine.

C'est là un tableau redoutablement compliqué qui se dessine : la révolte nationale-conservatrice qui gagne en ampleur à travers l'Europe, émerge pour apporter des réponses à des problèmes d'immigration, d'islamisation et de délitement qui se sont accumulés depuis trois décennies sur fond de déni des élites. Mais la Russie, qui a ses objectifs propres, voit là une formidable opportunité de déstabilisation à son profit. On peut dire qu'une effroyable et tragique tenaille s'installe dans le paysage européen : la gauche y est incapable de penser la menace de l'islamisme ; la droite inapte à penser le danger poutinien.

Chapitre 3

Le phénomène Zemmour, chaînon français de la révolte

Colères françaises

Parlant à l'Assemblée constituante, le 12 septembre 1848, sur la question du droit au travail, Alexis de Tocqueville appelle ses compatriotes parlementaires à prendre conscience du vent de révolte qui s'est mis à souffler. « Prenez-y garde, le vent des révolutions s'est levé ; ne le sentez-vous pas ? » lance-t-il, évoquant « deux classes, l'une petite, l'autre nombreuse, se séparant peu à peu l'une de l'autre [...] marchant isolément et en sens contraires ». Tocqueville sonne l'alarme contre l'écart grandissant qu'il voit surgir entre le peuple et la classe dirigeante, contre l'aveuglement du « sommet » face aux besoins du « bas ». Attentif à la cause de ce fossé, il note que le problème n'est pas que « les révolutions s'approchaient, parce que tel ou tel homme était au pouvoir », mais que « tous les droits, tout le pouvoir, toute l'influence, tous les honneurs, la vie politique tout entière, étaient renfermés dans le sein d'une classe extrêmement étroite ; et au-dessous, rien ! » Sa prescience réside dans sa compréhension des raisons fondamentales pour lesquelles l'Europe est sens dessus dessous, non dans l'étude de tel ou tel dirigeant qui surgit. Quand je la découvre à mon retour des États-Unis, cette analyse semble avoir été écrite pour notre temps de tempête. Elle va *a contrario* de l'instinct de nos élites médiatiques et politiques, promptes à diaboliser les leaders dits « populistes » – Trump, Johnson, Kurz, Salvini, Orbán – mais négligeant l'examen des mouvements populaires et des causes qui les portent au pouvoir – exactement ce que nous sommes à nouveau en train de vivre avec le phénomène Zemmour.

Au printemps 2017, alors que je suis encore imprégnée de mes pérégrinations américaines et néerlandaises, le journal décide justement de m'envoyer couvrir « les colères françaises et la France des oubliés[1] », pour vérifier l'état de l'opinion dans les provinces dites « périphériques » – un terme que je n'aime pas beaucoup –, dont le géographe Christophe Guilluy a montré dans ses livres la recomposition et les humeurs rebelles contre les métropoles et les gouvernants. Le contexte occidental rend l'entreprise pertinente, vu les vents de révolte qui soufflent et que j'ai évoqués dans les deux précédents chapitres. La France pourrait-elle basculer, comme cela a été le cas en Grande-Bretagne avec le Brexit ou en Amérique avec Trump ? Le mouvement restera-t-il circonscrit comme aux Pays-Bas ? Je décide de prendre la route vers la Normandie, où le philosophe Michel Onfray m'a invitée à visiter le village de Chambois dont il est originaire, puis la petite ville d'Argentan, dans l'Orne – région traditionnellement allergique à l'extrême droite, mais où le Front national a fait une percée sans précédent aux élections régionales

1. Voir mes reportages sur « Les oubliés de la campagne », *Le Figaro*, 4 avril 2017.

de 2015. À Chambois, notamment, le parti de Marine Le Pen est arrivé en première position au premier tour, avec 34,5 % des voix ! Pour comprendre, m'explique Michel Onfray qui y a ses racines, il faut se promener à travers les rues vides du village et mesurer la désertification qui gagne, depuis que la laiterie locale a fermé. « Chambois est un village blessé », note le philosophe, qui évoque les innombrables commerces – mercerie, pâtisserie, graineterie, marchand de cycles, cafés, tapissier, magasin de vêtements... – qui existaient encore dans son enfance. Le dernier médecin ayant quitté la commune, l'endroit fait partie des déserts médicaux que les journaux décrivent depuis des années. Je rencontre Danny Beauverger, un grand colosse massif au casque de cheveux blancs, qui a travaillé vingt-neuf ans à la laiterie et se souvient avec nostalgie d'un passé facile. « Quand on perdait un travail le vendredi, on en retrouvait un le lundi ! » se souvient-il avec nostalgie. Après la fermeture de l'entreprise, Danny a été recruté pour travailler dans une carrière, comme conducteur de poids lourd. Il a finalement fait un infarctus, qui l'a envoyé à la retraite avant l'heure, le privant d'une partie de ses primes et le laissant survivre avec une retraite de 1 080 euros. Les candidats à la présidentielle ne lui inspirent aucune confiance, entre Macron vu comme un banquier « prisonnier des lobbys » et Fillon fustigé pour « ses affaires » et « ses costumes ». Après avoir voté Hollande, il avoue qu'il choisira Le Pen, retournement surprenant qui révèle la volatilité des votes. « Pourquoi pas l'essayer, Marine ? On a tenté la droite, la gauche pendant des années. Qu'a-t-on gagné ? » note Beauverger, qui se demande pourquoi « on donne la priorité aux gens d'Irak ou de Syrie » qui arrivent en France, même s'il comprend qu'on en accueille certains.

« Je ne suis pas contre les immigrés, pas raciste. Mais je pense qu'on a tout simplement oublié les Français », dit-il. Alain Onfray, le frère de Michel, 55 ans, qui a travaillé au village depuis l'âge de 14 ou 15 ans, d'abord comme mécanicien et aujourd'hui comme responsable de l'entretien du matériel dans une carrière, est, lui, « écœuré » par ceux qui se gorgent au sommet de l'État. Il n'ira pas voter : « Abstention comme rébellion », énonce-t-il, reflétant cette tentation du repli et de l'abstention qui est devenue si patente dans les derniers scrutins. Plus tard, à Argentan, petite ville située à quelques kilomètres du village, l'agriculteur Pascal Beigner, 54 ans, confie qu'il va lui aussi voter « Marine », parce qu'il ne s'en sort pas. « On vend le blé au prix d'il y a trente ans, dit-il, s'avouant étouffé par les normes. Il faut lâcher du lest ! On nous interdit de couper les haies mais, quand des branches tombent sur les routes, c'est nous les responsables ! On est les manants de la France ! » s'indigne-t-il. La question de l'immigration pointe à nouveau dans la conversation pour justifier le vote RN : « Quand je vois que ma mère, femme d'exploitant agricole, touche 500 euros de retraite mais que les réfugiés qui arrivent en touchent 1 000, avec les HLM et l'électricité gratuite [un chiffre qui m'apparaît excessif mais dont il est convaincu], je me dis que ça ne va plus », dit le paysan. Il ajoute qu'il a des amis musulmans et qu'il n'est « pas raciste » mais que « chacun doit être à sa place ». « Si vous n'avez pas d'argent, vous n'invitez pas quelqu'un à venir manger chez vous ! Occupons-nous d'abord de nos anciens », lance-t-il, la mine sombre. Le boucher charcutier d'Argentan, Dominique Tulasne, explique, lui, que le vote RN est lié à l'appauvrissement général, lié lui-même à la fuite des usines délocalisées à l'étranger. « On va devenir une ville-dortoir. Alors, les gens se révoltent. Ils ont le sentiment d'avoir été abandonnés. »

En quelques mots simples, ces habitants ont résumé la thèse du livre de Christophe Guilluy de 2014. La « France périphérique » des villages et des petites villes, qui constitue 60 % de la population française, est la grande laissée-pour-compte du modèle d'économie mondialisée, qui prévaut aujourd'hui. Pour moi qui arrive d'Amérique, le parallèle est évident avec les problèmes que j'ai observés pendant la présidentielle américaine à Middletown, Ohio ; petite ville de la sidérurgie frappée, elle aussi, par la désertification. S'y superpose l'inquiétude croissante d'un flux migratoire qui ne se tarit pas, et suscite des tensions sur une partie grandissante du territoire – comme c'est d'ailleurs aussi le cas en Amérique. À Laval, où je me rends ensuite, je suis frappée par l'anxiété que suscite une immigration désormais visible dans les villes moyennes, contrairement à ce que répètent les radios nationales, qui se gaussent des Français provinciaux « qui ne verraient jamais un immigré mais en ont peur ». Je rencontre par exemple Anaïs, employée à l'hôtel où je descends, qui vote Rassemblement national, ainsi que sa mère, coiffeuse, et toute sa famille, parce qu'elles ne font plus confiance à la classe politique. « Nos dirigeants ne savent pas où ils vont », dit-elle carrément, affirmant que le peuple doit penser « à ses enfants » puisque les élites ne le font plus. Cette position populaire de principe, dans laquelle est revendiqué un devoir de vision stratégique qui se substituerait aux manquements des gouvernants me frappe. Il rappelle le positionnement des Allemands de l'Est de Dresde que j'interrogerai quelques mois plus tard, pendant la campagne des législatives allemandes, et qui, eux, estiment que « Berlin et les élites d'Allemagne occidentale » ne savent pas où elles vont[1]. Elle résonnera aussi avec la rébellion des Polonais et des Hongrois contre une Union européenne si entichée du multiculturalisme qu'elle en a oublié « l'essentiel » ; à savoir, la primauté des nations – une matriochka de la révolte allant de Laval à Varsovie. Anaïs dit avoir été très perturbée par les attentats terroristes et raconte que le nombre d'immigrés croît en ville. Elle parle de la boîte de nuit où elle et son mari ne veulent plus aller car « les étrangers y sont en terrain conquis ». Anaïs affirme qu'elle voit aussi de plus en plus de femmes voilées à Laval. Le maire nous confirmera l'existence d'une mosquée salafiste. « L'autre jour, au Leclerc, j'en vois deux et je les entends crier tout haut : "P..., il y a trop de Français, ici !" », raconte la jeune serveuse, furieuse, tout en se défendant de racisme. Elle craint l'absence d'intégration. Elle affirme qu'elle a le sentiment de faire un geste patriotique en votant Le Pen. « Combien d'attentats encore ? Je sais que nos inquiétudes font rigoler, à Paris. Mais il faut comprendre les gens. Ils ont peur. Ils ont vu comment le père Hamel s'est fait égorger dans une église normande, à Saint-Étienne-du-Rouvray. » L'insécurité culturelle fait partie du tableau de fond, même si on est loin des problèmes des grandes métropoles.

Quand les résultats tombent, Marine Le Pen engrange 21,3 % du vote au premier tour de la présidentielle, malgré la colère. Au deuxième tour, surfant sur la vague antipartis et la performance désastreuse de la présidente du Front national lors du débat de

1. Voir à ce sujet Laure Mandeville, « Sur les terres saxonnes de l'ex-Allemagne de l'Est, le réveil identitaire des Ossies », *Le Figaro*, 2 février 2018.

l'entre-deux-tours, c'est Emmanuel Macron qui rafle la mise, réussissant avec son mouvement « hors les murs », La République en marche, un coup de maître électoral. Il a plaidé pour une France affrontant la mondialisation du XXIe siècle, au lieu de la rejeter, pour séduire les Français qui n'ont pas voulu de Marine Le Pen. Croyant élire un candidat antisystème parce qu'il a fait exploser la logique des partis, les Français ont fait en réalité « un choix orléaniste » qui met au gouvernail de la France « le candidat centriste des élites surdiplômées », analyse dans un article le journaliste Éric Zemmour, à l'époque chroniqueur au *Figaro*. En d'autres termes, Macron a détourné la grogne antimondialisation et anti-immigration des provinces. Mais celle-ci n'a pas disparu.

Elle va resurgir sur les ronds-points de France pendant la révolte des Gilets jaunes, dès 2018, dans une version plus sociale que culturelle, puis trouver une nouvelle incarnation en Éric Zemmour et son mouvement Reconquête !, en 2021, à la surprise générale. L'écrivain journaliste est l'événement de la campagne ; l'homme qui, avec ses questions dérangeantes, fait l'effet d'un véritable brise-glace – comme Trump.

Éric Zemmour est-il un Trump à la française ?

C'est dans sa chronique du 22 avril 2021, dans *Le Figaro*, qu'Éric Zemmour, tel un petit Poucet journaliste, sème pour la première fois un indice de ses intentions présidentielles. Dans une critique du livre de l'historien Christophe Dickès, qu'il a publié en 2008 sur le journaliste Jacques Bainville, le chroniqueur du *Figaro* raconte l'extraordinaire prescience de ce publiciste qui, dès 1920, dans « les conséquences politiques de la paix », avait prévu la montée vers la guerre et la réémergence d'une Allemagne révisionniste et agressive, prête à submerger le reste de l'Europe. Effrayé par la passivité de la France ou plutôt « le simulacre de l'action » qu'il observait au sommet de l'État, Bainville, journaliste de l'*Action française*, germanophone mais antiallemand, ne cesserait dès lors, tel Cassandre, de sonner le tocsin, imaginant le pire et notamment « l'hypothèse extrême que la France puisse "se défaire" », écrit Éric Zemmour, fasciné par le caractère prophétique de ses écrits et le parallèle qu'il y lit avec notre époque. Mort en 1936, Bainville ne verra pas la déroute de 1940 et s'éteint, plongé dans le désespoir de ne pas avoir assez fait pour empêcher la catastrophe européenne qu'il voit venir. Éric Zemmour décrit son tourment de ne pas avoir « participé plus activement à la vie politique et de ne pas avoir abandonné son métier de journaliste », pour conjurer le désastre. S'identifiant clairement à son aîné, qui ne fut, rappelle-t-il, jamais un raciste, Zemmour laisse entendre implicitement par ces mots qu'il n'aimerait pas se retrouver dans la situation d'un Bainville rongé par le remord ; bref, qu'il pourrait tenter l'aventure politique, pour peser sur le destin d'une France qu'il juge « en danger de mort ».

Quand je prends connaissance de cette chronique, au printemps 2021, alors qu'apparaissent d'étranges affiches « Zemmour président » sur les panneaux électoraux des villes de France, une question se met à tourner dans ma tête : est-il le Trump français que tout le monde guette depuis plusieurs années ? Et si ce journaliste iconoclaste, qui dit avec brio et une brutalité décapante ses quatre vérités au pouvoir et aux élites tous les soirs sur la chaîne CNews, était « l'homme providentiel » capable, comme le milliardaire américain, d'endosser le manteau de la colère et d'incarner la contestation montante ? Au *Figaro*, la plupart des journalistes trouvent l'hypothèse loufoque. « C'est un observateur, pas un politique ! », « Trop réac, il fera peur aux Français », « Trop solitaire », réagissent nombre de confrères et consœurs, notant qu'il ne s'est jamais vraiment intégré à la rédaction, y jouant un rôle de solo talentueux mais sans attaches avec le journal, où beaucoup le détestent ouvertement pour ses idées. Dans les supputations qui reviennent à intervalles réguliers sur « l'homme – ou la femme – providentiel(le) », d'autres noms ont couru ; celui de l'ancien chef d'état-major Pierre de Villiers notamment, qui s'est empressé de démentir.

À l'été 2021, Éric Zemmour part en vacances en promettant une « surprise pour la rentrée » sur son compte Twitter, puis en annonçant fin août, la sortie d'un livre au titre éloquent : *La France n'a pas dit son dernier mot*. La couverture ressemble à s'y méprendre à celle du livre publié par Trump avant son élection, et le campe devant un drapeau bleu, blanc, rouge, bras croisés dans une posture présidentielle. La question occupe dès lors toutes les gazettes : Zemmour se verrait-il comme un Trump à la française ? Dans sa biographie détaillée du candidat, *Le Radicalisé* (2021), le journaliste Étienne Girard raconte que l'écrivain journaliste a pris beaucoup de temps et de soin pour réfléchir à sa candidature, sondant discrètement amis, chefs d'entreprise et politiques, et préparant sa manœuvre. Il continue d'ailleurs de maintenir le suspense sur ses intentions, alors qu'il entame ses signatures de livres à travers le pays ; suspense que ses adversaires et détracteurs s'empresseront de lire – à tort – comme une stratégie commerciale, destinée à vendre son ouvrage. Mais « la rencontre » avec le peuple qu'Éric Zemmour espérait se produit instantanément. Des foules de milliers de personnes affluent vers les villes qu'il visite. En m'y rendant aussi, j'y observe, comme beaucoup de journalistes, que ces événements ressemblent déjà à des meetings politiques. Dans des salles bondées et enthousiastes, les participants accueillent le non-candidat avec une ferveur inhabituelle, qui me rappelle instantanément la spontanéité du phénomène Trump. Le nombre de jeunes, la diversité de l'auditoire, me frappe. La plupart des gens qui sont là n'ont jamais mis les pieds dans un meeting politique, mais disent que « c'est la dernière chance » pour le pays qui, pour eux, sans nul doute, « va dans le mur ». Lors d'interminables séances de signature de son ouvrage, l'écrivain se met à dialoguer avec les Français. « Ils sont très à l'écoute, ils partagent mon diagnostic, ils cherchent un espoir », confie-t-il à Bordeaux, expliquant que les gens le pressent de s'engager « pour sauver la France ». « Sauver la France ! Est-ce que vous vous rendez compte ? » souligne-t-il. En quelques semaines, les sondages qui lui promettaient 5 % d'intentions de vote au mois de juin, le voient monter à 17 % – à la deuxième place derrière Emmanuel Macron ; un chiffre qui redescendra avant de remonter dans la dernière ligne droite de la campagne, puis de replonger avec le début de la guerre en Ukraine. Une ascension stupéfiante pour un homme qui n'a ni appareil, ni programme annoncé, ni expérience politique.

Pour moi, cet enthousiasme fervent et soudain n'est pas fortuit. Il est le fruit d'une maturation de l'inquiétude qui perçait déjà en 2017, à Chambois, Laval ou Argentan, et qui chemine dans l'inconscient collectif français depuis des années. Comme la jeune Anaïs que nous interrogions alors, c'est parce qu'ils sont véritablement alarmés par l'évolution de la France que beaucoup de Français disent être tentés de se tourner vers l'*outsider* Éric Zemmour, et d'embrasser son discours sur la menace de « libanisation » et d'islamisation de la France – le fameux « grand remplacement[1] » démographique et culturel qu'impliquerait la poursuite d'une immigration incontrôlée. Ceux qui ont rejoint son mouvement réclament, inconsciemment ou non, un changement stratégique de direction ; une révolution dans la manière de gouverner et d'envisager l'avenir ; un rejet de ce que l'écrivain et journaliste Franz-Olivier Giesbert, sentant avec effroi que la France « se meurt à petit feu », appelle « l'aquoibonisme » des élites françaises – ce « fruit sec du nihilisme, la nouvelle idéologie française » qui consiste à « laisser couler ». « L'avenir est un gros mot, synonyme de malheur, un gouffre vers lequel nous marchons comme des bêtes à viande en route pour l'abattoir », écrit-il avec une franchise étonnamment désespérée dans sa bouche, dans son dernier livre, *Le Sursaut* (2021). Pour les Français qui se pressent dans les meetings d'Éric Zemmour, leur ralliement est une manière de dénoncer, à leur façon, ce même renoncement.

La vague d'attentats spectaculaires qui a continué d'endeuiller le pays – depuis les attaques de *Charlie Hebdo* et du Bataclan, de la décapitation du professeur d'histoire Samuel Paty en octobre 2020, aux meurtres de

1. Le terme de « grand remplacement », qui suscite de nombreuses polémiques sur lesquelles je reviens plus loin dans ce chapitre, est emprunté par Zemmour à l'intellectuel Renaud Camus, auteur de *Le Grand Remplacement*, Chez l'auteur, 2015. Ce dernier voit celui-ci non pas comme un phénomène complotiste, mais comme un processus démographique et culturel, lié à l'immigration.

trois fidèles égorgés dans la basilique Notre-Dame de l'Assomption, à Nice, quelques jours plus tard –, et la hausse constante de la violence et de l'insécurité, non plus seulement dans les grandes villes mais dans les villes moyennes, se traduisent par une radicalisation des impatiences et des inquiétudes, un désir croissant de renverser la table, confient des participants. Le jeune Nathan, que je croise à Villepinte par exemple, lors du meeting de lancement du parti Reconquête ! d'Éric Zemmour, ne cache pas que sa présence dans le « mouvement de Z » est due à son exaspération face aux pressions quotidiennes qu'il voit se multiplier à Orsay, où il fait des études d'ingénieur. Il raconte qu'en plein ramadan, en juin 2021, lui et un ami se sont fait interpeller par une bande alors qu'ils sortaient d'une boulangerie avec des sandwiches qu'ils étaient allés acheter pour le déjeuner. « Vous n'avez pas vu qu'on était en ramadan », les tance le groupe, menaçant. Nathan et son ami, stupéfaits, répondent qu'ils ne sont pas musulmans. « Les non-musulmans doivent faire dix jours de jeûne », répliquent les autres. « J'appelle ça du djihad et de la charia, s'indigne Nathan *a posteriori*, disant ne pas vouloir d'une France où il doit s'excuser d'aller déjeuner. Il s'inquiète pour sa mère qui « est chahutée » quand elle vient le voir à Orsay, et pour sa petite sœur.

En écoutant sa colère et son anxiété dans le brouhaha du meeting de Villepinte, début décembre, je me dis que ce mouvement qui monte pourrait ouvrir la porte à un scénario trumpiste et projeter au moins l'écrivain journaliste face au président Macron, voire jusqu'à l'Élysée. Au mois de février, la plupart des observateurs n'y croient toujours pas. Charles Sapin, journaliste politique au *Figaro* qui a l'avantage de suivre la campagne au jour le jour, parie encore sur un deuxième tour Macron-Le Pen, car « elle garde un socle granitique » dans les classes populaires. « Zemmour fait une campagne très clivante », note-t-il, qui « surmobilise ses supporters mais limite sa capacité de rassemblement ». Le directeur adjoint de campagne Antoine Diers est, lui, d'un tout autre avis, soulignant la progression du candidat au détriment de Valérie Pécresse comme de Marine Le Pen, et son assise à parts à peu près égales dans « la bourgeoisie patriote » et dans les milieux populaires. Il note aussi qu'Éric Zemmour réduit son retard auprès des femmes, électorat sur lequel il partait avec un gros désavantage – comme c'était le cas pour Donald Trump. Il rejoint certains analystes sur la réalité d'une « porosité » des voix entre les différents candidats de droite, qui soulignent que Jean-Marie Le Pen, supposément inattaquable sur ses 20 % en 2007, avait fondu jusqu'à 10 %, sous la pression de l'aspirateur de la candidature de Sarkozy dans la ligne droite de la campagne. L'enthousiasme que sa candidature continue de susciter sur le terrain, la fréquentation de ses meetings, de même que les nombreuses défections de militants LR ou RN vers Reconquête !, qui a passé le cap des 100 000 adhérents en à peine deux mois, poussent aussi à penser qu'il pourrait créer la surprise. L'arrivée de Marion Maréchal, en proie à un dilemme cornélien entre ses convictions politiques et sa loyauté familiale, aux côtés d'Éric Zemmour devrait aussi l'aider, même si ce ralliement très attendu a été partiellement occulté par la guerre russo-ukrainienne. Dès janvier, il m'apparaît clairement, en tout cas, que quelle que soit l'issue de la bataille, le mouvement que suscite le candidat de Reconquête ! reflète le tremblement de terre politique qui est en cours dans le pays et annonce une spectaculaire recomposition politique après l'élection, sans doute autour de lui. « Être autour de 16 % dans les sondages, c'est déjà un score incroyable », note un intellectuel de gauche juif, qui ne souhaite pas être cité par peur de devenir « radioactif ». « La percée fulgurante de Zemmour montre qu'il a d'une certaine manière déjà gagné quoi qu'il arrive. Il a normalisé les thèmes de la survie de la France et ouvert la porte à une union des droites après l'élection », poursuit-il – un « séisme politique ». Ce chercheur dit que les idées de Zemmour ne cessent de gagner sous la pression du réel, même dans les milieux de gauche où l'enjeu civilisationnel commence à transcender les clivages. « Je connais des néoféministes parisiennes qui disent qu'elles sont inquiètes et qu'il faut stopper l'immigration », dit-il, « même si tous, dans ces milieux, détestent Zemmour ». Lui aussi se reconnaît dans le diagnostic zemmourien : il pense que le pays va vers un « lent suicide » s'il n'y a pas de sursaut. « Mais je n'aime pas trop le visage du "sursaut" dit-il à propos du candidat de Reconquête !, critiquant « ses outrances, ses formules trop blessantes et à l'emporte-pièce contre les musulmans », tout en reconnaissant son courage. « Il y a incontestablement un phénomène Zemmour comme il y a eu un phénomène Trump ! » ajoute-t-il.

Quand on l'interroge sur ses points communs avec Trump, Éric Zemmour ne dit pas non à la comparaison, même s'il note que par son parcours et sa formation, il ressemble « beaucoup plus » au Premier ministre anglais conservateur Boris Johnson, ancien journaliste lettré, capable de réciter des strophes entières de l'*Iliade* ou de l'*Odyssée* en grec ancien quand il veut se donner du courage[1]. Et c'est vrai qu'entre l'ancien président

1. Il n'est toutefois pas certain que la comparaison avec Johnson soit si probante. La manière dont les deux hommes ont réagi sur la

milliardaire et Zemmour, les différences de personnalités et de culture sont abyssales. Il n'y a pas plus français que « Z » et plus américain que « le Donald ». L'un est un érudit, issu d'un milieu très simple, qui s'est fait dans les livres, le journalisme et l'exploration passionnée de l'histoire de France, qu'il connaît par cœur. L'autre, fils d'un promoteur millionnaire de Brooklyn, dont on dit en plaisantant qu'il n'a lu qu'un seul livre – le sien sur « l'art du deal » (1987) – a formé sa vision du monde et sa personnalité sur les chantiers immobiliers des tours que son père bâtissait dans la banlieue de Big Apple, puis dans le marigot des requins du capitalisme new-yorkais de Manhattan ; un monde de l'action, de l'argent tape-à-l'œil, du commerce, très éloigné de celui d'un Éric Zemmour qui a toujours affiché son aversion pour le modèle d'outre-Atlantique. Zemmour, porteur d'une vision d'ensemble structurée, parfois jusqu'à l'extrême, n'a pas le côté drolatique et inconséquent, ni l'ego démesuré jusqu'à l'irrationnel de Trump – un intuitif. Mais il y a des similarités chez les deux hommes : le caractère indomptable et bagarreur, le sens de la formule, une vision vieille école assez « macho » des rapports hommes-femmes, une allergie totale aux nouvelles valeurs *woke*, une vision hobbesienne et machiavélienne du monde, plutôt sceptique, basée sur les rapports de force et la realpolitik. Surtout, la marche à la présidence de Zemmour et les ressorts nationalistes, antimondialisation et anti-élites de la révolte qu'il chevauche, rappellent irrésistiblement le parcours de Trump. Comme en 2016, on a le sentiment

---

question russe est à cet égard très éclairante. Pas d'ambiguïté chez « Bojo » face à Poutine. Aucune trace de cette fascination de la force – troublante – qu'a trop longtemps manifestée Éric Zemmour, sans doute parce qu'il désespérait de l'impuissance occidentale.

d'une vague populaire puissante qui bouscule le jeu traditionnel par une approche asymétrique inédite, tandis que pouvoir et médias traditionnels érigent des digues pour la stopper. Marine Le Pen, de ce point de vue, est moins trumpiste, car c'est une « héritière », qui a pris en charge le parti de son père, Jean-Marie Le Pen, pour le moderniser et le « normaliser ». Jusqu'ici détentrice d'une sorte de monopole sur le camp anti-immigration et nationaliste, elle se retrouve elle aussi bousculée par l'ovni Zemmour ; un homme qui, comme Trump avec l'Amérique, se pose en sauveur de la maison France avec une passion qu'elle a du mal à incarner. « Au fond, c'est une femme politique traditionnelle. Pas lui, c'est sa force », résume Jacline Mouraud, l'une des figures du mouvement des Gilets jaunes, qui a rejoint l'état-major de campagne de Reconquête !. Elle se dit persuadée que Zemmour a « les cartes en main pour gagner ».

Éric Zemmour ou l'amour « immodéré » de la France

Au début de son livre *Destin français* (2018), dans lequel il revisite l'histoire de France en y évoquant ses grandes figures et ses lignes de force, Éric Zemmour raconte les larmes qu'il a versées en se retrouvant face à la Bérézina, célèbre rivière russe où se noya, gelée, une partie de la grande armée napoléonienne en déroute, lors de la retraite de Russie de 1812. Envoyé par *Le Figaro* réaliser un reportage d'été sur Stendhal et la campagne de Russie, il avait voulu voir de ses yeux la rivière de glace et de boue dans laquelle avaient sombré les ambitions napoléoniennes. « Je pleurais sur la débâcle de la grande armée comme sur la mort d'une mère, et sur la fuite de l'Empereur comme sur l'humiliation suprême d'un père », écrit-il. L'épisode montre l'attachement ébloui et viscéral, assez incroyable, qu'il a depuis l'enfance pour la France et son histoire, en contraste avec la détestation amusée que tant d'intellectuels français nourrissent pour l'idée de nation. « Dans mes yeux médusés d'enfant, le mot "France" brillait de tous ses feux : histoire, littérature, politique, guerre, amour, tout était rassemblé et transfiguré par une même lumière sacrée, un même art de vivre, mais aussi de mourir, une même grandeur, même dans les défaites, une même allure, même dans les pires turpitudes », explique l'écrivain journaliste. Un « amour immodéré » de la France et de son histoire qu'il doit à ses parents et qui a structuré toute sa vie, raconte-t-il en octobre 2021 sur la scène du palais des Congrès de Versailles à l'avocat Benoît Sevillia, qui l'a invité à une conférence de l'association des Veilleurs. Il en reparle à presque chacune de ses interventions.

C'est le 31 août 1958 qu'Éric Zemmour naît à Montreuil, dans une famille de Juifs berbères algériens francisés par les décrets Crémieux de 1870. Les Zemmour ont quitté l'Algérie en 1952 et ne vivront donc pas en direct la tragédie de la guerre d'indépendance ; une circonstance qui contribue sans aucun doute à accroître la reconnaissance que cette famille rapatriée voue à une France qui lui a « tout donné », comme ne cesseront de le lui répéter ses parents et grands-parents – dont les ancêtres, nés en Kabylie, ont été tirés de la pauvreté par la colonisation française. « Avant la France, ils vivaient dans la misère la plus noire, et n'avaient même pas l'électricité », dira-t-il au média Thinkerview, qui lui demande comment il peut avoir une image positive de la France qui a colonisé ses ancêtres. Dans la HLM de Drancy où grandit Éric Zemmour, le tableau de la banlieue est, dans son souvenir, celui d'une diversité heureuse et pacifique, où se côtoient quelques « Gaulois authentiques » – les Minot au quatrième étage, les Martin au deuxième – au milieu de Juifs pieds-noirs rapatriés, d'immigrés italiens et espagnols et de quelques familles arabes, cohabitant en bonne intelligence[1]. Une sorte de paradis perdu, qui a disparu avec l'arrivée d'une immigration massive « qui a chassé les classes populaires françaises », regrette-t-il. Pour Éric, cette paix sociale s'explique par le modèle d'assimilation à la française qui prévaut encore à l'époque, et qui consiste à embrasser la France dans son histoire, sa langue, ses prénoms, son art de vivre. Cela implique, précise-t-il dans *Destin français*, un mélange subtil de fusion avec le pays d'accueil et de maintien de certaines traditions religieuses ou culinaires. Son père Roger, arabophone et francophone, note les citations des grands auteurs français qu'il admire, comme Victor Hugo, dans un carnet qu'il garde toujours dans sa poche, tout en allant jouer au 421 avec des amis arabes, au café du coin. Revendiquant l'héritage gaulois, il achète religieusement tous les numéros d'*Astérix* pour son fils, sans manquer de les lire préalablement. Sa mère Lucette, à laquelle Éric voue « un amour fou » réciproque, ne cesse d'exprimer son admiration et son attachement à la France, portant fièrement la minijupe et apprenant les recettes de plats français, même si elle continue de cuisiner le « couscous boulettes » algérien. Après avoir fréquenté l'école publique de Drancy, Éric rejoint néanmoins l'école juive Lucien-de-Hirsch, dans

1. Il évoque ces souvenirs assez longuement dans son livre *Destin français*, mais y est aussi longuement revenu dans diverses interviews au fil de la campagne.

le 19e arrondissement, à partir du CE2. C'est là qu'il découvre ses « ancêtres juifs » – Abraham, Isaac, Moïse – qui n'effaceront « pas les Gaulois », écrit-il. L'école ne crée en effet pas de compétition entre les deux filiations, enseignant les couplets de « La Marseillaise », les vers de La Fontaine et la Tora. La mère d'Éric le force à enlever la kippa dès qu'il sort de l'école, « par respect instinctif d'une conception stricte de la laïcité qui séparait l'espace public du domaine privé », note Zemmour. « On était juif à la maison et français dans la rue... Il n'y avait pas de conflit parce qu'il ne pouvait y en avoir... Le sacré était dans le rituel et la loi dans la République. La France, c'était la vie ; l'Algérie, la nostalgie. La France, la grande patrie ; l'Algérie, la petite patrie. L'une s'emboîtait dans l'autre, s'encastrait, se lovait », explique-t-il, dans une description assez idyllique de cette greffe identitaire. Ce qui transparaît de son texte, c'est cette enfance heureuse, même si elle se passe dans le béton d'une HLM de banlieue. Il ne cesse d'ailleurs d'y revenir, dans ses interviews. Il raconte que c'est son grand-père paternel qui lui fait prendre vraiment conscience de ses origines berbères, en lui montrant un timbre de collection représentant « un combattant à la mine farouche » de la tribu des Zemmour – l'une des dernières à s'être soumises à la France, après la reddition d'Abd el-Kader. « Mes ancêtres étaient devenus des Berbéro-Français, après avoir pris goût à la paix et à la civilisation française », écrit le journaliste. Ce qu'il ne cesse de mettre en avant, c'est que cette origine contrariée ne l'empêche pas de se projeter dans l'histoire de France, qu'il a faite sienne. Comme le note avec justesse Michel Onfray, qui l'a rencontré plusieurs fois, « il n'a pas d'attachement charnel à la France, pas de patrie locale, d'enracinement géographique mais un enracinement intellectuel » qui, curieusement, à sa manière, est tout aussi émotionnel. « Pour moi, il n'y avait pas de distinction entre le sang réel et le sang historique ; comme s'ils s'étaient mêlés depuis longtemps dans mes veines », insiste d'ailleurs Éric Zemmour dans *Destin français*. Ainsi le jeune Éric dévore-t-il le *Napoléon* de Castelot, ressuscitant aussi les batailles napoléoniennes à l'aide de petits soldats. Il plonge dans la littérature française. Ses héros sont Balzac, Hugo, Chateaubriand, Taine, Renan et beaucoup d'autres. « Tout me portait à lire, ma mère qui disait : "Lis" ; l'école qui me disait la même chose. Je n'avais pas trop le choix », a-t-il raconté, lors d'un passage à Versailles. Enfant de sa génération, Éric n'en grandit pas moins baigné par les émissions de télévision de son enfance, qui forment sa culture pop – c'est un fan des Rolling Stones et de Johnny – et cinématographique. Il grandit dans le culte des films de Belmondo et de Gérard Oury, même si c'est un film plus ancien, *Illusions perdues* d'Ernst Lubitsch (1941), qui l'inspire. Après avoir découvert ce film et le chef-d'œuvre de Balzac avec enthousiasme, il sait qu'il veut mener sa vie au carrefour du journalisme, de l'histoire, de la politique et de la littérature, et se voit tel un Rubempré, prenant d'assaut Paris, ses cercles d'écrivains… et ses femmes ! La conquête parisienne peut commencer. Mais son enfance dans une banlieue modeste du 93, et son amour inconditionnel de la France ont construit, sans qu'il en soit sans doute vraiment conscient à l'époque, les fondements d'une personnalité en prise avec les classes populaires, et en décalage avec un milieu intellectuel et politique parisien sceptique à l'égard de la nation et capable d'un mépris de classe subtil – qu'Éric Zemmour semble avoir ressenti à la fois à Sciences Po Paris, puis dans ses débuts professionnels dans le journalisme. Le fait qu'il devienne un membre à part entière de l'élite intellectuelle et médiatique française ne va pas changer cette spécificité. Chez Trump, on retrouve aussi, parallèle intéressant, cette même forme de décalage avec l'élite new-yorkaise, majoritairement démocrate et progressiste, même si elle s'exprime sur un autre plan. L'homme d'affaires a hérité de son père et de son grand-père un patriotisme décomplexé, propre à beaucoup de nouveaux arrivants, qui cohabite avec son ego démesuré et son appétit de réussite financière et sociale. Lui aussi est, malgré sa fortune, un gars de la banlieue, ayant grandi dans le quartier du Queens ; certes, dans une belle maison de maître, mais au contact de populations très mélangées et connues pour leur franc-parler. Quand il passe le pont de Brooklyn pour entamer sa conquête de Manhattan, c'est la communauté juive qui l'aide, et notamment l'avocat Roy Cohn – personnalité sulfureuse et fascinante surnommée « Satan » dans les milieux journalistiques et politiques. Mais la vieille élite américaine des Anglo-Saxons protestants – les Wasps – verra toujours dans ce fils d'immigrés allemands et écossais charmeur, insolent et sans scrupule, un parvenu. Donald Trump, malgré ses liens intimes avec le tout New York, ne se sentira jamais totalement faire partie de ce monde, par sa mentalité et sa vision. Son expérience du bâtiment, sur les chantiers de construction où il a appris le métier de promoteur avec son père dès l'âge de 14 ans, lui a en revanche permis d'établir un contact direct avec les classes populaires ; un langage commun. Un sentiment qui peut sans doute expliquer comment il a pu décider, après des années d'immersion au sein des élites new-yorkaises et d'affiliation au Parti démocrate, de prendre la tête de la révolte antisystème américaine, côté républicain. Chez Zemmour comme chez Trump, ces expériences et décalages, sociaux et affectifs dans leur rapport à la nation, aux élites et aux classes populaires, ont sans doute été déterminants dans leur capacité à transgresser la doxa de la « mondialisation heureuse », adoptée par l'establishment occidental en 1991, et à partir en guerre contre le système.

Le tremplin télévisuel

Le 16 septembre 2006, le présentateur Laurent Ruquier lance à grand fracas sa nouvelle émission de divertissement du samedi soir « On n'est pas couché » sur France Télévisions, qui pratique le mélange des genres politique, sociétal, culturel, le tout à la sauce « people ». Sur le plateau, on retrouve, outre Ruquier, l'ancienne ministre socialiste Élisabeth Guigou, l'écrivaine Christine Angot, l'avocat Arno Klarsfeld, le compositeur Jean-Louis Murat et l'acteur Charles Berling ; avant que n'apparaissent, en deuxième partie d'émission, deux nouvelles recrues, censées agir en binôme pour apporter du piment et de l'audimat : le vieux Michel Polac, qui n'a rien perdu de son mordant mais y ajoute désormais une forme de distance désenchantée, et un petit « nouveau » nommé Éric Zemmour, chroniqueur politique au *Figaro* qui, à 48 ans, en paraît à peine 30. Quelques mois plus tôt, en mars 2006, Catherine Barma, productrice de l'émission, a assisté en coulisses à la prestation du journaliste politique sur le plateau de « Tout le monde en parle » de Thierry Ardisson. Le culot, l'audace, les réparties cinglantes et l'espièglerie décontractée avec lesquels Éric Zemmour a résisté aux critiques de la députée communiste de Paris, Clémentine Autain – en lui lançant notamment un très coupant : « Et vous, vous manquez de culture ! », après qu'elle l'a accusé de « manquer d'imagination » –, ne lui a pas échappé. Invité à présenter son dernier livre – *Le Premier Sexe* (2006), un pamphlet provocateur dénonçant la dévirilisation et la féminisation de la société occidentale – Zemmour a croisé sans se démonter le fer avec l'acteur Francis Huster pour critiquer l'indifférenciation croissante des sexes, à la consternation générale de l'assistance.

Sur le plateau de Ruquier, six mois plus tard, un Éric Zemmour mis en orbite par Catherine Barma, va également crever l'écran. L'émission aborde le thème des sans-papiers de Cachan, épineux dossier dont l'avocat Arno Klarsfeld s'est saisi à la demande du président de l'époque, Nicolas Sarkozy. Tandis que Klarsfeld est pris à partie par le reste de l'assistance pour oser vouloir distinguer entre familles en situation régulière et sans-papiers en situation irrégulière, Éric Zemmour lui vient en aide et riposte à l'indignation de Charles Berling, lequel plaide pour la régularisation de tous les sans-papiers et l'octroi de logements décents à ces derniers. Enjoignant l'acteur à aller « au-delà du cœur et des sentiments » pour aborder le thème de manière « rationnelle », le chroniqueur du *Figaro* lui répond que des mouvements de population impliquant « des millions de gens » sont en marche, et que faire le choix de maintenir les frontières ouvertes par principe humanitaire condamne à terme les sociétés occidentales à la dislocation et à la crise. « Oh ! Au secours ! Faut arrêter ce discours, se met à hurler Christine Angot. Cela s'appelle un discours profondément raciste. – Vous ne savez pas ce qu'est le fascisme, Angot. Il vous aurait déjà coupé la tête. Les gens fuient la banlieue dès qu'il y a trop d'enfants d'immigrés, c'est comme ça », rétorque Zemmour, qui appelle à regarder « la réalité et les chiffres ». Sur le plateau, à l'exception d'Arno Klarsfeld qui acquiesce, c'est horreur et consternation, mais l'émission est un succès d'audience. Catherine Barma sait qu'elle tient une pépite. Le phénomène télévisuel Zemmour est né. Il va désormais s'imposer, d'abord avec Polac, puis plus tard, dans le duo complice et décapant qu'il va former avec l'éditeur Éric Naulleau, comme une star incontournable du paysage audiovisuel français. Il devient l'empêcheur de penser en rond de l'élite parisienne, celui qui réfléchit différemment et qui le dit tout haut, usant de son aura médiatique et de son intelligence tranchante comme d'une arme de guerre contre ses adversaires idéologiques de la gauche qui se font de plus en plus nombreux.

Bien sûr, le journaliste était déjà connu dans les milieux journalistiques et politiques parisiens avant cette mise en orbite télévisuelle fracassante. Depuis son arrivée à pas feutrés dans le métier, en 1985, au *Quotidien de Paris* – après les tâtonnements qu'a suscités son double échec à l'ENA –, Zemmour avait réalisé, grâce à son talent détecté par le fondateur de ce même journal, Philippe Tesson, une ascension rapide dans les cercles d'influence parisiens, passant par le journal *InfoMatin* où il avait vite eu carte blanche comme éditorialiste, puis brièvement par *L'Express*, avant d'atterrir en 1996 au *Figaro*, où l'avait engagé Franz-Olivier Giesbert. Il n'y était pas particulièrement heureux, au départ, ruant dans les brancards contre les contraintes d'un grand journal, où l'ambitieux avait l'impression de n'être qu'un rouage. Il y avait peu d'amis et y faisait figure d'électron libre, peu présent, discret, toujours pressé.

Partie en poste à Moscou exactement à cette époque, je n'avais pas eu le loisir de le rencontrer encore. Puis, peu à peu, d'histoire en histoire, d'analyse en analyse, de livre en livre, Éric Zemmour avait trouvé sa place de polémiste affûté – un terme qu'il récuse, mais qui s'inscrit dans une tradition française prestigieuse –, affinant ses points de vue, creusant ses intuitions, égratignant les puissants et enrichissant son carnet d'adresses. Dans le milieu politique, il connaissait tout le monde et affichait des amitiés éclectiques. Plutôt à gauche à ses débuts, quand il affectionnait encore la ligne souverainiste et sociale de Jean-Pierre Chevènement, Zemmour s'était détourné définitivement des socialistes en 1989, lors de l'affaire de Creil, quand trois jeunes lycéennes musulmanes avaient refusé d'ôter leur voile pendant leurs cours. L'incapacité de Michel Rocard et de Lionel Jospin à apporter une réponse ferme à ce défi à la laïcité républicaine l'avait ébranlé, de même que l'avis de jésuite rendu par le Conseil d'État, qui, pour pacifier un débat intense et émotionnel, avait affirmé que « le port du voile est compatible avec la laïcité ». Cette défausse de l'État qui renvoyait aux enseignants la responsabilité d'accepter ou non le voile, lui était apparue comme une trahison du principe d'assimilation, qui, pensait-il à juste titre, serait payée très cher à long terme – il faudra attendre 2004 pour que la droite finisse par faire passer la loi interdisant le voile à l'école. La question de l'immigration et de l'intégration de l'islam dans une société enfermée dans le déni des risques de séparatisme religieux, et gagnée par un individualisme que le journaliste pensait « arrogant et nihiliste », était devenue progressivement le thème central de ses articles et de ses livres, qu'il déclinait partout sur les ondes et les pages des grands journaux.

Mais son arrivée à « On n'est pas couché », émission de grande écoute oscillant entre politique et divertissement, allait changer la donne.

Car, peu à peu, tandis qu'il brille sur les écrans, Éric Zemmour se transforme en chroniqueur décomplexé d'une France qui « se défait » et « ne s'aime plus ». Il constate avec inquiétude que cette détestation d'elle-même laisse un vide que l'islamisme remplit dans les banlieues. En 2014, ce pessimisme donne un livre, *Le Suicide français* : fresque décapante qui accuse Mai 68 et les élites intellectuelles et politiques qui en sont sorties d'avoir déconstruit la nation française et toutes les institutions traditionnelles. L'ouvrage est présenté comme un brûlot, mais il fourmille de fulgurances. Accablé par le milieu intellectuel et médiatique parisien, qui a adoré Mai 68 et s'en considère l'héritier, il est en revanche plébiscité par les lecteurs qui partagent son diagnostic. Après avoir été fascinée, l'élite médiatique se met à le voir, tel le journaliste pour *Marianne* et *L'Express* Étienne Girard, en « chantre d'une France en proie au ressentiment ». Mais la France, qui est en réalité en proie à l'inquiétude, lui sait gré de dire tout haut ce qu'eux pensent tout bas – comme saint Jean « Bouche d'or », ce personnage de l'histoire religieuse russe. Elle reconnaît le pays dans lequel elle vit dans ses paroles. Le polémiste écrivain devient son maître à penser. De ce point de vue, Zemmour est un symptôme du fossé qui se creuse en France, entre deux mondes, deux visions de ce qui se passe.

Ce double mouvement ne va faire que s'amplifier au fur et à mesure des scandales, procès et limogeages dont il est l'objet après des dérapages télévisuels qui le font condamner à plusieurs reprises par la justice. La première grosse controverse qui lui vaudra condamnation pour provocation à la discrimination raciale, l'atteint sur le plateau de Thierry Ardisson dans l'émission « Salut les Terriens », sur Canal+, en 2010. Alors que les invités dénoncent la pratique du contrôle au faciès par les policiers, Éric Zemmour affirme que les contrôles systématiques de la police sont dus au fait que « la plupart des trafiquants sont noirs et arabes ; c'est comme ça, c'est un fait ». « Par cette phrase catégorique et péremptoire, il justifie directement et clairement les contrôles, aussi arbitraires que systématiques, envers certaines catégories de population », répondent, en février 2011, les juges de la dix-septième chambre du tribunal correctionnel, le condamnant à 10 000 euros d'amende. Le même jour, sur la chaîne France Ô, Éric Zemmour explique que les employeurs ont « le droit » de refuser d'embaucher des Noirs et des Arabes. Un incident pour lequel le même tribunal jugera que le journaliste a dépassé « les limites autorisées de la liberté d'expression ». Éric Zemmour fait également scandale en septembre 2020 quand, dans l'émission « Face à l'info », sur CNews, il qualifie les mineurs isolés étrangers qui entrent en France par milliers chaque année, à la faveur de l'immigration illégale[1], « de voleurs, d'assassins et de violeurs », à l'occasion

1. La question des mineurs isolés étrangers qui émigrent vers la France est devenue un véritable casse-tête pour l'État et les départements pris d'assaut par des milliers de jeunes migrants qui demandent assistance et protection sociale. Les autorités françaises se débattent sur ce terrain avec une fraude à l'âge très répandue, ainsi qu'avec des problèmes de délinquance aigus liés à cet afflux de « faux mineurs ». *Le Figaro* a récemment consacré une série de reportages éclairants sur le sujet. Voir les articles d'Agnès Le Clair, « L'État tente de contenir l'afflux de mineurs isolés », *Le Figaro*, 1er février 2022, et d'Angélique Negroni, « Mineurs isolés : au commissariat de Bordeaux,

d'un débat portant sur un attentat perpétré devant les anciens locaux de *Charlie Hebdo*. « Pas tous ! » s'interpose Christine Kelly, la présentatrice. « Si, tous ! Il faut tous les renvoyer… Il ne faut pas qu'ils viennent », répond-il à la stupéfaction de son interlocutrice, déclenchant une plainte de SOS Racisme qui dénonce « un raciste récidiviste » et attaque le polémiste pour incitation à la haine raciale.

Mais, alors que le hiatus entre Éric Zemmour et le milieu médiatique et intellectuel français s'accentue à la faveur de ces outrances, son audience, elle, s'élargit de plus en plus ; nombre de Français jugeant ses dérapages marginaux au regard des vérités qu'il assène sur les sujets longtemps tabous. « Ils sont prêts à tout lui pardonner », me confie Jacline Mouraud, que j'interviewe à la mi-janvier.

Je vois là un autre parallèle frappant avec Donald Trump, dont les partisans disaient pardonner les scandales et approximations parce qu'il révélait « des vérités fondamentales » sur l'immigration ou l'islamisme que personne ne voulait nommer. Avec son arrivée à CNews, où le magnat Vincent Bolloré, Breton catholique propriétaire de la chaîne qui veut clairement participer à sa manière à la bataille des idées, lui offre un « trône » intellectuel dans l'émission « Face à l'info » de Christine Kelly, à partir de 2019, le phénomène va prendre une autre dimension. C'est un nouveau tournant : Zemmour désormais glisse presque ouvertement vers la politique, menant une bataille intellectuelle et culturelle que Gramsci n'aurait pas désavouée. Grâce au podium que lui offre CNews, il

l'action ciblée de la "cellule MNA" porte ses fruits », *Le Figaro*, 1er février 2022.

entre en « conversation » désormais quotidienne avec le peuple français qui se branche par centaines de milliers pour l'écouter chaque soir. L'audience de la chaîne connaît instantanément une croissance exponentielle. « C'est notre maître à penser depuis dix à quinze ans. Toute une jeunesse lit l'actualité à travers son regard, attend qu'il parle pour comprendre ce qui s'est passé. On a suivi toutes ses vidéos sur YouTube. C'est comme si je le connaissais par cœur ! » nous explique Ouriel, un Strasbourgeois de 34 ans, ingénieur en urbanisme, venu à son meeting de Villepinte pour le lancement de son mouvement. Tous ses amis acquiescent.

« On ne réalise pas à quel point CNews a pesé dans la révolution des esprits qui est en cours, renchérit Jacline Mouraud. Cette Bretonne de 54 ans, qui fut l'une des figures de la révolte des ronds-points, raconte qu'« Éric Zemmour s'est littéralement invité chaque soir dans les familles françaises, voire dans leurs cœurs ». « Je l'ai écouté pendant des soirées et des soirées, et tous les gens autour de moi buvaient ses paroles car nous étions subjugués par son érudition et son honnêteté ! » raconte-t-elle. Mouraud souligne que pendant la révolte des Gilets jaunes, la question de l'immigration et de l'insécurité n'avait pas été exprimée clairement sur les ronds-points parce que « c'était encore un tabou et qu'on n'osait pas en parler de peur de passer pour raciste ». « Mais quand Éric a tout balancé sur CNews, avec sa force de conviction, son érudition, les gens ont réalisé qu'il mettait des mots sur ce qu'ils vivaient et cela les a libérés. Ses constats sont vrais. Il est dans le réel. Les autres parlent de la vie de Français qui n'existent pas », affirme-t-elle[1]. J'ai l'impression, en

1. Interview avec l'auteur, 15 janvier 2022.

l'écoutant, d'entendre mes compagnons d'un soir du bar des Rennes de Middletown, Ohio, parler de Trump.

La radicalité assumée du diagnostic et du programme

Le 30 novembre 2021, après un suspense qui a duré plusieurs semaines, Éric Zemmour apparaît dans une vidéo diffusée sur les réseaux sociaux pour annoncer sa candidature à la présidentielle. Cette méthode est une première dans l'histoire électorale française. Dans une séquence très scénarisée, sur fond de septième symphonie de Beethoven, face à un micro qui rappelle sans ambiguïté l'appel du 18 Juin du général de Gaulle à la BBC, il s'adresse aux Français pour les appeler à le suivre. « Il n'est plus temps de réformer la France, mais de la sauver », lance-t-il, tandis que défilent des images heureuses et confiantes des années 1960, puis un kaléidoscope d'extraits de films montrant un pays métamorphosé, en proie à l'insécurité, aux divisions et au chaos. En se coulant dans le sillage du général de Gaulle, le journaliste veut clairement présenter le moment politique dans lequel il surgit comme celui d'une bataille désespérée et d'un sursaut national nécessaire, loin des scrutins traditionnels et de la politique politicienne. « Je n'ai plus confiance. Les prétendus compétents sont surtout des impuissants », explique-t-il pour justifier son propre engagement. La presse réagit en se moquant du parallèle gaulliste et du style dramatique de la séquence, soulignant en outre que son équipe a omis de demander les droits de reproduction des extraits utilisés. Google annonce même, quelques jours plus tard, l'interdiction de la vidéo aux mineurs et exige une carte d'identité pour y accéder. Mais la caravane de la campagne Zemmour avance, utilisant les techniques modernes des réseaux sociaux pour dérouler son scénario – « à la manière d'une série Netflix », note le journaliste du *Figaro* Alexandre Devecchio, qui voit, lui, dans ce récit romanesque d'un mouvement en marche, un avantage pour le candidat. Quelques jours après, lors de son annonce à Villepinte, devant 15 000 personnes en liesse, Éric Zemmour évoque le « petit grain de sable » qui va changer le cours d'une campagne que les élites pensaient jouer d'avance. « Le grain de sable, ce n'est pas moi, c'est vous », lance-t-il sous les applaudissements de ses 15 000 partisans, campant le combat qu'il annonce comme l'opposition entre les élites et le peuple. Annonçant la création de son parti, le journaliste appelle tous les « braves » de France à le rejoindre « pour changer le cours de l'histoire » et entamer la reconquête économique, politique, identitaire, culturelle du pays. « Après les constats nécessaires, voici venir l'heure du projet », crie-t-il, soulignant qu'« impossible n'est pas français ». Il se moque de tous ceux qui l'ont agoni d'insultes et des qualificatifs de raciste, fasciste, misogyne, dont on l'affuble. Il rappelle que, trente et un ans plus tôt, à Villepinte, la droite républicaine emmenée par Jacques Chirac, Valéry Giscard d'Estaing, Alain Juppé, François Bayrou et tous les autres, avait tenu des assises de l'immigration, promettant « l'immigration zéro », la préférence nationale et la suppression du droit du sol. Autant de propositions qu'il reprend aujourd'hui. « Chirac était-il raciste ? » demande-t-il pour répondre aux critiques de ses adversaires. « Le destin est malicieux, insiste Zemmour ; j'étais là, ce jour-là, j'observais ; je notais. Mais rien ne s'est passé. Toutes les promesses sont restées lettre morte », constate l'ancien journaliste, qui fait « serment », lui, de ne pas trahir ses électeurs. Présente au milieu de la foule qui réagit fortement, j'ai le sentiment que ce retour sur les promesses non tenues de la droite est l'un de ses meilleurs arguments.

Le socle du projet d'Éric Zemmour s'articule autour de l'idée que la France est entrée, depuis la fin des années 1970 – avec l'assentiment des élites de droite comme de gauche – dans une trajectoire qui, si elle est maintenue en l'état, l'emmènera droit vers la libanisation, le chaos, la division puis, finalement, la mort de sa civilisation, au profit d'une autre largement islamisée qui la remplacera à terme, en raison de la pression migratoire et démographique. L'intellectuel français qui, sur le site de son programme, montre que la démographie des femmes immigrées extra-européennes est trois fois supérieure à celles des Françaises de souche, estime que la France a dévié de son cours historique normal et s'est engagée dans une impasse presque apocalyptique, dont elle doit absolument sortir. Cette dramatisation des enjeux était présente dans le projet du « mur » de Trump, mais à un bien moindre degré, dû sans doute à l'origine essentiellement catholique de l'immigration qui touche les États-Unis et aussi à la tradition de l'Amérique comme terre d'immigration. Si Trump parlait, lui aussi, de supprimer les causes de la poussée migratoire, notamment en mettant fin aux « villes sanctuaires » qui refusent toute chasse aux illégaux sur leur territoire et donnent emploi et reconnaissance aux clandestins, le problème était soulevé en termes économiques plus que culturels, même si le milliardaire avait posé aussi la question de la défense de la civilisation judéo-chrétienne après plusieurs attentats islamistes.

Mère de toutes les batailles, le défi de l'immigration doit, selon Éric Zemmour, être relevé autour de plusieurs piliers. Le premier vise à arrêter les flux migratoires grâce à une réduction drastique du droit d'asile, largement dévoyé, une réduction tout aussi radicale du regroupement familial, une suppression du droit du sol et une sélection très stricte de la distribution de visas étudiants. Le candidat veut aussi assécher « les pompes aspirantes » de l'immigration que représente notamment le généreux système d'aides sociales français, actuellement en vigueur pour les étrangers, en supprimant les aides sociales non contributives pour les étrangers extra-européens et l'aide médicale d'État – dont 300 000 personnes ont été bénéficiaires en 2020, contre 75 000 en 2000, selon ses chiffres[1]. Il veut restreindre les possibilités de naturalisation et interdire la régularisation des étrangers entrés illégalement sur le territoire français, qu'il entend renvoyer dans leurs pays d'origine, en menaçant de supprimer les visas et l'aide au développement de ces pays, s'ils refusent de les reprendre. Il entend expulser les délinquants étrangers – qui selon ses sources représenteraient environ 25 % des détenus, dans les prisons françaises – et déchoir de la nationalité française les criminels binationaux. Zemmour propose aussi de renvoyer les étrangers venus travailler en France mais demeurant sans emploi après plus de six mois. « Pourquoi ne le ferions-nous pas quand les autres pays le font », s'insurge-t-il quand les journalistes lui reprochent une approche drastique et contraire à la tradition d'accueil de la France – soulignant, citant l'Insee, que 14 % seulement des titres de séjour sont attribués au titre de l'immigration de

1. Voir pour ces statistiques le site de campagne d'Éric Zemmour.

travail. L'arrêt des flux est pour lui la condition nécessaire de l'intégration des immigrés déjà présents sur le territoire national. Sur cette question complexe de l'intégration et de l'assimilation, son approche fait écho aux observations faites depuis des décennies par nombre de sociologues américains sur l'existence d'une sorte de « seuil de tolérance », au-delà duquel la majorité peinerait à intégrer et à accepter sans heurts et sans tension la minorité, et préférerait « la fuite » – le fameux « *white flight* » – vers de nouveaux quartiers et une forme de reségrégation[1]. Même si, en France, cela relève d'une question d'assimilation culturelle, et certainement pas une problématique raciale[2].

Mais, pour le candidat, il ne s'agit pas seulement de limiter l'afflux de populations nouvelles. Zemmour estime que le seul moyen de sortir de l'impasse communautariste où le modèle multiculturel et la transformation démographique ont placé la France, est de ressusciter « l'assimilation à la française » qui a fait ses preuves par le passé. Il reconnaît que c'est un chemin exigeant et difficile. « Être français, quand on n'est pas un fils des pères selon la chair, mais un fils des pères selon l'esprit, c'est prendre parti pour ses pères d'adoption jusque et y compris contre ses pères d'origine,

1. Lors d'un reportage sur les relations interethniques depuis l'époque de la déségrégation effectué à Richmond, en Virginie, j'avais pu évoquer cette question avec le sociologue américain John Moeser, un spécialiste des interactions sociales et démographiques entre minorité noire et majorité blanche. Voir Laure Mandeville, « La reségrégation persiste dans les villes américaines », *Le Figaro*, 26 août 2014.
2. On ne saurait trop souligner, de ce point de vue, à quel point l'approche française diffère de l'approche communautariste, presque obsédée par la question de la race, que j'ai pu observer pendant mes huit années de correspondance aux États-Unis.

écrit-il dans *Destin français*. C'est prendre le parti de la raison sur l'instinct, de la culture sur la nature ; c'est dire "nous" même quand le "nous" qu'on est devenu affronte le "nous" que l'on fut. [...] Les immigrés, s'ils veulent être tolérés, doivent se rendre tolérables, ajoute-t-il. Ils doivent donner la preuve qu'ils ont l'esprit de la patrie. Ils ont le choix, mais il leur faut choisir. »

Comme je l'ai expliqué plus haut, le journaliste, qui a lui-même vécu dans sa famille ce processus réussi d'assimilation, y voit la seule chance de rétablir « la paix, la fraternité » et l'unité d'un pays qui se transforme en archipel, comme l'a montré le sociologue de l'institut Ifop, Jérôme Fourquet. Dans son livre *L'Archipel français* (2019), ce dernier va jusqu'à dire que « l'agrégation des intérêts particuliers au sein de la communauté nationale est tout simplement devenue impossible ». Cette exigence d'assimilation s'adresse à tous les nouveaux arrivants, mais tout particulièrement aux musulmans, dont une partie connaît un repli communautaire spectaculaire, comme l'ont démontré depuis des années les meilleurs analystes, de Gilles Kepel à Georges Bensoussan et Bernard Rougier[1].

À Villepinte, Zemmour dit « tendre la main aux musulmans » pour leur demander de « devenir nos frères », notant que « beaucoup le sont déjà ». Il propose de répéter à leur égard la proposition faite par Stanislas de Clermont-Tonnerre aux Juifs, au moment de la Révolution : « Tout pour les musulmans en tant qu'individus, rien en tant que nation. » Zemmour

1. Voir notamment Gilles Kepel, *Terreur dans l'Hexagone. Genèse du djihad français*, Gallimard, 2017 ; Georges Bensoussan, *Une France soumise. Les voix du refus*, Albin Michel, 2017 ; Bernard Rougier, *Les Territoires conquis de l'islamisme*, PUF, 2021.

estime que l'islam en tant que modèle politico-légal holistique qui ne fait pas de séparation entre le ciel et la terre, ne peut être compatible avec l'ordre légal de la République ; bref, que les musulmans doivent, comme les Juifs et les chrétiens, accepter de séparer le temporel et le spirituel, pour s'agréger à la nation française. « Pourquoi les musulmans ne réussiraient-ils pas à faire ce que les chrétiens et les Juifs ont réussi ? » s'interroge-t-il à Villepinte, estimant que les immigrés extra-européens doivent faire les mêmes efforts que ceux consentis par les Polonais, les Espagnols, les Italiens ou les Portugais, au XXe siècle. Il affirme qu'offrir en cadeau aux arrivants, la civilisation et la culture françaises est une chance formidable dont il est, le petit Juif berbère, l'exemple vivant. « Il a raison, me confie un homme d'affaires français d'origine africaine que je croise sur place, pendant le discours de Villepinte. La France est une civilisation carrefour. La culture française n'est en aucun cas seulement pour les Français. Si, aujourd'hui, la civilisation française n'existait plus, toute l'Afrique se trouverait orpheline. C'est une culture que nous partageons. Protéger la culture française, c'est protéger notre propre culture. »

Zemmour précise que ces questions existentielles doivent constituer le cadre dans lequel sera pensé le volet sécurité de son programme. Pour lui, sans approche stratégique de la question de l'immigration et de l'intégration, la question des incivilités et de la transformation de quartiers de plus en plus nombreux en territoires « perdus » de la République, dominés par les gangs de la drogue ou les associations islamiques, condamne les policiers à se transformer en Sisyphe. L'augmentation des moyens pour le maintien de l'ordre ne servira à rien sans une restauration plus large de l'autorité de l'État, qui passe par la bataille de l'immigration et aussi la remise en ordre de l'école, note-t-il d'ailleurs au mois de janvier lors d'une interview à BFM TV, faisant remarquer que ces moyens policiers n'ont rien changé à la réalité des banlieues depuis trente ans.

Dans son programme, Éric Zemmour affirme que la bataille du « grand remplacement » doit aller de pair avec celle qu'il faut mener contre le « grand déclassement » de la France. Cherchant à toucher les classes populaires et moyennes, mais aussi la bourgeoisie et les cadres, il promet que le recul du pays, la désindustrialisation dont il a été victime depuis la fin des années 1980 et l'effondrement de l'école républicaine, jadis lieu de mérite et d'excellence, seront aussi au cœur de son projet. D'une manière qu'il veut « pragmatique », il allie donc des mesures sociales – comme l'augmentation du salaire net pour les salariés les plus fragiles grâce une baisse ciblée de la CSG – à des mesures incitatives visant à redonner de l'oxygène aux entreprises, notamment par une baisse des impôts sur la production et une promesse de réduction drastique des normes administratives d'un État obèse – mesures qui le rapprochent de Trump et de la droite traditionnelle française, alors que Marine Le Pen, elle, représente une approche beaucoup plus socialisante et étatiste. Il veut reconstruire de pair la puissance militaire et industrielle de la France. Une approche qui lui donne incontestablement un avantage chez les cadres, et lui permet d'aller concurrencer Valérie Pécresse et Emmanuel Macron dans la bourgeoisie. Zemmour promet aussi d'établir une contrainte sur la commande d'État pour favoriser les entreprises françaises. Il se dit hostile aux traités de libre-échange, promettant du protectionnisme si nécessaire, au risque de déplaire aux instances européennes. L'Europe devient dans son programme un cadre destiné à favoriser la France basé sur la coopération des nations, et non, comme chez Macron et ses prédécesseurs, une construction supranationale qu'il faudrait favoriser à tout prix.

Absolument opposé à la construction d'une souveraineté européenne chère à Emmanuel Macron – se traduisant par des abandons progressifs de souveraineté nationale ; une « chimère », dit-il – Zemmour souhaite en revenir au principe de subsidiarité dans la plupart des domaines, en écho à la position de l'Autriche, de la Hongrie et de la Pologne notamment. Il veut renationaliser la prise de décision : « Je ne veux plus que la Commission en prenne à son aise avec les traités et étende toujours plus ses compétences », m'expliquera-t-il, quelques semaines après Villepinte. Surtout, « sur la question vitale de l'immigration », il affirme qu'il prendra « les mesures nécessaires après consultation des Français par référendum », et ne demandera « l'autorisation ni à la Commission, ni à la Cour de justice, ni à la Cour européenne des droits de l'homme ». « Car il en va de la survie de la France ! [...] S'il le faut, il y aura bras de fer. Mais il faut rappeler que la Banque centrale européenne non plus n'a pas respecté les traités quand il s'est agi d'opérer la mutualisation des dettes des États, alors que c'était contraire aux traités, comme l'a rappelé la Cour constitutionnelle allemande de Karlsruhe. La Commission n'a pas respecté les traités quand elle s'est mêlée de politique de santé et de vaccins, alors qu'elle n'a pas de compétences en la matière. » Sous une présidence Zemmour, ajoute-t-il, l'Europe ne sera plus un but sacro-saint de la politique de la France, mais redeviendra plutôt un cadre permettant de fédérer « des coopérations » entre groupes de nations membres, en fonction de leurs intérêts. « Il faut agir par petits blocs d'États en fonction des volontés nationales, comme on a fait Airbus, à deux ou à trois ; faire des alliances », explique-t-il.

Sa politique étrangère, de ce point de vue très trumpienne, est essentiellement définie par la recherche de l'intérêt national et du renforcement de la souveraineté et de la puissance française. Le programme d'Éric Zemmour comporte aussi une dimension conservatrice sur les questions sociétales, puisqu'il se dit opposé à la procréation médicalement assistée comme à la gestation pour autrui. Surtout, vent debout contre la révolution *woke* qui traverse l'Atlantique, il exprime avec force son opposition frontale à l'introduction de la théorie du genre à l'école, promettant de bannir le « lobby LGBT » de l'école « où il n'a rien à faire » ; une rébellion contre le déconstructivisme de la gauche identitariste intersectionnelle, qui le rapproche, là encore, de Trump.

Conscient de la radicalité de ses propositions sur l'immigration, Éric Zemmour entend user du référendum pour contourner l'éventuelle opposition des juges constitutionnels et européens. Il annonce, s'il est élu, vouloir soumettre au peuple plusieurs mesures phares à l'occasion du scrutin législatif, pour être en mesure d'agir. Pas question d'accepter l'impuissance du politique et la « République des juges » – un sujet qu'il n'a cessé d'aborder dans ses livres. Quand la survie de la nation est en jeu, c'est la *vox populi* qui compte en dernier ressort, en démocratie, ne cesse-t-il de marteler, affirmant que si les lois ne sont pas conformes, il faudra les changer. Cette affirmation de la primauté du « peuple souverain » est l'objet d'une brûlante controverse et se retrouve au centre d'un véritable affrontement idéologique entre défenseurs de « l'équilibre des pouvoirs » favorables au statu quo, et nouveaux conservateurs, qui pensent que la démocratie a été dévoyée par une forme de « tyrannie des minorités » s'appuyant sur le pouvoir judiciaire pour contourner la majorité parlementaire. Éric Zemmour s'est beaucoup intéressé à ce thème de la confiscation de la démocratie par les minorités et cette fameuse « République des juges[1] ». Comme je l'ai montré dans mon précédent chapitre, il trouve des alliés notables chez les « populistes » européens, et notamment à Budapest et à Varsovie, qui mènent une bataille juridique acharnée contre les juges de Bruxelles, au nom de « la souveraineté » et de la primauté des constitutions nationales. Éric Zemmour leur a ouvertement apporté son soutien pendant sa campagne. Ses adversaires estiment que sa démarche comporte un risque réel de dérive antidémocratique. Zemmour répond que les juges, selon lui, idéologiquement à gauche, ont en France, largement confisqué le pouvoir, laissant l'exécutif impuissant sur nombre de sujets clés.

La rencontre d'un homme et de deux révoltes

En septembre 2021, alors que le journaliste écrivain entame son tour de France, l'enquête Ipsos/Sopra-Steria/*Le Monde* sur les fractures françaises, révèle une convergence frappante entre les thèmes de Zemmour et l'opinion sur toutes les questions régaliennes. Le passé, où il veut puiser des leçons et des exemples pour l'avenir – alors que les journalistes l'accusent de trop

1. Voir Éric Zemmour, *Le Coup d'État des juges*, Grasset, 1997.

regarder « dans le rétroviseur » national : 72 % des Français disent s'en inspirer dans leur vie, et ils sont aussi 69 % à considérer que « c'était mieux avant ». Quelque 86 % des Français pensent que les valeurs d'autorité sont trop critiquées. Ils estiment aussi que « la mondialisation est une menace pour la France » à 58 % et que « le pays doit se protéger » à 64 %. Si l'on regarde la ventilation par parti, il n'y a que les électeurs de La République en marche qui croient en majorité que la mondialisation est une chance. Plus globalement, 75 % des Français en septembre 2021 estiment que la France est en déclin mais 45 % pensent que ce n'est pas irréversible. Ils sont aussi 60 % à vouloir limiter l'influence de l'Union européenne et redonner du pouvoir à la France – thème très zemmourien. Quelque 50 % des sondés pensent que l'appartenance à l'UE reste néanmoins une bonne chose et 53 % veulent reformuler le projet européen. Sur la question de l'immigration, 62 % des sondés disent « se sentir moins chez eux qu'avant », et ce chiffre monte à 71 % chez Les Républicains et plus de 80 % au Rassemblement national. Les Français sont même 64 % à dire qu'« il y a trop d'immigrés » et 57 % à penser que « ces derniers ne font pas assez d'efforts pour s'intégrer » ; un chiffre qui monte jusqu'à 76 % et 88 % respectivement chez LR et au RN. Seulement 4 Français sur 10 pensent que « l'islam est compatible avec la République », et 69 % que « la religion musulmane cherche à imposer son mode de fonctionnement ». Chez les sympathisants LR, 28 % pensent que l'islam est compatible avec les valeurs de la société française et ce chiffre tombe à 17 % au RN, alors que la gauche et le parti d'Emmanuel Macron pensent majoritairement le contraire.

Ces tendances montrent clairement le rapprochement des électorats de droite et d'extrême droite sur les thématiques régaliennes et aussi, plus largement « la droitisation de l'opinion française » évoquée par les analystes. « J'ai réussi à imposer ces thèmes-là à cause de l'état du pays », note Éric Zemmour dans une interview accordée à Christine Kelly à l'automne 2021, citant un autre sondage qui montre que « 67 % des Français affirment qu'on assiste à un grand remplacement ». Leur jugement est en réalité accablant pour le système en place. Alors que les PME et l'armée sont plébiscitées par les citoyens à, respectivement, 81 et 80 % comme des institutions dignes de confiance, ce chiffre est de 24 % pour les médias et de 16 % pour les partis politiques – un véritable désamour, comme aux États-Unis. Si l'on ajoute à ces jugements le fait que seulement 12 % des personnes interrogées estiment que « les élites prennent le plus souvent des décisions qui vont dans l'intérêt de la majorité de la population » et que 82 % des Français disent « avoir besoin d'un chef en France pour remettre de l'ordre », on voit bien pourquoi le journaliste pense avoir un chemin vers la présidence. « Il y a une impasse politique mais il n'y a pas d'aveuglement du pays, confie Zemmour à Christine Kelly. Les gens sont désespérés mais je leur donne de l'espoir », insiste-t-il.

Persuadé qu'il y a en France une majorité de droite, le candidat Zemmour veut utiliser la dynamique de sa campagne pour « rassembler les droites », en mettant fin au cordon sanitaire que la gauche avait érigé autour du Rassemblement national. Il espère faire la jonction entre l'extrême droite de Marine Le Pen et la droite traditionnelle qu'incarnent Laurent Wauquiez, Éric Ciotti ou François-Xavier Bellamy. « Je veux rendre leur vote aux électeurs du Rassemblement national, et la droite aux Républicains », résume-t-il, lors de son grand meeting de Cannes consacré à l'union des droites, le 22 janvier, alors que Guillaume Peltier de LR, puis Gilbert Collard, ancien pilier du RN, viennent d'annoncer leur ralliement à Reconquête !. Mais nombre d'analystes persistent à parler d'une « bulle » qui ne permettra pas de passer le cap du premier tour. Certains signaux laissent toutefois penser que les sondages pourraient le sous-estimer et appliquer des pondérations potentiellement trompeuses, comme l'écrit l'ancien sondeur Stéphane Rozès. Le 22 février 2022, lors de l'émission « Le Club *Le Figaro* Présidentielle », dirigée par l'éditorialiste Yves Thréard, la directrice de l'institut de sondages Odoxa, Céline Bracq, confie ne pas écarter l'idée qu'il soit au second tour, mais exclut absolument une victoire contre Emmanuel Macron, « 57 % des personnes se déclarant opposées à Zemmour » ; soit « une cote de détestation trop importante pour qu'il puisse remonter la pente », juge-t-elle. Éric Zemmour affirme, lui, qu'il sera au second tour et que, face à Emmanuel Macron, il peut remonter son retard, comme le fit François Mitterrand en 1981 alors qu'il était vingt points derrière Valéry Giscard d'Estaing. Je n'exclus rien pour ma part car, comme en Amérique avec Trump, nous sommes entrés, me semble-t-il, dans un temps révolutionnaire. Mais, fin février, l'irruption subite de la guerre de Poutine dans la dernière ligne droite de la campagne bouleverse la donne. Parce qu'il a été pris en flagrant délit d'aveuglement sur ce sujet de politique étrangère – clairement son grand point faible –, Éric Zemmour pourrait être la victime collatérale de l'agression russe et échouer à passer le cap du premier tour, pour lequel il semblait si bien engagé.

« Deux France en révolte » surgissent en tout cas dans le sillage de l'écrivain journaliste. La première, c'est la France antimondialisation et anti-immigrationniste, qui assemble, un peu comme la « grande tente » de la nébuleuse Trump, un éventail extrêmement divers et hétéroclite de catégories sociales, de classes d'âge et de professions, même si elle semble plutôt située en province, dans les villes moyennes et les campagnes. C'est la France supposément « périphérique » mais « en réalité majoritaire » qu'a décrite Christophe Guilluy et dont il dit qu'elle est en train de se recomposer pour former un groupe cohérent dans son rejet des positions de l'élite. « Une part importante des deux Français sur trois de l'époque Giscard, hier intégrée économiquement et représentée politiquement et culturellement, a basculé dans une contestation durable du modèle dominant », affirmait déjà le géographe en 2019[1]. Une majorité composée des classes moyennes et populaires qui ont fait le diagnostic que la mondialisation les appauvrit en même temps qu'elle les fragilise culturellement, par l'immigration, a émergé, portant Trump au pouvoir, suscitant le Brexit, renforçant Marine Le Pen et donnant potentiellement un tremplin à Éric Zemmour, si l'on prolonge ses analyses. Jacline Mouraud, qui dit voir monter l'incivilité et l'insécurité sur le territoire national, et notamment à Nantes, en Bretagne, juge que la capacité du journaliste à rassembler les classes populaires sera « déterminante ». « Je vois qu'en disant la vérité, il touche beaucoup de gens simples, d'abstentionnistes, de gens qui avaient disparu des listes électorales. C'est sa force, c'est là-dessus qu'il doit jouer, c'est encore plus important que d'attirer les LR car c'est là

1. Christoph Guilluy, interview au *Figaro*, 2019.

que sont les gros bataillons de votants et qu'il fera la différence », dit-elle, affirmant qu'elle presse Éric Zemmour d'aller « à la rencontre des petites gens et leur demander de l'aide ». « Les Gilets jaunes n'étaient rien d'autre qu'une crise de la considération, car cette France populaire avait été effacée des radars », ajoute Mouraud. Éric Zemmour semble suivre très consciencieusement son conseil et multiplie les déplacements dans les petites villes et les communautés rurales, où il annonce sa volonté de réorienter les financements de la politique de la ville vers les campagnes et les petites bourgades, au lieu de réserver l'essentiel des financements aux grandes banlieues des métropoles.

La seconde révolte qui nourrit le phénomène Zemmour est celle de la France des bourgeois patriotes, et notamment la France conservatrice catholique, qui s'est réveillée politiquement depuis la grande bataille de la Manif pour tous, née dans l'opposition au mariage homosexuel, pendant la présidence Hollande. Comme le raconte le politologue Jérôme Fourquet dans son livre *À la droite de Dieu* (2018), après avoir déjà abordé ce thème dans *L'Archipel français*, cette France catholique a très mal avalé la rupture, par l'État français, du pacte tacite qui existait depuis la loi sur la laïcité de 1905 et avait perduré malgré la perte d'influence du camp chrétien. Minorité réduite sociologiquement mais restant dépositaire de l'héritage chrétien qui a fait et structuré la France, la communauté catholique avait pensé sans doute, explique Fourquet, qu'une forme de « catholicisme métaphysique » survivrait, malgré l'effondrement de la pratique religieuse et ses défaites sociétales – sur l'IVG notamment. Mais, avec l'entrée en vigueur du mariage gay, elle a réalisé que même en se mobilisant par centaines de milliers, pendant de longs mois, elle avait été renvoyée à son insignifiance par le pouvoir politique. Disqualifiée moralement et caricaturée par la classe médiatique, elle s'est décidée à assumer ses convictions de manière décomplexée. L'engagement du Mouvement conservateur de Laurence Trochu – avec son association Sens commun – et du mouvement Via, la voie du peuple de Jean-Frédéric Poisson, aux côtés d'Éric Zemmour, illustre la volonté de ce regroupement catholique de participer activement au débat politique, et notamment à la bataille idéologique d'ampleur qui est en train de se structurer autour des questions identitaires portées par le mouvement *woke*. Grand défenseur de l'héritage chrétien de la France et des valeurs conservatrices, le candidat de Reconquête ! leur a ouvert les bras. Persuadé que c'est la religion catholique qui a « fait la France » et qu'elle en reste le socle porteur, il est en osmose avec cet électorat, comme le symbolise son amitié avec le catholique vendéen Philippe de Villiers, figure de la droite nationale, très engagé à ses côtés. Leur déplacement conjoint aux Sables-d'Olonne, en Vendée, où ils ont apporté leur soutien aux défenseurs de la statue de saint Michel, qu'une association laïque extrémiste cherchait à faire déboulonner, leur a permis de revenir avec insistance sur le thème des racines chrétiennes de la France et du combat civilisationnel qu'elle doit mener à la fois contre l'islamisme et la déconstruction *woke* de l'héritage occidental. « Je me suis, pour ma part, engagé aux côtés de Philippe de Villiers à l'âge de 15 ans, raconte Antoine Diers, directeur adjoint de campagne d'Éric Zemmour. J'ai aussi milité à l'UMP et à l'UNI ; je fais partie de cette droite souverainiste, gaulliste, qui ne se retrouve plus dans Les Républicains ; c'est pour cela que j'ai décidé de rejoindre Éric Zemmour quand j'ai compris, au mois de mars dernier, en le rencontrant par l'intermédiaire de [sa compagne et conseillère] Sarah Knafo qu'il projetait de se présenter », dit-il.

La mobilisation de cette France souverainiste et conservatrice est d'autant plus intéressante qu'elle semble aujourd'hui rejointe par une France de droite non pratiquante, qui se dit à la fois conquise par le patriotisme d'Éric Zemmour et effrayée par la dérive identitariste et déconstructiviste *woke* qui s'installe dans la société française. Des soutiens de François Bayrou se rallient même au mouvement, m'affirme un journaliste politique qui préfère ne pas être cité. Un conseiller municipal de Sèvres, dans les Hauts-de-Seine, observe, lui, le passage de certains jeunes militants de La République en marche vers Zemmour. Pour les conservateurs, mais peut-être aussi pour une sorte de parti du bon sens plus large, Zemmour pourrait devenir l'homme capable de tenir tête au diktat culturel extrémiste de la gauche. Cette démarche n'est pas sans relation avec l'apparition des « Femmes avec Éric Zemmour », un autre visage de la révolte zemmourienne. Menant une rébellion très « française » – qui rappelle, toutes choses égales par ailleurs, la bronca de Catherine Deneuve et d'autres femmes d'influence après les excès du mouvement MeToo, et leur plaidoyer en faveur « des hommes » –, un groupe de femmes de tous horizons s'est en effet levé pour apporter son soutien au journaliste, attaqué sans relâche par les féministes pour sa « misogynie ». Très présentes dans son mouvement, elles revendiquent une féminité décomplexée qui refuse les outrances et les injonctions des néoféministes et leur guerre systématique contre « l'homme blanc ». Dans un article publié par le journal *Causeur*, elles volent d'ailleurs au secours d'Éric Zemmour pour affirmer qu'elles ne laisseront pas les idéologues de l'intersectionnalité « confisquer la cause des femmes ». « Nous sommes étudiantes ou mères de famille, salariées ou cheffes d'entreprise, infirmières ou avocates, universitaires ou serveuses, toutes mues par une même certitude : nous ne voulons pas qu'une poignée de militantes déconnectées du réel s'arroge le monopole de la représentation des femmes dans les médias et dans l'espace public, derrière la bannière contestable du "néoféminisme" », écrivent-elles dans leur texte, intitulé « Éric Zemmour n'est pas un homme à "déconstruire" ! ». « Cette inquisition, relayée par les médias, distribue les certificats de vertu, les bons et les mauvais points, fait et défait les réputations, se mêle de tout, et surtout de ce qui ne la regarde pas. Elle s'occupe de notre sexualité, de nos copains, de nos maris, de nos patrons, de notre panière à linge et des jouets de nos enfants. Nous voulons mettre un terme à cette tyrannie sournoise et omniprésente qui se glisse jusque dans nos relations les plus intimes. Non, les hommes ne sont pas nos ennemis, mais nos pères, nos frères, nos fils et nos maris », poursuit le texte, jugeant que Zemmour est le seul candidat capable de nous aider à remettre « nos valeurs à l'endroit, à l'école, à l'université, dans la rue et au travail ». Un mouvement qui rappelle, là encore, en plus intellectuel, France oblige, les mouvements de « trumpettes[1] » qui s'étaient portées au secours de Trump pour le dédiaboliser et lui apporter soutien, avec succès : présenté comme un candidat anti-femmes par ses adversaires démocrates, l'ancien président républicain allait finalement recevoir le soutien

1. Pendant les campagnes présidentielles de 2016 et de 2020, émerge un mouvement des « trumpettes », femmes républicaines assumées qui affirment un soutien décomplexé à Donald Trump.

d'une majorité de femmes blanches, en 2016 comme en 2020 – les femmes noires votant, elles, comme l'écrasante majorité de l'électorat afro-américain.

Dans les quelques meetings où je me rends entre septembre et janvier, toutes ces France sont visibles. D'un côté, beaucoup de jeunes catholiques de la bourgeoisie, qui se sont encartés à Génération Z et servent maintenant de relais aux bataillons du parti Reconquête !. Mais aussi des anciens partisans de Nicolas Sarkozy qui ont fait la campagne de 2007, et disent avoir une revanche à prendre. « On me traite de raciste parce que j'ai choisi Zemmour, mais c'est déjà ce qu'on me disait à propos de Sarko ! » dit Roman Dupouy, un trentenaire, cadre commercial, lors du meeting de Bordeaux, en novembre. À ses côtés, une infirmière qui préfère ne pas donner son nom, explique qu'Éric Zemmour représente surtout « la revanche du réel sur les dénis de l'élite » sur l'immigration, l'insécurité et l'islamisme. Tous font souvent allusion à la petite musique des faits divers qui racontent la désagrégation du fameux « vivre-ensemble » : les attaques contre les policiers quotidiennement attaqués et humiliés ; le professeur d'allemand de l'Institut d'études politiques de Grenoble exclu parce qu'il avait osé enfreindre la doxa de la gauche identitariste ; la nouvelle « affaire du voile » qui frappe la communauté des avocats, parce qu'une jeune élève avocate musulmane a refusé d'enlever le sien lors du « petit serment » traditionnel parisien ; les rodéos à scooter, organisés dans les rues de Lyon, au risque de renverser les passants ; l'attaque d'une procession de chrétiens à Nanterre traités de « kouffars » et chassés des lieux ; et tant d'autres informations au quotidien qui leur donnent des haut-le-cœur.

Catharsis

Cette prise de conscience des défis culturels, sécuritaires ou sociaux que la France va devoir résoudre, semble se faire désormais à tous les étages de la société. C'est elle qui a confirmé dans son diagnostic la jeune Sarah Knafo, notamment quand elle a découvert, pendant son stage de Sciences Po à la préfecture de Seine-Saint-Denis, une administration française débordée, des tribunaux saturés incapables de rendre correctement la justice et des policiers impuissants. C'est cette même prise de conscience qui fait qu'une majorité de policiers, jadis acquis à Marine Le Pen, auraient migré vers Éric Zemmour, selon une source haut placée dans la police. C'est aussi pour cela que de nombreux militaires de son entourage s'apprêtent à voter pour le candidat de Reconquête !, selon les confidences d'un sous-officier en poste à Balard. C'est aussi ce constat qui a poussé une adjointe au maire de Niort, à prendre sa carte à Reconquête !. « J'ai vu monter le communautarisme, les parents qui ne veulent plus payer la cantine à cause du porc, la mise en place de repas végétariens pour tout le monde afin de ne pas offenser ! Plus ça va, plus les règles nous sont dictées par les communautés. Vont-elles s'adapter à notre pays, ou ce sera à nous de le faire ? » s'interroge-t-elle[1]. Elle s'est dite troublée d'avoir vu des migrants mineurs non accompagnés qui avaient été logés dans un établissement public de jeunes travailleurs, accrocher leurs drapeaux algériens au fronton de l'immeuble alors même qu'ils demandaient à devenir français. « Mais ce qui m'a le plus choqué,

1. Entretien avec l'auteur, 5 novembre 2021.

c'est l'absence totale de réaction des éducateurs ! » dit cette élue, qui a finalement fait enlever les drapeaux. Elle explique qu'elle rejoint Zemmour parce que les LR sont « trop mous » et qu'elle pense « à ses enfants et ses petits-enfants ». « Ma famille est plutôt à gauche, ils sont choqués de mon choix, mais je leur dis : "C'est la dernière chance." » La responsable municipale dit que Niort est devenue une plaque tournante du trafic de drogue et que la ZUP y est « une enclave ». Elle dénonce aussi des dégradations dans les églises : « Au départ, on croyait à un phénomène isolé, mais c'est devenu récurrent. On en a plus que marre. »

C'est cette même prise de conscience qui a mené Martial Bonnet, jeune enseignant de 34 ans, à rejoindre Reconquête !, après avoir été à l'origine de la création du groupe Profs avec Zemmour et d'une pétition ouverte en sa faveur, au nom du sauvetage de l'école. Pour comprendre, il faut l'avoir entendu parler avec passion de son métier dans un lycée classé prévention violence, dans le département du Val-de-Marne, où il enseigne depuis sept ans. Martial Bonnet, qui a grandi dans une famille de gauche, raconte qu'en arrivant de sa Franche-Comté natale, près de la frontière suisse, il redoutait le contact avec les élèves de banlieue qu'il allait avoir dans sa classe, dont il se faisait une représentation « fantasmée et un peu effrayante ». « Or, pas du tout ! J'ai vécu une expérience humainement formidable avec des élèves à 100 % d'origine étrangère mais avides d'apprendre », dit-il, précisant qu'il a instauré ses propres méthodes « hors programme » pour les sauver du naufrage éducatif et leur apprendre à lire et à écrire. « Je peux vous dire que ça marche, et c'est rassérénant ; ce n'est pas une question de moyens, contrairement à ce qu'on entend ! » Il dit qu'il a aussi « créé ses propres règles, comme par exemple le fait que les élèves attendent debout en début d'heure jusqu'à ce qu'il leur demande de s'asseoir. « Les enfants ont besoin de cadre et j'en crée un. » Mais ce qui l'a « proprement révolté [...] c'est en revanche l'ampleur de la démission du côté de l'institution ; la véritable trahison des clercs » qu'il a pu observer « à tous les niveaux ». Ce qui fait problème, dit Martial Bonnet, c'est ce qui se passe à l'extérieur, dans le couloir, dans la rue, où règne « l'état de nature, la violence, l'incursion de racailles » qui s'immiscent dans la vie du lycée – trafics de drogue, règlements de compte devant l'établissement. Le professeur de français raconte notamment comment un élève des classes professionnelles, déjà inséré dans une entreprise à mi-temps, a mis en scène devant le lycée une scène d'exécution de l'un de ses camarades avec un vrai pistolet, tirant une charge à blanc. Il raconte surtout « la catastrophe » que représente le collège unique pour les classes populaires, alors qu'il avait été présenté comme une panacée par la gauche dite « post-bourdieusienne » des « idéologues pédagogistes », au nom de la lutte contre les inégalités sociales. « C'est tout le contraire qui s'est produit, les bons éléments des classes populaires qui auraient pu s'en sortir grâce à la méritocratie républicaine, se sont retrouvés noyés dans la médiocrité générale, tandis que les élèves les plus faibles se voyaient condamnés à une voie générale pour tous, qui condamnait les métiers plus professionnels, manuels et techniques ; une catastrophe », dénonce-t-il. Il affirme que la réforme Blanquer, en supprimant la notation et les conseils de classe qui décident du passage des élèves, et en autorisant la famille à avoir le choix absolu sur l'orientation de l'enfant, a aggravé drastiquement le mal, condamnant les classes populaires et donnant l'avantage aux familles qui ont le « capital culturel » pour orienter stratégiquement leur progéniture. Quelle ironie ! Martial Bonnet raconte qu'il a des collègues qui se refusent à noter l'orthographe, « de peur de stigmatiser les élèves, socialement ». « Mais ne pas corriger l'orthographe, c'est condamner les classes populaires à ne jamais savoir écrire », enrage-t-il, expliquant que c'est cette « hypocrisie monstrueuse » qui l'a mené, lui, un homme aux idées de gauche, vers Éric Zemmour car il dit « la vérité ». « Quand je l'ai entendu constater haut et fort que les enfants ne savaient plus lire et en énoncer les raisons, j'ai enfin pensé : "Voilà quelqu'un qui dit ce que je sais." Il y a une violence dans le déni idéologique de la gauche et des universitaires, qui explique la cristallisation autour d'Éric Zemmour », insiste Bonnet, qui affirme qu'un tiers de ses élèves en seconde, sont illettrés, lisant avec difficulté, sans être capables de décoder, « ne sachant parfois même pas construire une phrase ni reconnaître quand il en manque un morceau ». Il explique comment les étrangers allophones passent devant les Français très vite, parce qu'ils ont été mieux formés dans leurs pays... Il ajoute que beaucoup de professeurs, qui continuent de soutenir ce système, mettent massivement leurs enfants dans les écoles privées pendant que l'école publique s'effondre. Beaucoup d'entre eux reconnaissent aussi que le système actuel, tel qu'il est conçu, est une trahison des classes populaires et veulent sauver l'école, même s'ils restent de gauche, tempère-t-il. Le jeune professeur souligne que, parmi les membres du mouvement Profs avec Zemmour, « tous les postes de l'éducation nationale, inspecteurs et recteurs y compris », sont représentés ; « ce qui montre qu'il y a un vrai mouvement de fond derrière leur engagement, même s'il reste minoritaire ».

« C'est une révolte contre l'inacceptable, mais aussi un espoir qu'Éric Zemmour a réveillés[1]. » Martial Bonnet dit que le discours du polémiste lui fait du bien depuis des années, car il a osé se faire « le héraut » des gens qui constatent la dégradation du réel, alors qu'on leur dit qu'ils ont tort. « Pour le comprendre, il faut penser catharsis, comme dans la tragédie grecque, quand il faut purger les passions, pour les sublimer et s'en délivrer. Éric Zemmour a quelque chose de cathartique au quotidien », dit Martial. Pour s'expliquer, il évoque son expérience dans les RER de banlieue, deux heures par jour, pendant sept ans, où il était le seul Français de souche, dans des wagons bondés de travailleurs immigrés très pauvres. « C'était un sentiment incroyable, celui d'être ailleurs ; j'arrivais de ma province, c'était quand même très frappant, une vraie angoisse existentielle. Mais j'entendais d'un côté M. Hervé Le Bras, grand démographe, affirmer que c'était un fantasme, tandis qu'Éric Zemmour osait lui parler de grand remplacement ! » Bonnet explique que l'on peut avoir « toutes sortes d'avis » sur l'impact de l'immigration qui touche la France et en débattre. Ne pas nécessairement partager le pessimisme alarmiste d'Éric Zemmour. Mais « on ne peut pas nier le phénomène. [...] Car quand on nie la réalité d'une angoisse, d'une difficulté, cela rend fou ». En l'écoutant parler de catharsis, je pense une fois de plus à Trump, devenu en quelques mois une *rock star* pour avoir pulvérisé le politiquement correct.

Les apparitions d'Éric Zemmour auraient eu ce même fameux effet cathartique sur beaucoup de collègues avec lesquels il échange sur Telegram. Bonnet

---

1. Entretien avec l'auteur, 22 janvier 2022.

parle notamment d'un face-à-face télévisé de 2014, avec Jacques Attali, que ses fans se repassent en boucle. Ayant été en poste à Washington à l'époque, j'avoue que je ne connaissais pas cet échange. Mais je le retrouve après notre discussion[1]. On y découvre un Jacques Attali très condescendant, y développer le « concept de résigné réclamant » pour désigner les classes populaires tentées par un populisme selon lui « sécuritaire, paternaliste et xénophobe », nostalgique du passé. « Ils ont peur des autres, des femmes, des Juifs, des musulmans et d'eux-mêmes... Ça conduit à la mort », déclare l'intellectuel, opposant « leur idéologie de la peur et de la pureté » à l'« idéologie du respect », « des femmes, des étrangers, des musulmans » qui « permet de réussir en s'ouvrant aux autres ». On voit ensuite Éric Zemmour répondre vertement à ce discours caricatural, qui semble comme une métaphore de l'homme « de partout », déconnecté de son enracinement national, dont parle l'économiste britannique David Goodhart dans ses livres : « J'ai écouté l'homélie du père Attali et j'en suis encore un peu ébloui, lance le polémiste du *Figaro*, narquois. Il y a les méchants et les gentils, il y a les vilains qui veulent la pureté... l'horreur ! Presque le nazisme, et il y a les gentils qui sont bienveillants, qui sont altruistes. Ah ! C'est beau, sauf que ça n'existe pas, M. Attali ! [...] Il y a des gens qui sont là depuis mille ans et qui ont envie d'être là encore mille ans... Excusez-les... C'est bas et c'est pas tellement altruiste. Mais c'est leur vie, et ils ont pas envie que M. Attali, le père Attali, vienne leur dire : "Vous êtes des nuls, des médiocres, des racistes..." », lâche-t-il sur sa lancée. Martial Bonnet

1. Face-à-face télévisé entre Jacques Attali et Éric Zemmour, France télévisions, 10 avril 2014.

dit que, pour comprendre la vague Zemmour, l'ampleur du phénomène et ses origines, « il faut savoir que les gens connaissent cette réplique par cœur et ne cessent de la citer sur les réseaux ».

L'enseignant explique aussi que toutes les tentatives de discrédit du candidat qui sont menées, ne feront que renforcer ses positions auprès de ses supporters, comme c'était le cas pour Trump. « On ne cesse de lui renvoyer à la figure ses condamnations pour incitation à la haine raciale. Mais nous avons le sentiment que ceux qui le condamnent sont des Tartuffe, déclare Bonnet. Notre ralliement à Zemmour est une révolte contre les Tartuffe », conclut le jeune professeur du Val-de-Marne.

La grande muraille des élites

L'un des éléments les plus frappants du moment actuel est la posture adoptée par les élites gouvernantes et médiatiques face aux vagues populistes qui montent à travers l'Occident. Loin d'essayer de « prendre la vague » en scrutant les causes de la révolte pour pouvoir y répondre, elles s'attachent souvent à en disqualifier les messagers, qui ne sont pourtant que des symptômes – répétant exactement l'erreur que Tocqueville avait pressé ses compatriotes de l'Assemblée nationale de ne pas commettre, en 1848.

Ce fut le cas pour Donald Trump, que les élites d'outre-Atlantique, sidérées par l'arrivée de ce « malotru », accueillirent par un torrent de critiques *ad hominem*, s'acharnant sur ses défauts, son supposé racisme, sa « haine des femmes », ses tendances « fascistes » et même sa santé mentale, pour éviter de discuter les thèmes de l'immigration et les dégâts de la globalisation, qu'il mettait sur la table.

Aujourd'hui, selon un procédé tout à fait similaire, c'est le même procès qui est intenté à Éric Zemmour, accusé pêle-mêle de racisme, de fascisme, d'antisémitisme, de pétainisme et de sexisme. En criant sus au « diable » Zemmour, exactement comme les journalistes et les élites américaines l'ont fait pour Trump, une part majoritaire des cercles politiques, universitaires et médiatiques français érigent une « grande muraille » d'accusations accablantes, pour briser l'élan de la vague zemmourienne. C'est ainsi que dans un numéro spécial du *Nouvel Observateur* intitulé « Contre l'extrême droite, refuser le fatalisme », on lit sous la plume de sa directrice de rédaction, Cécile Prieur, qu'Éric Zemmour « entache le débat public par ses déclarations racistes et révisionnistes ». « Il attaque à coups de boutoir les acquis sociaux et sociétaux des cinquante dernières années, répand le venin du pseudo-déclin de la France, prône ni plus ni moins le retour mythifié et absurde à une société engloutie où l'homme blanc dominerait, où les frontières seraient étanches et les femmes réduites aux fourneaux tandis que les contre-pouvoirs seraient réduits au silence, affirme la journaliste. Un pseudo-programme qui serait risible s'il ne faisait pas écho à nombre de passions tristes. Et au premier rang desquelles le racisme ouvertement prôné par le multicondamné à la haine raciale, mais aussi l'antisémitisme dont le quasi-candidat, juif lui-même, offre une déconcertante et bien perverse expression », écrit-elle, appelant « à sortir de la sidération » pour combattre un candidat qui veut « abattre les valeurs de la démocratie ». Prieur met bout à bout une série d'accusations et de raccourcis soit faux – le fait qu'il veuille abattre la démocratie, l'antisémitisme – soit déformants – contre-pouvoirs réduits au silence. Elle parle « du retour absurde à une société engloutie », alors que le candidat propose de puiser dans le passé les éléments unificateurs – l'assimilation, par exemple – qui font cruellement défaut aujourd'hui. Elle accuse Zemmour de vouloir « un retour à la domination de l'homme blanc » alors qu'il veut prôner la perpétuation de l'héritage français, sans jamais faire allusion à la couleur de peau puisqu'il juge, au contraire de ce qu'elle prétend, l'héritage par l'esprit plus important que l'héritage par la chair. Peu importe : le but est d'en faire « un homme blanc » ; donc, c'est le sous-entendu, raciste.

Le face-à-face qu'Alain Minc et Éric Zemmour ont sur LCI, dans l'émission de Ruth Elkrief en octobre 2021, donne lui aussi le ton de l'accueil que les élites réservent à Zemmour et la tonalité qu'elles entendent donner à sa candidature : « Votre France a un côté nostalgie du châtelain rural qui prend un verre avec le paysan, sous l'œil du curé. C'est le rêve de la France de Vichy ; on croirait être en route pour Drancy », lance Minc, l'accusant de vouloir remplir des bateaux pleins de musulmans pour les renvoyer. « Le grand remplacement, dit Alain Minc, c'est une obsession chez vous, à tel point que j'attends le jour où vous distinguerez dans les équipes de football entre buts catholiques et buts musulmans. »

Ces attaques caricaturales visent à disqualifier l'adversaire par « les mots » plus que par une quelconque démonstration argumentée. Ainsi le candidat de Reconquête ! est-il systématiquement présenté comme un « polémiste d'extrême droite » plutôt qu'un nationaliste, afin qu'il soit étiqueté aux extrêmes. Il s'agit de faire en sorte que la majorité des Français, très marqués dans leur mémoire historique par le souvenir des années 1930 et 1940, l'expulsent immédiatement du choix des possibles, pour ne pas risquer à leur tour l'opprobre. Dans une récente interview accordée à la *Revue des deux mondes*[1], l'historien et philosophe Marcel Gauchet, qui n'est pas un partisan d'Éric Zemmour et pense qu'il ne peut pas gagner, démonte très bien cette manipulation. Il note que l'extrême droite, parti de la contre-révolution et du « nationalisme intégral », a toujours visé au renversement de la République et, implicitement ou explicitement, soutenu l'utilisation de la violence ou de milices paramilitaires pour y parvenir. Rien de tel chez Éric Zemmour, qui se réclame du « principe majoritaire classique » et défend « une vision autoritaire de la démocratie qui n'a rien de totalitaire ou de violent ». « L'étiquette d'extrême droite fonctionne en réalité comme le moyen de disqualifier un discours qui dérange, en le rattachant au passé honni des années 1930, décrypte Gauchet. Est rejeté à l'extrême droite quiconque ose suggérer que l'immigration pose des problèmes », note-t-il. C'est aussi l'avis de l'intellectuel québécois Mathieu Bock-Côté, qui, dans *La Révolution racialiste* (2021), analyse parfaitement comment la gauche étiquette « extrême droite » tous ceux qui ne pensent pas comme elle, pour les bannir de l'espace public.

Le même procédé est utilisé, face au candidat journaliste – pour l'accuser de « racisme » – autant dire une condamnation à mort politique. Là encore, Zemmour est qualifié de raciste parce qu'il pose la question du

1. Marcel Gauchet, « La droitisation de la France », interview réalisée par Valérie Toranian et Jacques de Saint-Victor, *Revue des deux mondes*, février 2022.

danger de l'immigration massive et persistante, ainsi que celle de la difficulté de l'islam à s'assimiler à la République et aux valeurs civilisationnelles françaises[1]. On peut contester le parti pris délibéré de mettre le thème de l'immigration au-dessus de tous les autres, comme le fait Zemmour. On peut avoir de vrais doutes sur le terme de « grand remplacement » ; une formule caricaturale et potentielle blessante « qui pourrait mener certains à voir un Arabe ou un musulman comme un remplaçant », avertissait il y a quelques mois Alain Finkielkraut, lui préférant le terme de « libanisation » – également utilisé par Éric Zemmour. Mais la réalité d'une logique démographique qui transforme peu à peu la France en archipel et qui mène, selon la formule du gouvernement d'Emmanuel Macron lui-même, au « séparatisme » de territoires de plus en plus nombreux, peut-elle être niée ? Est-il pertinent dans ces conditions de faire au candidat de Reconquête ! un procès en complotisme et en racisme, comme le fait une double page du *Monde*[2] destinée à démontrer qu'il est le successeur des penseurs antisémites et nationalistes « biologisants » du début du siècle, comme Édouard Drumont ? Éric Zemmour explique qu'il

1. Cette difficulté de l'intégration et la menace d'islamisation rampante qui se fait jour dans certains quartiers ont été montrées récemment dans un reportage de « Zone interdite », réalisé à Roubaix. Éric Zemmour s'en est évidemment immédiatement saisi en campagne, évoquant « l'Afghanistan à deux heures de Paris », une formule lapidaire mais susceptible de marquer les esprits. Ophélie Meunier, journaliste de « Zone interdite » qui avait réalisé le reportage, a été menacée de mort, de même que le jeune témoin Amine Elbahi, qui a témoigné sur l'islamisation en cours.

2. *Le Monde*, « Le grand remplacement, généalogie d'un complotisme caméléon », 29 janvier 2022.

pose la question du remplacement en termes démographiques concrets, quand il parle de remplacement graduel de civilisation. « Il n'y a pas de vision ethniciste, les Français peuvent être de toutes les couleurs, nous ne parlons absolument pas de race mais de la menace d'un grand remplacement culturel, de l'importance de la survie culturelle du peuple français comme certains mettent en avant la survie du peuple masaï », veut préciser le directeur adjoint de la campagne, Antoine Diers[1], lors d'un entretien au mois de février, soulignant qu'« il ne s'agit nullement d'une thèse complotiste mais d'un constat démographique ». Dans une interview à Europe 1, le philosophe Alain Finkielkraut, qui ne prise pas, je l'ai mentionné, le terme de « grand remplacement », rappelle néanmoins que « le changement démographique de l'Europe est spectaculaire[2] ». « Les peuples historiques se sentent devenir minoritaires [...], une majorité de Français plaident pour le droit à la continuité historique », explique-t-il, dénonçant le « déni fanatique » de ceux qui diabolisent le polémiste candidat.

Le procès en racisme fait à son projet d'assimilation procède du même biais. On peut en effet être contre l'assimilation, douter de sa mise en œuvre, poser toutes sortes de questions ; c'est même indispensable dans une campagne présidentielle. Mais l'assimilation, modèle utilisé pendant des décennies en France, est-elle « raciste » ? Ce qui est frappant est que cette qualification vaut à Zemmour d'arriver en général sur les plateaux de télévision en tant qu'accusé plutôt qu'en

---

1. Entretien avec l'auteur, 18 février 2021.
2. Débat entre Mathieu Bock-Côté et Alain Finkielkraut dans « Le Grand Rendez-vous », Europe 1, octobre 2021.

tant que candidat, les journalistes endossant du coup, irrésistiblement, la robe du procureur, pour montrer qu'ils sont du bon côté de l'histoire, de la vertu, du politiquement acceptable. Ils semblent penser qu'adopter à l'égard du candidat de Reconquête ! un comportement d'intervieweurs classiques serait faire acte de compromission et serait impitoyablement jugé par leurs pairs. Sur les sujets sensibles, l'interview se transforme alors trop souvent ouvertement ou implicitement en procès de son absence d'humanisme et d'empathie sur l'immigration, les femmes ou l'islam, empêchant un débat de fond sur les questions posées. Parfaitement rompu à l'exercice – qu'il pratique depuis des années – Zemmour excelle dans l'art de démonter ce rapport de force non dit. Mais le débat de fond s'en trouve, lui, vicié, empoisonné et la presse y perd en crédibilité chez beaucoup de Français, même si cette bataille médiatique n'en est pas au point américain, et si nombre de présentateurs semblent s'efforcer, au fur et à mesure de la campagne, à plus de distance et de neutralité. « Qui veut nommer le réel risque l'étiquetage, décrypte Mathieu Bock-Côté sur Europe 1. Mais le risque n'est-il pas la fracture profonde, car le réel est extrême droitisé[1] ? » s'interroge-t-il. Alain Finkielkraut qui lui répond, est d'accord sur l'existence d'un risque de fracture : « Car, pour qu'il y ait discussion démocratique, il faut s'entendre sur les faits », dit-il. Le philosophe accuse le journal *Le Monde* de sélectionner les faits qui l'arrangent et de taire les autres par souci idéologique. « La nauséabondisation de l'angoisse des Français, ce n'est pas le pluralisme, c'est le terrorisme intellectuel », dit-il. L'effondrement de la confiance des

1. *Ibid.*

Français envers les médias est d'ailleurs tombé à 24 % d'opinions favorables rapporte un sondage Ipsos/Sopra-Steria/*Le Monde* sur les fractures françaises – comme je l'ai déjà souligné auparavant.

Dans son nouveau livre *Immigration. Idéologies et souci de la vérité* (2022), la démographe Michèle Tribalat, qui parle, elle, de « substitution démographique », se livre d'ailleurs à une critique impitoyable de la machine « intellomédiatique » où journalistes et universitaires qui « pensent bien », s'allient pour interdire le thème migratoire. Elle réfute méticuleusement nombre d'erreurs apparues dans le débat public sur l'immigration, contestant avec force les analyses dominantes des démographes en vue, qui continuent d'affirmer contre l'évidence, que l'immigration reste un phénomène mineur largement fantasmé. Faisant à sa manière écho aux analyses d'Éric Zemmour, Tribalat accuse la démographie d'être devenue une science militante, où dominent des chercheurs qui ne sont plus guidés par le souci exclusif des faits. « Il faut s'élever par tous les moyens contre l'idée de grand remplacement, dénonce-t-elle ; dévoiler l'imposture, quitte à faire dire à son inventeur ce qu'il n'a pas dit. [...] Le but principal des argumentations chiffrées développées sur le thème de l'immigration et visant à la minorer, la relativiser, est de contredire les perceptions communes qui tiendraient à une propagande politique de la droite plutôt extrême, ou tout du moins telles que l'élite de bon goût se les représente et quelques fois les fabrique pour les démonter. » L'« homme ordinaire » se plaint d'une immigration étrangère trop importante ? Le chercheur démographe et le journaliste vont s'allier pour lui signifier qu'il est « un idiot », écrit-elle, affirmant que l'universitaire type cherchera « la notion la moins à même de refléter ce flux – le solde migratoire – pour en minimiser l'importance ». « Ce faisant, il maintient son ascendant et fournit un argumentaire à ceux – les journalistes – qui n'ont pas le statut garantissant une certaine compétence, et fonctionnent à la satisfaction idéologique : l'idée me plaît, le grand spécialiste en garantit par ses titres la scientificité, elle apporte de l'eau à mon moulin idéologique, donc elle est vraie », décrypte Tribalat – donnant ainsi raison à Éric Zemmour, qui dénonce depuis des années une « machine idéologique rodée » qui se tient les coudes et interdit de penser de travers. Une machine qui va aussi chercher l'appui de la justice, par le biais des procès et condamnations multiples du polémiste pour ses dérapages verbaux. Certains à droite, comme l'avocat Gilles-William Goldnadel qui penche, il est vrai, de son côté, estiment que ces procès révèlent les biais idéologiques de l'institution judiciaire. Sur CNews, au mois de janvier, il dénonçait face à Julien Dray, la condamnation de Zemmour pour ses propos contre les migrants mineurs, estimant qu'elle serait déboutée devant la Cour de cassation. Tout, là encore, me rappelle Trump : les formules à l'emporte-pièce et les généralisations du candidat emporté par sa démonstration, qui suscitent des dérapages regrettables ; la multiplication des condamnations judiciaires qui s'ensuivent, destinées à lui nuire plus qu'à réparer ; l'hystérisation progressive du débat. De tous les côtés.

« Quelle heure est-il ? »

Nul sujet n'a sans doute donné plus éclatante illustration de l'alliance des universitaires, des journalistes et de la justice, que celle qui convoque Éric Zemmour devant « le tribunal de la Seconde Guerre mondiale » dès le début de la campagne présidentielle, à l'automne 2021. Cela commence en réalité bien plus tôt, quand le journaliste, dans son livre *Le Suicide français*, en 2014, s'attaque à la thèse incontournable de l'historien américain Robert O. Paxton qui, dans son livre sur Vichy et les Juifs[1], a, contre l'avis des historiens français de l'après-guerre, établi un trait d'union quasi absolu entre Pétain et les nazis, concluant selon la formule d'Éric Zemmour, à l'idée de « la malfaisance absolue du régime de Vichy, reconnu à la fois responsable et coupable ». Le polémiste qui a lu, entre autres choses, l'ouvrage peu connu d'Alain Michel, rabbin juif français installé en Israël – *Vichy et la Shoah. Enquête sur le paradoxe français* (2012) – et le met en avant pour appuyer sa démonstration, jette alors une véritable grenade dans le débat intellectuel, en émettant l'idée que ce trait d'union total entre le régime de Vichy et Hitler est exagéré et méconnaît une histoire sinistre, mais plus grise et plus complexe. Il avance la thèse de Michel, selon laquelle le régime de Vichy, certes coupable d'un antisémitisme virulent et ignoble qui transparaît avec le statut inique qui est fait aux Juifs dès 1940 – dont a été victime la famille Zemmour en Algérie –, a néanmoins pratiqué une forme d'« échange immoral », donnant les Juifs étrangers pour protéger l'essentiel des Juifs français ; ce qui expliquerait que 85 % des Juifs français aient survécu à la Shoah. Son but est de montrer que le régime de Vichy, même s'il relève de l'infâme, n'est pas le régime nazi, le mal absolu qui a conçu la Shoah,

1. Robert Paxton, *La France de Vichy*, Seuil, 1972, plusieurs fois réédité.

voire qu'il a partiellement fait écran entre Hitler et les Français. C'est le retour de la fameuse thèse du « bouclier » que Pétain avait développée au moment de quitter le pouvoir dans un texte non publié, pour blanchir son régime. Le passage du livre qui touche aux pages les plus douloureuses de l'histoire française récente, les plus honteuses aussi, suscite immédiatement un véritable séisme de colère. La journaliste Léa Salamé, qui reçoit Éric Zemmour avec Laurent Ruquier dans l'émission « On n'est pas couché » – dont il fut jadis l'une des vedettes –, l'accuse d'un « procès en réhabilitation de Pétain », tandis qu'une masse d'historiens se lèvent pour rappeler, à juste titre, que l'antisémitisme d'État français a devancé et préparé la déportation des Juifs. Ils rappellent aussi avec émotion le fait que des milliers de Juifs français ont été déportés et que des milliers d'enfants ont été privés de leur nationalité à la demande du régime de Vichy, qui porte dès lors une responsabilité écrasante dans le fait qu'ils aient été déportés et exterminés. La question légitime qu'ils posent est de savoir s'il est décent de vouloir minimiser de tels crimes. Dans *La France n'a pas dit son dernier mot*, à l'automne 2021, Zemmour, qui n'a jamais nié ces faits, réitère néanmoins ses réflexions sur la guerre et Vichy, en évoquant cette fois en quelques paragraphes dans ses « choses vues » à la Victor Hugo, le procès de Maurice Papon en 2007, dont il dénonce « le caractère idéologique ». Il cite tous les gaullistes résistants qui ont défilé à la barre pour défendre le prévenu à l'époque, comme Maurice Druon, et qui ont farouchement nié l'équivalence faite entre les fonctionnaires de Vichy et Himmler, Heydrich ou Barbie. Il évoque aussi Philippe Seguin écrivant dans *Le Figaro* : « Le procès de Maurice Papon n'est qu'un prétexte. Il y a bien un autre procès dans le procès. Que dis-je, il y en a deux. Le premier, c'est celui du gaullisme. Et du général de Gaulle. Le général de Gaulle coupable de n'avoir pas révoqué en masse les hauts fonctionnaires de Vichy. Le général de Gaulle donc complice de Vichy. [...] Quant au second procès, c'est en toute simplicité celui de la France. La France coupable en bloc, solidairement, des crimes de Vichy. Et complice, à travers Vichy, de toutes les abominations ennemies. » Pourquoi Éric Zemmour se relance-t-il dans cette démonstration historique où il n'a que des coups à prendre ? Péché d'orgueil intellectuel ? Peut-être. Mais ce que cherche à faire Éric Zemmour, c'est dire à la nation française qu'elle n'a pas, aussi lourdes soient ses responsabilités, à endosser le poids de la culpabilité allemande, et surtout qu'elle a le droit de ne pas rester paralysée par le passé, dans son appréhension de l'avenir. Vouloir stopper l'immigration en 2021 ou 2022 ne revient pas à envoyer les Juifs dans des camps d'extermination, enchaîne d'ailleurs Zemmour dans son livre, opposé au parallèle qui est régulièrement dressé, à gauche, entre les deux sujets pour prévenir tout débat sur la question migratoire.

Le journaliste candidat se rend-il compte du piège qu'il s'est lui-même tendu, à l'ouverture de sa campagne, en voulant revenir sur le sujet le plus sensible et le plus explosif qui soit en France – celui de notre culpabilité à la fois pour la défaite et surtout pour la Collaboration française dans l'extermination des Juifs ? « La Seconde Guerre mondiale a créé en France une culpabilité énorme qui, depuis, hante le peuple français : celle de la défaite, de l'humiliation, et surtout de la culpabilité, qui poussent les Français à se penser plus coupables que les Allemands, qui occupaient alors le pays », me confie-t-il à ce sujet en janvier 2022, à l'occasion d'une interview, à l'hôtel San Régis, rue Jean-Goujon, près de son quartier général. Il reconnaît qu'il n'a pas suffisamment contré clairement ceux qui disaient qu'il cherchait la réhabilitation de Pétain, car il lui paraissait évident qu'on n'allait pas l'accuser d'une telle horreur.

En fait, il s'est tiré une balle dans le pied, ne mesurant ni ses forces, ni l'émotion légitime attachée au sujet, ni la virulence de la riposte massive qu'il allait encourir[1]. Car, alors même qu'il entre en campagne, l'accusation d'antisémitisme et de pétainisme va littéralement devenir le principal thème des interviews qu'il donne ; l'engluant dans une posture très difficile à expliciter en quelques phrases et dès lors nécessairement perdante.

Peu importe le fond du débat, journalistes et historiens s'unissent pour disqualifier le candidat, condamné à s'expliquer devant des interlocuteurs dont l'avis est déjà fait. L'ancien Premier ministre Manuel Valls lui consacre un ouvrage entier pour le qualifier de raciste, d'antirépublicain et d'antihumaniste. Le voilà même antisémite et traître à la judéité, pour Bernard-Henri Lévy, qui publie une tribune d'une rare violence à son endroit dans *Le Point*, le présentant comme « un Bonaparte de carnaval au pont d'Arcole », « barbotant »

1. Il a établi de plus, dans son livre *La France n'a pas dit son dernier mot* (Rubempré, 2021), une comparaison absolument choquante, et dénoncée même par ses partisans, entre la famille du terroriste islamiste Mohammed Merah et la famille juive des Chandler, dont les enfants sont tombés sous ses coups, parce que toutes deux ont souhaité enterrer leurs morts à l'étranger. Une démonstration incompréhensible, et critiquée même par ses meilleurs soutiens, dont l'avocat William Goldnadel.

dans « la zone marécageuse, fangeuse, du fascisme français[1] ». Réponse d'Éric Zemmour : Bernard-Henri Lévy est un « traître à la nation » en refusant de voir le danger de l'islamisation de la France. « Doit-on en arriver à ce niveau de débat ? Pouvez-vous combattre [le RN et Éric Zemmour] sans les fasciser ? [...] Revenir au fascisme des années 1930, est-ce le bon débat ? » s'insurge Sonia Mabrouk, l'une des rares journalistes à garder la tête froide sur le phénomène Zemmour en ces temps turbulents, lors d'une interview avec Bernard-Henri Lévy, qui accuse le candidat d'être « un incendiaire des âmes ». Ce dernier répond que, quand « le pauvre Éric Zemmour prétend que Vichy a sauvé les Juifs », « il faut rétablir des repères ». « Il met le feu dans les esprits » en désignant « tous les musulmans à la vindicte de la République » parce qu'il confond islam et islamisme, accuse-t-il par ailleurs, ajoutant que Zemmour et Marine Le Pen « ne reflètent pas la France ». « Qui est l'arbitre des élégances de qui représente la France ? » interroge Mabrouk. Son bon sens tranche avec l'échauffement des esprits.

Lors d'une émission de « C ce soir », à laquelle je suis conviée à débattre du phénomène Zemmour, en présence de cinq invités tous persuadés de la profonde dangerosité de l'écrivain journaliste, en octobre 2021, on est à nouveau dans « les années noires ». Car il ne s'agira pas de décrypter exactement de quelle révolte Éric Zemmour est le nom, mais de plaquer sur lui une grille de lecture « années 1930 » qui le disqualifie. C'est la raison pour laquelle l'historien de gauche Gérard Noiriel a été convié. Se posant en caution scientifique, alors que son analyse est totalement à

1. Bernard-Henri Lévy, *Le Point*, 14 octobre 2021.

charge, il vient de sortir un ouvrage, *Le Venin dans la plume* (2019), destiné à démontrer que Zemmour est le successeur idéologique du journaliste d'extrême droite Édouard Drumont, auteur de *La France juive* (1886), et antisémite notoire. Se posant d'entrée de jeu en chercheur en sciences sociales, qui est donc du côté du savoir, Noiriel présente Éric Zemmour comme un idéologue amateur qui s'est appuyé sur une critique virulente des historiens actuels, pour défendre une version identitariste de l'histoire de France. Il l'accuse d'avoir vis-à-vis des musulmans les mêmes réflexes racistes que Drumont vis-à-vis des Juifs ; une comparaison qui vise évidemment aussi, par glissement, à le présenter comme un antisémite. Ce qui me frappe sur le plateau est que l'accusation de racisme est répétée comme une évidence, mais de manière purement théorique, sans qu'on aborde jamais les problèmes d'immigration, d'intégration ou d'islamisation, qui ont amené à le qualifier comme tel. Alors que Zemmour est accusé d'antisémitisme, j'essaie de noter qu'il est paradoxal de le dire antisémite alors qu'il est juif et se pose en adversaire farouche de l'antisémitisme islamiste qui gagne dans les banlieues françaises, où enseigner la Shoah devient dangereux pour les enseignants. L'argument est inaudible.

Certes, Éric Zemmour n'est pas accablé par tous à travers la planète intellectuelle. Le philosophe Alain Finkielkraut, tout en prenant ses distances, refuse l'hallali. « L'Europe est pleine d'antifascistes depuis la fin du IIIe Reich. C'est la peste brune, la bête immonde », constate-t-il sur Europe 1 face à Sonia Mabrouk[1], parlant « d'une vindicte obsessionnelle » contre le

1. « Le Grand Rendez-vous », Europe 1-CNews, le 24 octobre 2021.

journaliste. Il ajoute qu'on peut dire que Vichy n'était pas l'administration allemande » et qu'elle « donnait une certaine marge de manœuvre », qu'il est vrai que « Laval a voulu négocier pour se débarrasser des Juifs étrangers et sauver des Juifs français [...] même si cela ne sera plus possible en 1944, quand le régime de Vichy devient un État fantoche ». « Le problème est qu'Éric Zemmour fait crédit au régime de Pétain de cette action, ajoute-t-il. On a tort de dire que Vichy aspirait à l'extermination de tous les Juifs, dit encore Alain Finkielkraut. Mais on ne peut réhabiliter Vichy pour autant », explique-t-il, insistant sur le fait que sauver les Juifs français tout en déportant les Juifs étrangers ne mérite de toute manière pas mieux que l'opprobre légitime qu'on voue à Vichy depuis.

Dans son livre, *La Seule Exactitude*, paru en 2015, le philosophe appelait la France à sortir des années 1930. « Quelle heure est-il ? » lui demandait-il pour signifier que les défis du moment n'étaient plus les mêmes et que le passé, tout en ayant valeur de leçon, ne devait pas occulter le présent. Alors, ce jour-là, pendant son interview sur Europe 1, sans doute parce qu'il est québécois et regarde ce débat historique avec plus de distance, en pleine présidentielle, Mathieu Bock-Côté lui pose à nouveau la question : « Quelle heure est-il ? N'est-on pas en train de se tromper d'époque et de confisquer le présent des Français, en répétant ces polémiques ? – Bien sûr. Il y a en Europe une obsession antinazie, la carrière posthume d'Hitler est très riche », répond le philosophe, ajoutant que « si on a tant de mal à voir ce que nous voyons, c'est parce que nous voyons la bête immonde » ; autrement dit, le passé révolu. « On le fait pour détruire la candidature de Zemmour, ajoute Alain Finkielkraut sans ambiguïté.

Mais cela n'empêche pas que nous devons savoir dans quelle France nous voulons vivre », ajoute-t-il, inquiet à juste titre d'une évolution qui libérerait la France de sa culpabilité, et de manière plus générale la fascination du candidat pour « la raison d'État » et les hommes forts comme Poutine.

Mais, comme Zemmour, Alain Finkielkraut critique « la comparaison entre Juifs d'hier et musulmans d'aujourd'hui, la jugeant « fausse et exaspérante ». « Plus on insulte Éric Zemmour, plus il monte, en raison de l'impossibilité de mettre des mots sur le désastre social [...]. 500 quartiers vivent aujourd'hui sous la loi des caïds ou des islamistes. [...] Zemmour a le mérite de mettre des mots, il désigne des problèmes ; c'est pourquoi il prend en charge l'angoisse existentielle des Français qui demandent si leur droit à la continuité historique sera bafoué », constate l'intellectuel.

Après des semaines de polémique, le candidat Zemmour sort abîmé de la passe d'armes. Le parquet de la cour d'appel de Paris requiert d'ailleurs 10 000 euros d'amende, après avoir été saisi d'une plainte très politique pour « contestation de crime contre l'humanité » par une association. Le journaliste a été relaxé en première instance mais la démarche de la cour relance l'affaire médiatique. « Je maintiens mes propos, j'ai raison sur les faits historiques », réagit Éric Zemmour lors d'une émission télévisée sur le site de *Nice-Matin*. Mais il dénonce surtout une instrumentalisation de la justice par les associations et le pouvoir : « On veut me refaire le coup de François Fillon, c'est cousu de fil blanc », accuse-t-il.

Médiacratie ?

Le scandale n'est pas encore éteint d'ailleurs qu'une autre affaire déboule. À la mi-janvier, le candidat, qui est en campagne dans une école des Hauts-de-Seine, évoque la politique qu'il conviendrait de mener concernant les handicapés. Il affirme qu'il faut considérer une approche plus différenciée qui place ces derniers dans des établissements spécialisés, « sauf ceux qui sont légèrement handicapés évidemment, qui peuvent rester dans les classes ». Pour le reste, « oui, l'obsession de l'inclusion est une mauvaise manière faite aux autres enfants, et à ces enfants-là, qui, les pauvres, sont complètement dépassés par les autres », déclare-t-il. La phrase va immédiatement être diffusée sur tous les réseaux sociaux, et reprise en boucle dans la presse, pour l'accabler. Un véritable tohu-bohu qui transforme Éric Zemmour en infâme ennemi des faibles et des handicapés. Une photo du général de Gaulle avec sa fille handicapée sur les genoux, se met à circuler pour montrer à quel point le polémiste diffère de son supposé maître. Elle est même diffusée – procédé puéril et démagogique – par la députée européenne Nathalie Loiseau, membre de La République en marche. L'affaire est entendue : Éric Zemmour est un monstre sans cœur, un salaud, crie la planète médiatique. Les différents candidats présidentiels s'engouffrent dans la brèche, pour exprimer leur indignation. Le journaliste réagit très vite dans une vidéo pour dénoncer la manipulation et l'emballement. Il affirme qu'il aura une politique empathique et structurée sur la question des enfants handicapés et dénonce l'hypocrisie et les vices du « tout inclusif », montrant à travers des témoignages que beaucoup de familles d'handicapés peinent avec l'actuel système et partent vers la Belgique pour trouver des solutions qui n'existent pas en France. Des parents viennent d'ailleurs à son secours. « Je comprends que l'interprétation malveillante de mes propos tronqués par les professionnels de l'indignation ait pu choquer », commente-t-il, tout en s'appliquant à rétablir la vérité sur ce qu'il entend faire sur le dossier. Ce déchaînement, assourdissant, me rappelle les tempêtes médiatiques américaines déclenchées contre Trump. Dans *Le Figaro*, l'avocat Gilles-William Goldnadel[1] revient sur l'attaque qui a visé Zemmour et les mécanismes de ces tornades, qu'il avait décrites dans son livre *Névroses médiatiques* (2018). « Qui peut, de bonne foi, et raisonnablement, voir dans sa déclaration [...] un mépris pour les enfants en grande difficulté », s'interroge-t-il, affirmant que « le monde est devenu une foule déchaînée » et que « l'univers médiatique électronique affole le débat [...] en le transformant en univers irrationnel haineux ». Il note qu'un journaliste, sur les réseaux, a même accusé Éric Zemmour de préparer aux enfants handicapés le même sort que les nazis réservaient à ceux-ci. « Il n'est aujourd'hui de bon lynchage névrotique sans le recours obligatoire à l'antinazisme devenu fou », écrit Goldnadel. Sur CNews, l'intellectuel Mathieu Bock-Côté, qui a pris avec brio, la place d'Éric Zemmour dans l'émission « Face à l'info » sur CNews, se livre lui aussi à un décryptage de l'épisode des handicapés comme moyen d'excommunication morale. « Une phrase est entendue, reprise, jetée dans le débat public, colportée. Tout le monde la commente sans contexte,

1. William Goldnadel, « Le monde médiatique est une foule déchaînée », *Le Figaro*, 17 janvier 2022.

puis on demande à Zemmour dans une émission de grande audience : “Vous vous rendez compte de la tension que vous suscitez ?” » Bock-Côté parle d’une « falsification du réel » car « les gens n’ont pas réagi à sa phrase mais à la déformation qui en est faite ». « C’est un détournement du débat démocratique ! On déforme son propos, on le charcute [...]. Les concepts dans lesquels on raconte la réalité la font disparaître, vu que les journalistes veulent à tout prix nous raconter leur histoire, même si ce n’est pas celle qui se déroule devant nous », résume Mathieu Bock-Côté.

Pendant ce déchaînement, Paul Le Meur, ce jeune Français que j’ai croisé à Bordeaux et qui s’est rallié à Zemmour, après avoir désespéré d’Emmanuel Macron, m’écrit une longue missive indignée. « Même si Éric Zemmour apportait systématiquement d’infinies nuances à ses propos, de manière à être irréprochablement rigoureux et exact, ses déclarations seraient encore manipulées, déformées pour qu’une image fausse de lui soit véhiculée. Car ce qui effraie le système intellomédiaticopolitique est la certitude qu’il pourra résister à sa pression s’il est élu. Consciemment ou inconsciemment, nos intellectuels, nos journalistes, toute la médiacratie sait qu’elle gardera son pouvoir avec tous les candidats, sauf Éric Zemmour. C’est cette certitude qui compte, par-dessus toute autre considération, pense-t-il. Les Français, en grande majorité, ne connaissent ni Éric Zemmour, ni ses idées, ni ses propositions. Ceci fausse fatalement l’élection qui vient. C’est extrêmement grave. On peut dire que notre démocratie est défaillante, et même qu’en un sens nous ne sommes plus en démocratie », conclut-il[1]. Exaspéré par le ton adopté à

1. Lettre à l’auteur, janvier 2021.

l'encontre de son « champion », il exagère bien sûr. Vu l'exposition permanente d'Éric Zemmour aux médias, on ne peut pas dire que le public n'a pas accès au candidat et ses propositions. Mais Paul Le Meur a raison sur l'importance « des biais », qui sont prégnants.

Ce thème est d'ailleurs au centre des vœux à la fois ironiques et ravageurs qu'Éric Zemmour adresse aux journalistes, lors d'une conférence de presse début janvier. Il les accuse de porter une responsabilité lourde dans l'évitement des débats cruciaux que la France aurait dû avoir sur l'immigration depuis des années, tandis qu'il a joué le rôle de pourfendeur de leurs dénis. Lors de notre rencontre, je demande s'il est aujourd'hui dans son rôle, en tant que candidat, en faisant ce constat. Ne risque-t-il pas de livrer ce contre-pouvoir déjà chancelant à la vindicte populaire ? Je lui rappelle ce qui s'est passé pour Trump, qui avait certes ses raisons d'être en colère contre les médias, mais qui a outrepassé les bornes dans sa manière de les interpeller, poussant ses partisans à les conspuer et déclenchant des attaques physiques contre eux, lors de ses meetings. J'évoque une phrase de Tocqueville, qui parle des défauts de la presse, de son court-termisme, mais qui la défend malgré tout, coûte que coûte. « Je veux gagner et, pour cela, il me faut montrer à tous ceux qui ne me connaissent pas que ce que la presse dit de moi est le plus souvent mensonge et fausse information », me répond-il.

Le tableau est en réalité plus mitigé qu'il ne le dit. Le « clergé médiatique » reste très puissant. C'est lui qui pousse par exemple Ariane Chemin et Ivanne Trippenbach[1] à s'étonner dans *Le Monde* de « l'étrange

1. Ariane Chemin et Ivanne Trippenbach, « Entre Éric Zemmour et une partie de l'élite économique et intellectuelle, une étrange

bienveillance » des intellectuels français à l'égard de Zemmour, dans un grand article où elles sermonnent implicitement ceux qui osent souligner les mérites de sa candidature, de Marcel Gauchet à Alain Finkielkraut, en passant bien sûr par Alexis Brézet, Vincent Trémolet de Villers et d'autres. Elles citent en revanche Hakim El Karoui parlant de « trahison des clercs ». Trahison ? Le mot est fort. Cette tonalité combattante est reprise par nombre de grands journaux occidentaux, comme le *New York Times* ; effet miroir de la même manière dont la presse européenne couvrait Trump, en 2016.

Mais ce que l'on appelle le « politiquement correct » n'en a pas moins essuyé maints revers en France, ces derniers temps. *Le Figaro* et *Le Point* sont devenus des lieux incontournables du débat d'idées, ouvrant

---

bienveillance », *Le Monde*, 1er décembre 2021. Il est intéressant de noter toutefois que des différences de traitement du phénomène Zemmour sont visibles au sein du quotidien du soir. Ainsi, sous un titre simpliste, « Les envies de revanche des électeurs d'extrême droite » (simpliste parce que la lecture ne convainc pas du tout du fait qu'il s'agit là d'électeurs d'extrême droite), la passionnante double page du reporter Luc Bronner dans *Le Monde* du 5 février 2022 apparaît, elle, comme un reflet fidèle de la transformation de l'état d'esprit du pays à la veille de l'élection. « Cette France exprime le sentiment d'être sur une ligne de front, écrit-il. De constater, subir ce que les habitants des métropoles ne voient pas, protégés par leurs diplômes. D'être les perdants, les effacés, les moins que rien. Dans la puissance du slogan du "grand remplacement", il y a l'opposition entre "eux" et "nous" : les Français, les "Blancs", d'un côté ; les immigrés, les musulmans de l'autre. Mais se joue aussi une autre opposition entre ceux qui diraient la vérité et ceux qui la nieraient. Ou, dit autrement, comme un dialogue impossible, l'accusation du déni contre l'accusation du complot. » Bien sûr, on perçoit que le journaliste n'est pas vraiment d'accord, mais il donne la parole au pays.

un chemin intellectuel vers la re-légitimation d'une forme de conservatisme culturel, qui tente d'endiguer le nihilisme de plus en plus patent de la fureur *woke*. *Valeurs actuelles*, jadis relégué au rang de « feuille de chou » presque fasciste, est désormais lu et cité comme un hebdomadaire de référence, au même titre que les autres magazines. Enfin, il y a CNews, la chaîne privée qui a changé le paysage médiatique télévisuel, sous l'impulsion de son propriétaire Vincent Bolloré, lequel s'est lui aussi lancé à sa manière dans la bataille culturelle et politique de France. Sans lui, sans le tremplin médiatique qu'il a offert à Zemmour, sa candidature n'aurait clairement pas pu avoir lieu. Tous ces changements traduisent une transformation assez spectaculaire de « l'écosystème » intellectuel et médiatique[1] dans lequel émerge la candidature d'Éric Zemmour ; transformation dont il a été un élément clé, mais pas exclusif. Est apparue, depuis des années, une pléiade d'universitaires et d'intellectuels – Finkielkraut, Bruckner, Taguieff, Tribalat, Vermeren, Heinrich, Bock-Côté, Guilluy et tant d'autres – qui donnent de la voix, et apportent légitimité et substance aux inquiétudes populaires, perçant peu à peu le discours dominant sur les questions d'immigration et d'intégration.

L'écrivain Michel Houellebecq a aussi joué son rôle, pour clouer au pilori le renoncement et l'aveuglement du pays, avec son livre *Soumission* (2015). Une jeune génération de journalistes et d'intellectuels, prêts à croiser le fer avec la gauche – Alexandre Devecchio,

1. La grande question est de savoir si cette transformation ne virera pas à un choc binaire et idéologique comme c'est le cas aux États-Unis, où la planète médiatique est devenue, hélas, un reflet des batailles politique et de la polarisation du pays.

Eugénie Bastié, Sonia Mabrouk... – s'affirme aussi ; sans parler de l'intense activité des réseaux sociaux qui ont fait apparaître de nouvelles sources d'information fourmillantes, pour le meilleur et pour le pire. La campagne d'Éric Zemmour, extrêmement agile sur ce nouveau terrain politique et médiatique, s'y déploie avec une grande efficacité.

Sans doute assiste-t-on, en réalité, en arrière-plan de la campagne, au début de la fin du monopole intellectuel de la gauche française, qui régnait en majesté sur la pensée depuis 1945. Une réalité qui pourrait expliquer la férocité de la contre-attaque de cette dernière contre le candidat Zemmour.

Question de faisabilité

Les adversaires d'Éric Zemmour n'ont cessé de l'attaquer sur la radicalité de son programme de lutte contre l'immigration et le communautarisme. C'est le cas par exemple de Manuel Valls qui, dans son livre *Zemmour, l'antirépublicain* (2022), en fait un dangereux xénophobe, héritier des pires racistes des années 1930. Mais, au-delà des épithètes, on peine à trouver, dans la partie de son ouvrage consacré à son propre programme, quelle est la différence majeure de son modèle d'assimilation avec celui de Zemmour, sinon qu'il prône plus de libéralisme dans l'attribution des prénoms étrangers – une mesure importante mais somme toute symbolique – et, plus largement, un assez vague équilibre entre « humanité et fermeté ». Il propose par exemple, comme Zemmour, l'interdiction des signes religieux, donc du voile, dans l'espace public – l'une des mesures les plus contestées du programme de Zemmour. Il parle même « de remettre en cause toute nouvelle immigration » avant d'avoir pleinement intégré ceux qui sont déjà là. Une manière indirecte d'envisager une immigration zéro, même s'il évoque par ailleurs la nécessité de quotas économiques. Sur l'école, on ne voit pas très bien non plus où s'ancre la différence avec le projet de Zemmour. En réalité, au-delà des nuances, l'idée de remettre à l'honneur le modèle républicain d'assimilation à la française, apparaît comme la seule voie possible, si le but est bien de « refaire nation », comme on dit aujourd'hui. Reste une question centrale : est-ce encore possible ? L'idée du candidat de Reconquête ! d'interdire le voile dans l'espace public est-elle réaliste ? Et comment fera-t-il pour en faire respecter le principe ? Mettra-t-il un policier derrière chaque musulmane pour s'en assurer ? Si le « grand remplacement » s'est déjà produit de manière substantielle sur certains pans du territoire, la société française ne sera-t-elle obligée d'aller « vers une forme de compromis mutuellement acceptable avec la communauté musulmane », comme l'affirme par exemple l'intellectuel musulman américain Shadi Hamid dans son livre *Islamic exceptionalism*, affirmant que les Britanniques auraient *de facto* commencé d'intégrer des éléments de la charia dans le droit britannique au niveau local. C'est un peu le même discours que me tient David, un jeune radiologue de 34 ans, rencontré à Villepinte, où, bien que de gauche, il a accompagné ses amis – des Strasbourgeois, tous inconditionnels du polémiste. « Je le trouve sincère et pragmatique mais, sur le plan fondamental, sa théorie assimilationniste, c'est dur. C'est demander à quelqu'un d'abandonner son identité. On peut respecter les lois françaises, la France, tout en respectant les communautés. Lui demande leur effacement », explique-t-il, affirmant que « la tolérance » est un meilleur guide que l'assimilation ; projet « médiocre, même si la France est une culture magnifique[1] ». Les autres membres du groupe, tous juifs comme lui, ne sont pas d'accord. Ils estiment normal de placer la France « au-dessus du reste ». « Il faut des limites à la tolérance ; l'identité française doit être protégée », plaident notamment Ouriel Sitbon et sa femme, Ava.

Le journaliste candidat, lui, maintient une ligne plus tranchée, estimant qu'il faudra interdire le voile dans l'espace public et cantonner la religion dans l'espace privé pour ne pas être débordé par des revendications toujours plus nombreuses. « La pratique religieuse doit être libre, mais discrète », insistait-il encore lors d'une récente émission à Nice-Matin, en réponse à la question d'un électeur musulman. « Si vous respectez la loi de la République, je vous tends la main et vous êtes mon frère », a-t-il affirmé. Pas question en revanche d'accepter qu'un jeune musulman qui mange un pain au raisin pendant le ramadan puisse se faire molester par les islamistes et se voie forcé à observer le jeûne, comme cela arrive désormais, « car ça, ce n'est pas la France », martèle-t-il, évoquant la multiplication de tels cas. Des thèmes qu'il reprend face à Jean-Luc Mélenchon, dans l'émission « Face à Baba », accusant son adversaire de mener à l'islamisation de la France en prétendant à une « créolisation » harmonieuse – un paravent de la lâcheté, dit-il.

« Il ne peut y avoir deux civilisations qui cohabitent sur le même territoire, me répète-t-il plus tard, lors d'une conversation téléphonique. Les immigrés doivent adopter la civilisation du pays d'accueil. S'ils le font,

1. Entretiens avec l'auteur, 5 décembre 2021.

c'est magnifique ; je suis pour l'assimilation car je suis le contraire d'un raciste ! Je serais mal placé d'être contre, car mes ancêtres parlaient arabe. Je me suis assimilé à une autre civilisation. Je dis qu'il n'y a aucune raison que les musulmans n'aient pas les mêmes devoirs que les Juifs, les Italiens, les Polonais, les Portugais, etc., ajoute-t-il. Deux logiques s'affrontent : la logique de la démographie et la logique de la politique. J'ai choisi la logique politique », insiste Zemmour[1].

Comme je lui demande si l'un des plus grands risques de son programme d'assimilation n'est pas qu'il reste lettre morte, il évoque la loi sur le voile à l'école, qui est respectée. Mais il apparaît évident que sa politique passerait par un retour de l'ordre dans les territoires perdus de la République, donc une possible épreuve de force dans les banlieues. Dans une interview à BFM TV, Zemmour note que la question de l'assimilation est d'autant plus délicate qu'une large partie des immigrés ont un « ressentiment collectif » profond vis-à-vis de l'ancienne puissance coloniale – réalité qui complique profondément la tâche de la République.

Dans une récente interview au *Figaro*[2], à l'occasion de la sortie de son livre *Temps inquiets* (2021) – une réflexion sociologique sur la question juive –, la philosophe Dominique Schnapper lui donne implicitement raison, sur le poids de la mémoire collective et des difficultés à venir. Interrogée par *Le Figaro* sur le fait de savoir si l'intégration des Juifs dans la République à la Révolution peut servir de modèle pour l'intégration des

---

1. Entretien avec l'auteur, 29 janvier 2022.
2. Dominique Schnapper, « L'antisémitisme révèle la crise de la démocratie », interview réalisée par Marie-Laetitia Bonavita, *Le Figaro*, 10 janvier 2022.

musulmans, elle note que la situation était infiniment différente en raison du nombre – quelques dizaines de milliers pour les Juifs, contre six à sept millions de musulmans aujourd'hui. Elle évoque aussi « le poids de la mémoire coloniale et de la rivalité historique entre l'Islam et l'Europe, qui nourrit les ressentiments ». Dominique Schnapper note que les « musulmans sont arrivés à un moment où les Français sont moins sûrs de leurs valeurs ; ce qui ne favorise pas la participation de nouvelles communautés à la vie collective de la nation ». Et ce, d'autant que cette participation « implique le respect de la séparation du politique et du religieux ; séparation qui est fondatrice de l'ordre démocratique ». « Ainsi que celui de l'égalité hommes-femmes, cela impose de réinterpréter certaines des traditions des sociétés musulmanes », poursuit-elle très justement, révélant l'immensité de la tâche. Schnapper évoque aussi la tension que suscite un certain antisémitisme musulman : « Ce qui est préoccupant, dit la philosophe, c'est que la jeune génération musulmane élevée en France, exprime plus ces préjugés que la génération précédente. La gauche, défenseur des droits de l'homme et universaliste, n'a pas su mener le combat qui aurait dû être le sien. Toute critique de l'islam ou de certains actes commis par des musulmans, considérés par elle comme les opprimés, a été trop longtemps perçue comme de l'islamophobie. Or, c'est justement mépriser les musulmans que de penser qu'ils ont le droit d'être antisémites. On doit avoir à leur égard les mêmes exigences que celles qui s'imposent à tout citoyen. »

Pour creuser ce sujet, je prends contact avec William, un Français musulman converti, professeur d'histoire-géographie dans le secondaire de l'agglomération lyonnaise, qui est membre du collectif Musulmans avec Zemmour, sur le modèle des Profs avec Zemmour[1]. Quand j'entre en contact avec lui, j'ai déjà lu le texte qu'il a coécrit avec quelques autres personnes, pour expliquer leur ralliement. Ils y affirment qu'Éric Zemmour est « le seul candidat capable de faire triompher un islam compatible avec la France, car il distingue entre islam et musulmans », afin que ces derniers privatisent leur foi et puissent ainsi adopter des interprétations minoritaires – mais à leurs yeux parfaitement fondées – du Coran compatibles avec la République française. Ce groupe explique aussi que la plupart des textes validés par l'islam classique légitiment les atrocités commises par les terroristes islamistes et contribuent par leurs enseignements à détruire « l'esprit critique » des citoyens. « La gauche instrumentalise les citoyens musulmans victimisés par la propagande islamogauchiste », dénonce le texte. « Il faut savoir que le salafisme n'a rien inventé. Daech n'a rien inventé. Presque tout est dans l'islam classique. L'esclavage est légal dans l'islam classique. Selon plusieurs oulémas, le devoir d'un État musulman est de pratiquer le djihad de conquête ; certains ajoutent qu'il faut le faire au moins une fois par an », me déclare William.

Ce professeur d'histoire, qui a été l'un des rédacteurs du texte, raconte qu'il est arrivé à ces conclusions après « dix-huit ans d'exploration de l'islam de l'intérieur ». Français de souche, de tradition chrétienne, élevé par sa mère et ayant vécu plusieurs années dans une cité de Seine-et-Marne, il raconte s'être converti après avoir croisé la route du Tabligh, un groupe fondamentaliste prosélyte. « J'ai passé des années au contact de groupes

1. Entretien avec l'auteur, 4 février 2022.

salafistes et fondamentalistes comme le Tabligh, et j'ai même été moi-même un acteur de la prédication, raconte-t-il. Je me promenais en djellaba avec un turban sur la tête, car on nous disait qu'il fallait faire comme ça, alors que cela n'avait aucun sens. » William s'est peu à peu senti gêné par l'immixtion permanente de « ses frères » dans ses affaires privées, « car le Tabligh voulait que nous quittions nos vies pour adorer Dieu ». C'est en faisant ses études universitaires en histoire et en théologie, que le jeune homme s'est finalement affranchi de cette emprise, quand il a pris conscience « de ce que véhiculaient les textes de l'islam classique, pas seulement les salafistes ». « J'ai peu à peu réalisé que les instituts universitaires de sciences islamiques qui sont créés un peu partout, répandent une parole et une idéologie très radicales, incompatibles avec nos valeurs, à travers des textes qui disent que l'homosexuel doit être mis à mort et lapidé, ou que l'apostat doit être mis à mort », me raconte-t-il. William dit que cet enseignement religieux qui produit une littérature abondante, accessible dans les librairies islamiques, enseigne aussi par exemple qu'un homosexuel « ne mérite pas de vivre ou qu'il est interdit de prendre pour ami un chrétien ou un Juif ». « En tombant sur les émissions d'Éric Zemmour, je me suis aperçu qu'il était le seul à voir le danger de l'islam de conquête et à distinguer entre islam et musulmans, parce qu'il sait ce que véhicule l'islam classique. Ce qui est actuellement enseigné au cœur de nos cités par les prédicateurs est très dangereux, car ce discours imprègne la société et influence les jeunes ! avertit-il. Il faut que vous sachiez, poursuit William, que j'ai passé plusieurs heures avec mes élèves à parler de Samuel Paty après son assassinat. Dans toutes mes classes. Mais beaucoup d'entre eux ne voyaient rien d'extraordinaire à ce qu'il ait été décapité. Ils disaient : "Mais, Monsieur, il a montré les caricatures !" Il y avait même bien huit à dix élèves sur une classe à être plus scandalisés par la mort de l'assassin sous les balles de la police que par la décapitation du professeur ! raconte-t-il. Cela ne veut pas dire qu'ils vont passer à l'acte, mais il y a un souci ! » dit William. L'enseignant, qui reste musulman mais a privatisé sa foi pour l'adapter aux règles de la République française, affirme que « l'État doit développer une approche beaucoup plus ferme et directive » pour contrôler ce qui est enseigné dans les centres culturels islamiques et les mosquées, et surtout interdire la littérature extrémiste[1]. Il évoque aussi le libre champ donné par Twitter et d'autres réseaux sociaux à des extrémistes musulmans, pourtant condamnés pour complicité dans l'envoi de combattants en Syrie – notamment en Belgique ; un énorme problème.

« Zemmour a raison, il faut distinguer entre islam et musulmans, pour qu'on aille comme avec le catholicisme, vers une expression discrète de la religion, une spiritualité, un culte ; pas un ordre politique et légal de l'islam. C'est la seule manière qu'on aura de s'en sortir, insiste William. Car, aujourd'hui, il y a un nombre important de musulmans qui pensent que la charia est supérieure à la République, tout en considérant qu'elle est incompatible avec elle ! » note-t-il. L'enseignant musulman dit que l'idée que les « radicaux sont une minorité cache la réalité ; à savoir que leurs idées ont une place grandissante dans les cités ». « Tous les

1. Il évoque notamment l'ouvrage de base qui lui fut recommandé par ses frères du Tabligh, *Conseils aux convertis*, par un certain Aboubakar. Il y aurait découvert qu'un apostat doit être mis à mort.

imams les plus populaires sont des salafistes ou des adeptes de l'islam classique dans le monde francophone. Et l'imam Hassen Chalghoumi, qui lui a un discours républicain, doit porter un gilet pare-balles pendant ses prêches ! Est-ce normal ? » s'inquiète William. Le professeur dit aussi que cet islam s'engouffre dans le vide de valeurs de la société française, qui ne défend pas assez son modèle. « Il faut lutter contre l'idéologie des islamistes, mais promouvoir aussi les valeurs françaises car, sinon, la minorité musulmane n'aura aucune envie de faire nation et continuera de se replier sur sa communauté », met-il en garde. Sa remarque fait écho à l'avertissement de l'essayiste Malika Sorel, Française d'origine algérienne[1] : « Pourquoi les immigrés ou leurs descendants consentiraient-ils à respecter les valeurs qui fondent l'identité du peuple français si le signal de leur inadéquation, voire leur abandon, leur est envoyé ? Là encore, le comportement des populations de l'immigration est rationnel. C'est celui des élites qui ne l'est pas », avertit-elle.

William dit qu'une vingtaine de personnes membres des Musulmans avec Zemmour se trouvent sur des groupes Telegram pour échanger. Ils sont suivis par plus de 3 000 personnes, pour certains issus de l'immigration d'Afrique du Nord. « Vous voyez que ce n'est pas un mouvement de foule ! Dans l'ensemble, les musulmans sont soit hostiles, soit silencieux. On ne se leurre pas. On sait bien qu'on n'aura pas la moitié des personnes de confession musulmane avec nous ! » dit l'enseignant, qui reconnaît recevoir des menaces de mort. Parmi ses contacts, beaucoup lui disent qu'ils savent « que Zemmour a raison » mais qu'ils n'arrivent pas à se rallier à

1. Malika Sorel, *Décomposition française*, Fayard, 2015.

lui car ils le pensent raciste. « J'ai beaucoup de mal à leur expliquer que cette image est fausse », conclut William.

L'intellectuelle Malika Sorel, spécialiste de la question de l'immigration, estime vivement qu'Éric Zemmour prendra conscience de la souffrance qu'il a occasionnée en se focalisant sur des sujets symboliques, comme celui des prénoms[1]. « Quel affront pour des gens comme moi qui ont toujours défendu l'assimilation ! » me confie-t-elle, soulignant que « ceux qui ont mené par lâcheté et aveuglement à la démission de la France en matière d'immigration et d'assimilation avaient des prénoms bien français ». Elle souligne aussi que « les propos souvent blessants ou inflammatoires d'Éric Zemmour creusent de dangereux fossés entre les Français. « Beaucoup de musulmans qui seraient d'accord avec lui sur le principe de l'assimilation se sentent attaqués ! On ne peut avoir peur des islamistes et leur donner un boulevard pour consolider une communauté autour d'eux ! » déclare-t-elle[2].

Les deux peurs des Français

Au mois de janvier, j'évoque la candidature d'Éric Zemmour avec la russologue Françoise Thom, qui s'en inquiète. Installée à Nice depuis sa retraite, cette universitaire dit constater un très fort soutien au candidat

1. La question des prénoms fait référence à la volonté d'Éric Zemmour de revenir à l'adoption de prénoms français à la naissance. Malika Sorel affirme qu'elle a été depuis l'objet de nombreuses insultes relatives à son prénom et y lit le signe d'une radicalisation des esprits.
2. Entretien avec l'auteur, le 5 mars 2022. Voir aussi son livre *Les Dindons de la farce* (Albin Michel, 2022).

de Reconquête ! dans le Sud méditerranéen, où il est souvent associé, dit-elle, à l'homme fort russe capable de remettre de l'ordre. Elle explique qu'elle « sympathise avec les inquiétudes et le diagnostic de Zemmour, notamment sur le danger du nihilisme *woke* et l'effondrement de l'école », mais qu'elle redoute « le côté apocalyptique » de son discours sur l'immigration, qui pourrait être « très dangereux » et « transformer les immigrés en boucs émissaires ». Thom va même jusqu'à affirmer que Zemmour lui rappelle l'écrivain d'extrême droite Lucien Rebatet et son livre *Les Décombres* qui, dans les années 1930 critiquait la faiblesse des élites et les travers de la démocratie libérale. « Il y a beaucoup de réminiscences de cette époque dans son diagnostic désespéré, son dégoût de son temps. À l'époque, cela a mené au pacifisme pronazi de cette droite, et j'ai peur d'un travers parallèle chez Éric Zemmour et son mouvement Reconquête !, qui les mène à pactiser avec Poutine, dit-elle. On est dans le registre de la passion, alors qu'il faut agir dans le domaine de la politique ; les problèmes que nous rencontrons sont endogènes, il y a un abêtissement et un ensauvagement qui ne sont pas dus aux immigrés », dit encore l'universitaire.

Je lui demande si s'inquiéter des erreurs stratégiques et de la faiblesse des élites quand celles-ci sont réelles, signifie pour autant que l'on soit d'extrême droite ou dans les années 1930. Je pointe qu'Éric Zemmour est précisément dans une réponse politique et que sa démarche n'a rien de « pacifiste », plutôt l'inverse. Mais elle n'est pas convaincue et en revient à ce qu'elle voit comme un « millénarisme », « un appel aux passions identitaires » ; un diagnostic qui fait écho à celui de Manuel Valls et d'autres. L'inquiétude de Françoise Thom est en réalité vissée au cœur de très nombreux Français, qui, depuis que le candidat de Reconquête ! est entré en campagne, ne cessent de se demander s'il faut avoir peur d'Éric Zemmour.

Clairement, chez les intellectuels surtout, la réponse est oui. Leur argumentation est qu'il emmène le pays « vers la guerre civile », en annonçant son intention de prendre à bras-le-corps la question de l'immigration et du communautarisme. J'ai le sentiment que, peu à peu, au-delà de la thématique de la Covid-19 – qui heureusement, reflue – deux peurs vont structurer la dynamique de la présidentielle française de 2022. D'un côté, la peur d'une nation qui s'inquiète de son avenir et se rallie à Éric Zemmour parce qu'elle redoute à vingt, trente ans ce que le polémiste appelle la « libanisation », ou le « grand remplacement ». De l'autre, la peur d'enflammer les passions nationales ou religieuses, de réveiller la « bête immonde » du racisme et du nationalisme par une approche trop binaire, et de glisser d'un coup dans une confrontation générale, dans une guerre civile. La première crainte est celle de se tromper de trajectoire stratégique, et la seconde, celle de sacrifier la stabilité de court terme, aussi fragile soit-elle. La peur du déni, d'un côté, et la peur du clash, de l'autre. Une sorte de débat déchirant, que beaucoup de personnes me confient mener avec eux-mêmes. « Beaucoup de gens sont d'accord avec Zemmour, mais parler d'immigration leur fait mal », note Paul Le Meur.

Comme l'a souligné le philosophe Marcel Gauchet, le fait que ce débat ait finalement lieu est le mérite d'Éric Zemmour. Il a percé la muraille et forcé le pays à l'introspection et à la réflexion stratégique, en toquant à la porte des Français pour qu'ils décident s'il faut avoir plus peur de l'action ou de l'inaction. « Zemmour a une fonction de catharsis, mais ce qu'il agite est dangereux », s'alarme l'intellectuel Jean-Pierre Le Goff, persuadé que ces questions identitaires sont moins centrales que les questions géopolitiques, auxquelles Zemmour « apporte de mauvaises réponses ». Certains, parmi mes confrères, s'inquiètent plutôt de l'absence de civilité du débat, des mots qui blessent, des gouffres qui pourraient s'ouvrir. « Il faut accompagner la défense de la civilisation de civilité et de nuances. Ne pas cristalliser le débat français dans une fracture irrémédiable », dit l'un d'eux.

Le 24 janvier, je retrouve Éric Zemmour à l'hôtel San Régis. À deux pas de là, son quartier général bruisse d'énergie, dans des bureaux qui sentent encore la peinture fraîche. Mon ancien confrère enchaîne les rendez-vous sans discontinuer avec une passion gourmande, semblant garder en même temps une capacité intacte à réfléchir en surplomb de l'incroyable aventure dans laquelle il est embarqué. Je lui parle du malaise que provoque chez beaucoup l'agressivité blessante de certaines de ses formules – « celle d'envahisseurs » par exemple, pour désigner les immigrés, qui donne au débat un caractère guerrier et apocalyptique. « Un envahisseur est quelqu'un qui vient dans un pays où il n'est pas convié, répond-il. Je parle d'invasion et de colonisation. Les pieds-noirs étaient des colonisateurs, qui ont imposé leurs lois. Dans les enclaves banlieusardes, on impose la loi des nouveaux venus, qui est une colonisation », insiste-t-il, assumant son discours très clivant. Interrogé sur la peur de la résurgence du nationalisme qui détourne de lui beaucoup d'électeurs, Zemmour dit qu'« il faut en finir avec cette réaction qui consiste à avoir peur de se défendre. Si on n'arrête pas l'immigration, dans dix ans, il y aura vraiment des affrontements ». Le candidat souligne que cela fait vingt ans que la classe politicomédiatique fait tout pour « cacher le sujet ». « Elle diabolise les gens qui en parlent ou trouve des sujets de remplacement. Marine Le Pen participe à ce système, contrairement à son père. Un an après le Bataclan, elle décide de parler de l'euro ! Elle ne veut pas toucher le sujet central ; elle veut se faire adouber par le système. »

Quand je lui demande si l'élection de 2022 se jouera entre la peur de perdre la France et la peur de la guerre civile, il répond qu'en se présentant, il interroge la France pour savoir « si elle refuse ou non de mourir ». « De Gaulle a écrit : "Il n'y a qu'une fatalité. Celle des peuples qui n'ont pas assez de force pour se tenir debout et qui se couchent pour mourir." Je pense que le peuple français ne veut pas mourir. C'est l'enjeu. Nos dirigeants ont peur de l'enjeu. Je pense que tous les pays d'Europe et d'Occident ont le même problème, et c'est toi qui as donné la clé dans une interview d'un philosophe américain[1], quand tu as écrit que le mouvement *woke* n'est pas un mouvement de rédemption, mais de culpabilisation. Parce qu'il n'y a pas de rédemption possible, nous sommes prêts à nous débarrasser de nous-mêmes par culpabilité », explique-t-il.

Je l'interroge aussi sur le puissant mouvement populaire qui s'est levé dans le pays pour le soutenir, tous ces gens qui lui disent de « tenir bon » et qui contournent ainsi la classe politique. « Je continue à penser ce que je dis depuis des années. La France est hantée par la question du grand remplacement et par la question identitaire. Je l'ai dit, écrit, expliqué ; j'ai cru

1. Joshua M. Mitchell, entretien avec l'auteur, « L'Occident a une telle culpabilité qu'il est prêt à détruire sa civilisation pour en sortir », *Le Figaro*, 10 septembre 2021.

longtemps que mon combat relevait du métapolitique et du combat culturel à la Gramsci, que quelqu'un prendrait le flambeau. Mais je me suis rendu compte que personne ne le faisait. Donc je le fais. Je franchis ce Rubicon-là, dit Éric Zemmour. On dit que je passe du combat des idées à l'action, mais ce n'est pas vraiment ça. Je continue le combat des idées aussi, mais je prends le drapeau, ajoute-t-il. Je me saisis du drapeau et j'avance. »

Je l'écoute et je m'interroge sur le lent cheminement collectif qui a mené une partie du pays à embrasser le candidat Zemmour avec tellement d'optimisme, plutôt que les politiques professionnels. Je pense à la marée des drapeaux dont s'est couverte la France dans la douleur, après l'attentat contre *Charlie Hebdo* puis celui du Bataclan, en 2015, en signe de deuil et de communion avec les victimes. Et je revois aussi tous ces Français rencontrés dans ses meetings, jeunes et moins jeunes, de toutes professions et de tous horizons, qui agitaient des bannières tricolores avec une fierté et un espoir que l'on ne voyait plus depuis longtemps dans nos campagnes. Leur mouvement laisse deviner un réveil inattendu de notre vieille nation. Mais vers quel avenir ?

Conclusion

Défis existentiels

Je clos ce livre alors que la Russie de Vladimir Poutine vient d'envahir l'Ukraine, révélant l'immense dangerosité de ce régime pour notre sécurité. Cette réalité a percuté l'élection présidentielle française de plein fouet, et Éric Zemmour lui-même, qui s'était présenté en admirateur du Kremlin. Elle a fragilisé sa position, le forçant à une forme de tête-à-queue. Mais elle n'annule pas le caractère central de la crise occidentale qui est décrite dans ce livre, bien au contraire. Car elle doit nous forcer à nous atteler d'urgence à sortir du dangereux état de faiblesse dans lequel nous sommes englués, et à regarder de très près les évolutions qui traversent la France, et plus largement l'Occident.

Le phénomène Zemmour est le signe d'un réveil de la nation. Voir un vieux militaire lui offrir ses décorations en pleurant, comme cela a été le cas lors d'un meeting, n'est pas anecdotique. Il se passe quelque chose d'important dans les entrailles du pays. La percée du candidat est en réalité le signe de la crise profonde dans laquelle notre pays est plongé. Comme j'ai essayé de le montrer, c'est parce que le peuple éprouve une immense désillusion vis-à-vis des élites politiques classiques qu'il se tourne, dans un mouvement presque désespéré, vers un candidat hors système.

Ce fut le cas avec Donald Trump en Amérique. Et c'est aussi la démarche de ceux qui vont vers Éric Zemmour. L'enthousiasme et l'espoir que sa candidature suscite auprès de nombreux Français, n'ont rien d'un hasard. Ils expriment un choix non seulement raisonné, mais aussi émotionnel. Zemmour a remis à l'ordre du jour le souci de la patrie. Il offre aux Français un récit « plus grand qu'eux-mêmes » et leur redonne ainsi une fierté, voire une raison d'être, en les replaçant dans la grande histoire de la France. C'est l'explication de sa stupéfiante percée. « Dans le brouillard, il nous redonne une direction ; on ne sait plus trop qui croire et que croire », décrypte la jeune conseillère municipale de Savoie, Manon Decorte, 23 ans, ancienne du RN passée à Zemmour.

Surtout, en faisant de la survie de la France la question existentielle de cette élection, le candidat écrivain est sorti du cadre des campagnes classiques et de la thématique « du pouvoir d'achat » pour répondre à une demande viscérale de changement de direction stratégique sur la question de l'immigration et de l'islam. Comme le rappelle le philosophe Michel Onfray, il a posé « la seule question véritable », celle « de la mort de notre civilisation ». Mais, alors qu'Onfray pense qu'il est déjà trop tard « car le mal est en nous-mêmes plus que dans le danger de l'islamisation », comme il me le confie lors d'une conversation, Zemmour, lui, propose l'idée d'un sursaut politique qui changerait le cours des choses.

S'il a trouvé un écho, c'est que son diagnostic alarmiste sur la transformation démographique et culturelle de notre pays a été fait en silence par de nombreux citoyens ordinaires qui ont le sentiment que la classe politique et, plus largement, les élites françaises ont vécu dans le déni de ces défis centraux. Pendant des années, seules les voix les plus audacieuses ont osé souligner le besoin de frontières et le piège d'un multiculturalisme sans frein. C'est ainsi que notre plus grand défi – celui des difficultés potentielles de l'intégration de communautés musulmanes en pleine expansion ; difficultés dues notamment aux pressions de l'islamisme radical et aux particularités politiques de l'islam, qui ne fait pas de séparation entre le politique et le religieux –, a été abandonné à des voix extrêmes ou sans grande crédibilité, créant une situation très dangereuse.

La levée de boucliers intellectuelle, qui a répondu à la candidature de Zemmour, non pas pour formuler des contre-propositions, des objections et des réponses aux problèmes qu'il soulève, mais pour tenter de la diaboliser, montre que l'élite française est encore pour une large part dans une paralysie de la pensée, donc de l'action sur ce sujet clé.

Nous nous trouvons dans un cercle vicieux inquiétant : la méfiance abyssale du peuple envers les gouvernants propulse des insurgés sur la scène politique. Les élites réagissent en attaquant ces nouveaux leaders et leurs électeurs, au lieu de formuler une réponse à l'angoisse de ces derniers – ce qui décuple la méfiance. Comme le remarque le philosophe Pierre Manent, nous sommes coincés entre « le mépris » des premières et « la colère » des seconds.

Le grand mérite d'Éric Zemmour est d'avoir contribué à briser cette tenaille. Il est, de ce point de vue, très intéressant de noter que c'est l'indomptabilité du personnage, et sa capacité à dire les choses à haute voix, comme Trump – même s'ils le font sur un registre tout à fait différent, comme je l'ai montré – qui ont fait son succès. Son avantage est d'avoir « dit le réel » sur des sujets clés quand les autres le niaient, d'avoir joué, comme l'explique le professeur de français Martial Bonnet, un rôle de « catharsis » ; d'être entré en conversation avec le pays sur ces thèmes depuis des années.

Après sa percée, il faut donc s'attendre à une recomposition spectaculaire du paysage politique français. Son mouvement Reconquête ! sera sans doute incontournable dans la restructuration de la droite autour d'une remise à l'honneur de la notion de nation, et de tout ce qu'elle implique, sur le plan des frontières, de la souveraineté et de la sécurité. L'union des droites se profile.

La deuxième observation de ce livre est que le phénomène Zemmour est loin d'être isolé. Comme j'ai tenté de le montrer, la révolte, telle une matriochka, n'est pas seulement française, mais européenne et américaine ; en bref, occidentale. De la Suède aux Pays-Bas, en passant par l'Italie, l'Allemagne, l'Autriche ou les États-Unis, un profond mouvement de remise en cause du « logiciel » politique et idéologique des élites est en marche, pour dénoncer l'irénisme de l'idéologie de la « mondialisation heureuse ». Les peuples réclament la fin de la naïveté sur l'immigration et les défis de l'islam, mais aussi plus d'attention à la souveraineté économique et à la défense des classes moyennes ; plus de protection de la nation face aux logiques économiques et financières transnationales, qui ont souvent caché l'âpreté au gain et la volonté d'enrichissement individuel de « ceux d'en haut ».

De ce point de vue, j'ai été très frappée dans mes voyages par le fait que cette réflexion touche d'ores et déjà de nombreux intellectuels et responsables, qui sont loin d'être tous de droite. Cela ne se voit pas très clairement quand on les interroge séparément, dans l'intimité d'une conversation ou d'une interview, mais quand on met bout à bout leurs témoignages, un tableau assez saisissant émerge. De certains fonctionnaires ou diplomates européens à Michel Barnier, en passant par des responsables travaillistes hollandais ou italiens, beaucoup comprennent depuis des années qu'il y a quelque chose de cassé dans le royaume d'Occident ; quelque chose à changer, sous peine d'effondrement. Mais ils ne le disaient pas trop haut. Il n'est pas inintéressant de constater qu'un intellectuel de gauche américain comme le politologue Yascha Mounk, reconnaissant le fossé croissant qui sépare les élites du peuple, pointe désormais le danger d'un basculement des démocraties libérales dans une forme d'« anarchie structurée », voire de « libanisation » et de « guerre civile complexe », en l'absence d'un État fort, capable de mettre fin aux tendances centrifuges clairement visibles. Libanisation – au sens de fragmentation communautaire : l'expression est aussi employée par Zemmour.

Troisième point, cette vague occidentale comporte un élément culturel fondamental ; une sorte de réflexe de « conservatisme modéré » face à la menace idéologique nouvelle que fait peser sur nos sociétés l'idéologie dite *woke*. Venue des États-Unis, mais traversant allègrement l'Atlantique, celle-ci, manipulant les griefs souvent légitimes des minorités, s'est inventée un nouvel ennemi – l'homme blanc chrétien hétérosexuel – et tente, tel un nouveau tsunami – après le marxisme-léninisme qui nous donna l'URSS et la Chine maoïste –, de prendre d'assaut nos institutions et traditions, pour détruire le contrat social et politique qui a défini l'Occident, en évacuant la notion d'égalité des citoyens devant la loi pour installer une dangereuse hiérarchie morale entre victimes – devant être privilégiées – et transgresseurs

– devant payer leur dû. Dans certains cas, comme aux Pays-Bas – je le décris en détail dans ce livre –, cette vague va même jusqu'à nier la différence biologique entre hommes et femmes au nom de la « liberté d'être ce que l'on veut être ». Cette soif d'absence de limites proprement orwellienne apparaît comme l'une des caractéristiques majeures de la crise spirituelle de notre monde occidental. Elle avait été mise en évidence avec une acuité prophétique par Alexandre Soljenitsyne, dans son discours de Harvard, en juin 1978, qui appelait « ses amis d'Occident » à retrouver un sens de la transcendance et aussi de « l'autolimitation » pour sortir de cette ornière morale et intellectuelle.

Le quatrième enseignement de ce voyage occidental concerne la crise américaine. Rappelant par maints aspects la vague Trump, le phénomène Zemmour a l'avantage d'émerger avec un décalage qui nous permet de tirer certaines leçons précieuses du phénomène trumpien. La plus importante est que les élites politiques françaises doivent se garder de se lancer dans une « guerre religieuse », à l'image de leurs « sœurs » américaines, comme elles semblent en éprouver la tentation. La guerre de religion lancée par les démocrates contre Donald Trump dès le premier jour de sa présidence, a mené à une empoignade hystérique et à une division du pays dangereuse. Si le milliardaire a, par ses excès et son tempérament instable, contribué à aggraver la querelle, l'excommunication dont il a été l'objet d'entrée de jeu a été une lourde faute politique du camp adverse. Elle a mené le pays à une guerre civile mi-froide mi-tiède, qui menace aujourd'hui le processus électoral, et donc la démocratie ; les deux camps semblant incapables de se mettre d'accord sur les règles du mode de scrutin. Au lieu de mener à l'affaiblissement de Trump, cette guerre a scellé autour de lui une sorte d'union sacrée d'une partie de l'électorat républicain, qui s'est sentie humiliée et maltraitée par la classe politique – à juste titre. Une situation qui a créé une forme de « sécession mentale » très dangereuse dans le peuple, à l'encontre des élites et du système politique. L'émergence d'une personnalité « hors système » venant contester le statu quo, révélait pourtant l'existence d'une crise profonde de représentation politique qui aurait dû interpeller les gouvernants américains.

Mon sentiment est qu'il faut cesser de dépeindre les nouveaux révoltés d'Occident comme une génération spontanée de « méchants » prêts à nous ramener tout droit dans les années 1930. Il est tout à fait normal de vouloir combattre leurs programmes, mais pas leur droit d'entrer dans la bataille politique, si bien sûr leur « révolte » reste dans le cadre des valeurs que nous partageons. Les adversaires de Zemmour estiment que c'est précisément le problème. Ils voient dans son approche un nationalisme raciste, qu'il faut absolument arrêter. Mais peut-on qualifier le désir de mettre fin à l'immigration incontrôlée et de mieux assimiler les immigrés déjà présents en France, de racisme ? Réinstaurer une préférence nationale, une distinction entre étrangers et Français, est-ce aussi un acte raciste ? Si nous devons absolument combattre le racisme sans la moindre ambiguïté, ces questions qui hantent les Français doivent en revanche être clairement posées. Le débat doit s'engager sur les solutions. À défaut, les problèmes grandiront et les positions ne cesseront de se durcir, menant peut-être le pays à se trouver un despote. Qui peut souhaiter un tel scénario ?

Cela m'amène au dernier point, qui concerne la Russie. L'aveuglement dont ont fait preuve les dirigeants politiques sur la direction et la nature du régime poutinien ne doit pas seulement être médité par ceux qui ont vu en lui, comme Éric Zemmour ou Marine Le Pen, « un patriote » soucieux des intérêts de son pays. Pour tous ceux qui connaissaient de l'intérieur la Russie, cette analyse était évidemment fausse. Elle a sous-estimé la nature « tchékiste » du régime installé en Russie, la volonté de revanche de Vladimir Poutine, sa capacité à utiliser tous les prétextes, y compris la question de l'Otan, pour rétablir son contrôle sur son ancien empire et empêcher l'Ukraine de devenir une démocratie qui aurait menacé son propre pouvoir autocratique. Cette approche naïve n'a pas vu l'essentiel : un système basé sur la violence, héritier du précédent. Au nom du « réalisme », beaucoup ont estimé que tout ceci importait peu tant que cela ne débordait pas trop des frontières. Ils auraient dû relire Soljenitsyne, qui a toujours répété aux Occidentaux que le problème central n'était pas la guerre mais la violence, qui finit immanquablement par mener à celle-ci.

Si le régime poutinien ne tombe pas rapidement sous le poids de ses erreurs stratégiques, les élites politiques françaises devront prendre la pleine mesure de leur ratage stratégique et de la menace. L'endiguer, la combattre, ne pas oublier que, derrière lui, se profile l'ombre formidable de la Chine – un autre grand défi. Et quand le régime tombera enfin, il faudra, oui, penser la place de la Russie en Europe et lui tendre la main pour construire une sécurité commune. Un travail intellectuel et stratégique qu'il faut d'ores et déjà entreprendre.

L'autre leçon essentielle qu'il faut tirer de l'épisode et qui nous ramène au thème central de ce livre, est que c'est la faiblesse immense de l'Occident, sa crise morale, intellectuelle et politique, qui a enhardi Vladimir Poutine.

La trajectoire de ses intentions était visible depuis très longtemps. Mais c'est la somme de nos lâchetés, de nos errements et de notre passivité qui l'ont mené à lancer ses chars contre l'Ukraine.

La même issue néfaste nous attend si nous ne faisons pas preuve de vision stratégique et de courage politique face au défi démographique et culturel qui couve dans nos murs. Déstabilisé par la crise russe qu'il n'a pas vu venir et qu'il doit méditer, Éric Zemmour reste de ce point de vue pertinent sur ce défi existentiel.

Table

Composition et mise en pages
Nord Compo à Villeneuve-d'Ascq

CET OUVRAGE
A ÉTÉ ACHEVÉ D'IMPRIMER
SUR ROTO-PAGE
PAR L'IMPRIMERIE FLOCH À MAYENNE
EN MARS 2022

N° d'impression : 100210
Imprimé en France